职业教育旅游类系列教材

旅游消费者行为学

主　编　单铭磊　何　静　刘　煜
副主编　赵建峰　程晓双　何亮辰
　　　　袁申梅　张世艳
参　编　杨　硕　白闻溪

中国财富出版社有限公司

图书在版编目（CIP）数据

旅游消费者行为学／单铭磊，何静，刘煜主编．--北京：中国财富出版社有限公司，2025.6.--ISBN 978－7－5047－8427－8

Ⅰ．F590

中国国家版本馆 CIP 数据核字第 20253PN567 号

策划编辑	李　丽	**责任编辑**	李　丽	**版权编辑**	武　玥
责任印制	荀　宁	**责任校对**	杨小静	**责任发行**	敬　东

出版发行	中国财富出版社有限公司		
社　　址	北京市丰台区南四环西路 188 号 5 区 20 楼	**邮政编码**	100070
电　　话	010－52227588 转 2098（发行部）		010－52227588 转 321（总编室）
	010－52227566（24 小时读者服务）		010－52227588 转 305（质检部）
网　　址	http：//www. cfpress. com. cn	**排　　版**	宝蕾元
经　　销	新华书店	**印　　刷**	宝蕾元仁浩（天津）印刷有限公司
书　　号	ISBN 978－7－5047－8427－8/F・3809		
开　　本	787mm×1092mm　1/16	**版　　次**	2025 年 6 月第 1 版
印　　张	17. 75	**印　　次**	2025 年 6 月第 1 次印刷
字　　数	389 千字	**定　　价**	52. 00 元

前　言

在全面建设社会主义现代化国家的新征程中，旅游业作为幸福产业之首，其重要性越发凸显。它不仅是满足人民美好生活需要的关键载体，还是推动经济高质量发展、促进社会和谐的重要力量。党的二十大报告明确提出坚持以文塑旅、以旅彰文，推进文化和旅游深度融合发展。这深刻揭示了旅游消费在精神文化供给与物质文明建设方面的双重价值。习近平总书记强调，人民对美好生活的向往，就是我们的奋斗目标。这一重要理念为旅游消费者行为研究指明了根本方向——旅游，这不仅是一种空间位移的经济活动，还是以精神愉悦为核心诉求的体验经济。当前，旅游消费已成为我国拉动内需、实现人民群众对美好生活向往的重要手段和途径。同时，旅游业也是我国推进乡村振兴的核心抓手，以及推动城乡消费要素流动的催化剂。在此时代背景下，深入剖析旅游消费者行为特征，精准把握其满意度形成机理，对于优化旅游产品供给、提升服务质量、增强文化传播效能具有重大现实意义，这也正是本书探索的核心命题。

作为深耕旅游专业教学多年的教授，我长期承担旅游心理学、旅游消费者行为学两门课程的教学工作，感觉旅游心理学更注重理论，但是实用性不足，而旅游消费者行为学更注重应用，但是理论基础欠缺。授课期间使用多部教材，力图通过教材的辅助和引导进行相应弥补，但效果未达预期。尤其旅游消费者行为学这门课程，其学科特性决定了需整合心理学、营销学、社会学、经济学等多学科知识。目前市场上相关教材普遍存在理论混杂、实践案例不足等问题，难以辅助教学，适配性差。虽然前期参与甚至主编过该门课程的教材，但时隔多年，也需要更新提升。如今承蒙中国财富出版社鼎力相助，能使我借这次主编教材的机会，与其他教师一起系统梳理旅游消费者行为学的知识脉络，厘清它与其他相关学科的联系，并把这几年新的理论和教学实践融入其中，能够让学生在建立比较完整的理论逻辑体系的基础上，通过本教材的帮扶，使学生具有一定的市场视角的旅游行为分析能力，并能够运用相对系统的方法在不断变化的旅游市场中解决一般性的实际问题。

本教材的内容分为基础理论、旅游消费者心理，以及旅游消费行为与社会、文化三篇，基本涵盖了旅游消费者行为学本科课程的相关内容，力求做到由浅入深、由理论到实践，再到理论与实践相结合。为保障教材内容能够与旅游消费者心理学这门课程相衔接，起到帮扶教学的作用，编写人员全部是各院校长期从事该门课程一线教学的教师，其中，第一章、第三章、第四章由山东青年政治学院的赵建峰编写，第二章由山东青年政治学院的单铭磊和赵建峰编写，第五章由单铭磊和济南技师学院的杨硕编写，第六章由齐鲁师范学院的程晓双编写，第七章、第八章由四川旅游学院的何亮辰编写，第九章由单铭磊及济南技师学院的何静、刘煜编写，第十章、第十三章由四川交通职业技术学院的张世艳编写，第十一章、第十二章由四川交通职业技术学院的袁申梅编写，全书由单铭磊教授、何静副教授、刘煜副教授最终审定。

本教材针对性强，既适合普通本科及高职高专旅游管理、酒店管理等专业教学使用，也适合企业员工培训使用，也可供旅游、酒店及相关行业的管理人员学习和参考。本书配有电子课件、习题答案等，请有需求的读者登录中国财富出版社官网（www. cfpress. com. cn）下载。

由于编者水平所限，书中难免存在疏漏与不足之处，还请广大读者批评指正。

作　者

目　录

第一篇　基础理论

第一章　消费、旅游消费与旅游者消费行为 …… 3
　第一节　消费与旅游消费导论 …… 4
　第二节　旅游消费决策过程模型 …… 15
　第三节　消费观、消费异化与消费主义 …… 21

第二章　行为学与心理学关系概述 …… 29
　第一节　心理学概述 …… 31
　第二节　旅游心理学概述 …… 37
　第三节　旅游消费者行为学与心理学的渊源 …… 38

第三章　旅游本质说 …… 50
　第一节　本质与旅游的本质 …… 51
　第二节　体验说 …… 53
　第三节　诗意的栖居说 …… 60

第二篇　旅游消费者心理

第四章　自我概念、生活方式与旅游消费 …… 67
　第一节　自我概念与旅游消费 …… 68
　第二节　生活方式与旅游消费 …… 71

第五章　需要、动机与旅游消费 …… 79
　第一节　需要与旅游消费 …… 80

第二节　动机与旅游消费 …… 88

第六章　感知与旅游消费 …… 100
第一节　感觉与旅游消费 …… 101
第二节　知觉与旅游消费 …… 107
第三节　常见的旅游感知类型及其应用 …… 113

第七章　情感与旅游消费 …… 121
第一节　情绪与情感 …… 123
第二节　旅游情感应用与情感营销 …… 135

第八章　态度与旅游消费 …… 145
第一节　态度及其测量 …… 147
第二节　态度相关理论与模型 …… 153
第三节　态度改变及其旅游应用 …… 161

第九章　旅游者个性与旅游行为 …… 171
第一节　个性概述 …… 172
第二节　旅游消费者气质与旅游倾向 …… 178
第三节　基于旅游个性的营销与服务策略 …… 181

第十章　旅游消费决策 …… 188
第一节　消费决策 …… 189
第二节　旅游消费决策过程 …… 195

第三篇　旅游消费行为与社会、文化

第十一章　社会环境与旅游消费 …… 213
第一节　影响旅游消费的社会环境态势 …… 214
第二节　参照群体与旅游消费 …… 216
第三节　家庭与旅游消费 …… 220
第四节　老龄化与旅游消费 …… 229

第十二章　社会交往与旅游消费 …… 235
第一节　旅游与社会交往 …… 236
第二节　旅游客客交往及其人际关系建构 …… 241

第十三章　文化与旅游消费 …… 251
第一节　文化与旅游消费关系概论 …… 253
第二节　跨文化、亚文化与旅游消费 …… 259

参考文献 …… 272

TRAVEL

第一篇

基础理论

第一章　消费、旅游消费与旅游者消费行为

案例导入

小明是一位热爱旅游的年轻人，最近，他趁假期前往欧洲旅行，游览了许多著名的历史文化遗产。有一次，他被一件精美的手工制作纪念品吸引住了，这是一尊限量版的古典风格雕塑，出自当地一位著名艺术家之手。导游告诉他，这尊雕塑不仅制作精美，还具有一定的艺术价值，未来可能会升值。

小明对这尊雕塑爱不释手，最终决定花费很大一笔钱将其买下。小明认为，雕塑是一种典型的旅游纪念品，购买它是为了留住旅行过程中的回忆，满足自己的情感需求。同时，小明也认为这尊雕塑是限量版且出自著名艺术家之手，具备艺术品升值的潜力，或许这笔支出能在未来带来经济回报。

思考：小明购买旅游纪念品是一种消费行为还是投资行为？我们如何明确区分一项货币支出是消费还是投资？

学习目标

一、知识目标

1. 理解消费的基本概念，能够区分消费与购买、投资的区别和联系。
2. 了解消费的类型，识记旅游消费的独特性。
3. 熟悉消费者行为的影响因素模型。
4. 掌握旅游消费决策过程模型。
5. 了解消费方式和消费观念的历史演变。

二、能力目标

1. 能够基于旅游消费的独特性，分析旅游消费现象。
2. 能够运用消费者行为的影响因素模型及旅游消费决策过程模型，建立旅游消费决策的分析框架。
3. 能够区分消费与购买、投资的区别，并且能够在具体场景中加以运用。
4. 能够借助访谈法调查某一群体的消费观。

三、思政目标

1. 通过本章的学习，帮助学生树立科学的学科观，认识到学科是按照科学的逻辑脉络得以发展的。

2. 通过学习消费异化与消费主义的知识，引导学生自觉抵制消费异化与消费主义，建立新时代美好生活消费观。

3. 通过学习消费方式和消费观念的历史演变，引导学生树立理性消费观念。

本章重难点

1. 旅游消费的独特性。
2. 旅游消费决策过程模型。
3. 消费方式和消费观念的历史演变。

重点概念

1. 消费：是以物质资料或非物质资料来满足人类生存发展和文化精神方面需要的消耗活动。

2. 消费决策：是指消费者谨慎地评价产品、品牌或服务的属性，并进行理性选择，想用最少的付出获得能满足某一特定需要的产品或服务的过程。

3. 消费观：是人们对消费及其相关问题的总的态度和看法，是人们在消费过程中形成的使用一种价值判断来衡量事物、指导消费的观念。

第一节　消费与旅游消费导论

一、消费与消费者行为影响因素

在任何社会中，消费所扮演的角色都是举足轻重的，正是消费者们不断增长的消费需求推动着社会生产力不断发展，消费是决定经济增长的重要因素。马克思（Karl Marx）认为，一切生产的最终目的都是满足消费。在社会生产和再生产过程中，没有消费，也就没有生产。可以说，消费既是人的基本属性，也是人的基本活动。为了更好地理解旅游消费者行为，首先要理解消费、消费者行为等基础概念。

（一）消费

1. 消费的含义

消费是以物质资料或非物质资料来满足人类生存发展和文化精神方面需要的消耗活动。消费的英文为 Consumption，该词还具有“消耗，耗费（燃料、能量、时间等）”等其他含义。从中可以看出，消耗是消费概念的核心要义，是区别消费活动与人类其他活动的关键特征。

消费具有广义与狭义之分。广义的消费包含了人类为满足某种需要而消耗各种资源的活动。而狭义的消费则特指日常生活消费。旅游消费是一种特殊的消费形态，它涵盖了部分日常生活消费的内容，如餐饮、住宿等，同时也包含了满足人们精神文化、休闲娱乐等非日常性需求的消费活动。

2. 消费与购买、投资

消费常常与购买、投资等其他人类货币支出活动混淆，因此有必要比较彼此的异同。

（1）消费与购买

在日常生活中，人们通常误将消费等同于购买。实际上，消费涵盖购买，购买是消费的一部分，是实现消费的手段之一。购买仅指消费者用货币支出的方式换取所需商品或服务的过程。而消费则是一个更广泛的概念，是指消费者为获取、使用、评估、处置物品所采取的各种行动以及相关的购买决策过程，即消费者引起需要、收集信息、评价备选方案、实施购买决策与购后行为等一系列行为的过程。

大多数时候，购买是消费的前提。消费者要消费某种商品或服务，首先要通过购买获得该商品或服务。没有购买行为，就没有消费的可能。但是，有时消费不一定以购买为前提。例如，消费者可以通过租赁、共享等方式获得商品或服务的使用权，而不必购买这些商品或服务。在这样的情况下，消费行为发生了，但购买行为并未发生。此外，政府提供的公共服务（如教育、医疗等）也是一种消费，但不需要消费者直接购买。

购买和消费并不总是同步发生。购买行为发生后，既可能立即被消费，也可能延迟消费。此外，有些购买行为不一定导致消费，例如，有人购买商品是为了转卖，而非自用，这种行为本质上是投资，而不是消费。

（2）消费与投资

消费与投资是经济生活中的两大重要环节，通常都涉及货币支出，两者既相互关联，又有着本质性的差异。本杰明·格雷厄姆（Benjamin Graham）所著的《聪明的投资者》一书认为，投资是以深入分析为基础，确保本金的安全，并获得适当的回报。换言之，投资是人们为了获取未来经济收益而投入资金或资源的行为。

从目的来看，投资主要在于通过资金的运作，实现资产的增值或获得未来的收益。它通常关注长期利益，旨在通过合理的资源配置和风险管理，为投资者带来稳定的回报。而消费则在于满足个人或家庭当前的需要和欲望，它更侧重短期的满足和生活质量的提升。

从时间跨度来看，投资的时间跨度通常比消费长得多。很多消费是一种即时的行为，消费者通常会在购买商品或服务后立即使用。而投资是一种长期的行为，投资者通常会在购买资产后持有一段时间，以等待市场的变化和资产的增值。

从风险来看，投资本质上是一种风险承担行为，投资者需要面对市场的波动和资产的贬值，需要承担可能的资产损失风险。尽管通过合理的投资策略和风险管理可以降低风险，但投资永远无法完全消除风险。而消费的风险相对较低，消费者通常会购买自己熟悉和需要的商品或服务，更多关注的是商品或服务的质量、价格和使用效果等方面。

从长期影响来看，投资和消费对个人的财务状况和生活质量有着不同影响。其中，投资通过积累财富和获取收益，有助于提升个人的经济地位和财务安全。而消费则更多地影响个人的生活品质和幸福感。

从对经济的影响来看，消费对经济的影响主要是通过消费者购买商品或服务来促进企业的生产和销售，从而增加就业机会和提高收入水平。而投资对经济的影响主要是通过投资者购买资产来促进企业的投资和创新，从而提高生产效率和经济价值。

（二）消费的类型

从人类诞生的那一刻起，消费便以各种各样的形式存在于人类日常生活中。理解消费的类型不仅有助于更好地把握旅游消费的特征，还可以更好地理解旅游消费在人类消费活动中的位置。通常根据消费客体（即消费的对象）、消费主体（即谁在消费）、消费过程（即怎么消费）划分消费类型。

1. 基于消费客体的消费类型

根据消费客体对于消费主体的需要程度，可以将消费分为刚性消费与弹性消费；根据消费客体价格与消费主体收入水平的比较，可以将消费分为平价消费与奢侈消费。综合以上两种划分方式，经济学家马歇尔（Alfred Marshall）将消费品分为必需品、舒适品和奢侈品三类，其中，必需品包括了必须满足的需要或欲望，即刚性消费需求；舒适品包含了一定的刚性需要，同时追求一定的享乐；奢侈品则是完全的弹性消费需要。

根据消费在社会再生产中的作用，马克思将消费分为生产消费与生活消费。其中生产消费是指生产过程中对生产资料的消耗，以实现物资资料的再生产和价值增殖。生产消费过程既是生产的主观要素（劳动力）的消耗过程，又是生产的客观要素（生产资料）的消耗过程，二者是同一个过程的两个方面。换言之，生产消费是社会人口中的劳动者对生产资料的消耗行为和过程，同时消费劳动者的精力和体力，其结果是生产出新的产品。而生活消费是指人类为了生存和发展，以及人类自身的繁衍对生活资料的消耗，是恢复人类劳动力和劳动力再生产必不可少的条件。根据消费客体的内容差异，生活消费又包括健康医疗消费、文化旅游消费、教育培训消费、仪式节庆消费、服装饮食消费等细分类型。

根据消费客体对于消费主体的作用，首先，可以将消费划分为功能型消费与享乐型消费。其中，功能型消费强调消费客体的功能或绩效，以为消费主体带来实际功能价值为主要诉求；而享乐型消费则强调消费客体要为消费主体提供更多乐趣和刺激。其次，可以将消费划分为生存型消费与发展型消费。其中，发展型消费是指为了个人发展和提升而进行的消费，关注个人的成长和社会地位。最后，可以将消费划分为创造性消费和防御性消费。其中，创造性消费主要是指用来提升愉悦感的商品或服务，比如听音乐会、看话剧、游乐园等；而防御性消费主要是指用来抵挡风险、缓解不适感的商品或服务，比如雨伞、药物、运动等。

根据消费客体的形态是否有形，可以将消费分为物质消费与精神消费或者实物消费与符号消费。其中符号消费这一概念由鲍德里亚（Jean Baudrillard）为批判资本主义社会消费现象而提出。所谓的符号是一种象征物，用来指称和代表其他事物。换言之，符号是指能代表自身之外事物的事物。鲍德里亚认为，消费社会的物（商品）已经不是传统意义上自然状态下的物，而是具有符号意义的物，其价值体现在物品所蕴含的社会意义上。对物的消费也是对物的符号意义的消费。简而言之，商品即符号，符号即商品，商品是被消费和展示的符号。

符号消费出现的社会背景有两个：首先来源于物资的极大丰富。第二次世界大战后，人类迎来了第三次工业革命，标志着人类社会正式进入科技时代，科学技术改变了人们的生产生活方式，人们的生活水平不断提高，琳琅满目的商品涌入消费市场。正如鲍德里亚所描述：今天，在我们的周围，存在着一种由不断增长的物、服务和物质财富所构成的惊人的消费现象，它构成了人类自然环境中的一种根本变化。我们所处的环境已经不再被人所包围，而是被物所包围。

其次来源于消费逻辑与生产逻辑的颠覆。鲍德里亚推断资本主义社会进入了一个全新的阶段，也就是消费社会。在消费社会里，消费不再以生产为中心，而是成为生产和消费者的主宰。鲍德里亚认为，随着物质的丰富度大幅增加，民众的消费观念转变为消费至上，消费成为人们日常生活中的重要实践活动，成为人们日常生活的主宰和终极追求。拥有更多财富的人想拥有更多商品，从而进行更多消费，以证明自己的价值，而拥有更少财富的人则千方百计地想通过消费满足自己的欲望。此时，全社会消费已经不再考虑生产力水平，而是反过来成为决定生产的因素，换言之，社会的发展、商品的生产、经济的提高，甚至民众生活的福祉都由消费直接决定。

鲍德里亚进一步研究了消费社会中的商品，认为物（商品）不止有使用价值与交换价值，还有象征价值或符号价值。资本主义后期的商品不再服务消费者的现实生活需求，而是服务虚幻的消费欲望，人们消费的目的不仅在于商品的使用价值，还在于商品所代表的符号象征意义，即人们不仅通过购买产品来获取生活的乐趣，还在对产品的使用过程中获得精神上的愉悦，人们通过各种商品的拥有来评判拥有者是不是富有的、新潮的、优秀的、有价值的，等等，甚至人们是否健康、聪明。

在现代商业世界里，品牌已经成为一种象征、一种力量、一种符号、一种信息传播工具。符号消费对于理解品牌具有极大的启发意义。鲍德里亚指出，品牌是符号消费过程中重要的载体之一。品牌巧妙地归纳了符号消费的语汇，从而形成了一种独特的品牌形象。品牌作为一种商品被使用时，首先必须是一个可供人们进行选择的标识，其基本任务是使消费者产生对商品的联想，并由此引发购买行为。在当今经济高度竞争的社会中，几乎没有任何一种产品能够有效维护技术创新和销售的蓬勃发展。因此，品牌的核心价值在于其文化内涵，即它对人的心理暗示和情感交流所引起的共鸣。想要使某一品牌获得优异的销售业绩，必须为其产品注入独特的共鸣效应，以激发消费者的联想并塑造某种特定的意义形象。这种意义形象就是品牌的内涵和象征，也就是品牌本身所具有的价值，这便是品牌的象征意义。

2. 基于消费主体的消费类型

根据消费主体的消费目的，可以将消费分为体验型消费与实物型消费。其中，体验型消费是指以获得一种体验为目的的消费行为，而实物型消费是指以获得某种实质物品为目的的消费行为。研究发现，与实物型消费相比，体验型消费通常能带来更多幸福感，同时人们会经常回忆体验型消费。

根据消费主体的层次，可以将消费分为个人消费与集体消费。其中集体消费包括家庭、公司、政府等主体的消费。诺贝尔经济学奖获得者弗里德曼（Milton Friedman）的“花钱矩阵理论”可以从侧面说明两种消费的差异。弗里德曼认为，“花自己的钱办自己的事，最为经济；花自己的钱给别人办事，最有效率；花别人的钱为自己办事，最为浪费；花别人的钱为别人办事，最不负责任”。集体消费通常是花别人的钱，因此更容易产生浪费或无效。

根据消费主体的特定消费心理，可以将消费分为补偿性消费、怀旧性消费、报复性消费、炫耀性消费等。其中，炫耀性消费由美国经济学家凡勃伦（Thorstein Veblen）在《有闲阶级论》中提出，指的是通过公开消费一定品牌的商品或服务，向周围的重要参照群体展示自己的形象、地位、身份、品位、声望和社会阶层等个体特点，以获得心理上的满足、表达归属或独立于某个特定群体的欲望。

3. 基于消费过程的消费类型

根据购买人与使用人是否分离，可以将消费分为直接消费（为己消费）与间接消费（为他人消费）。根据决策时的理性参与程度，可以将消费分为冲动性消费与理性消费。其中，冲动性消费一般有购买行为发生前无购买计划且无购买意图、某些刺激驱动消费者产生非理性情绪、临时做出购买决策三个典型特征。

根据消费情境与渠道的差异，可以将消费分为线下消费与网络消费，以及境内消费与境外消费等。其中，网络消费是指人们通过互联网工具满足需求的消费类型。网络消费具有很多不同于传统线下消费的特征：网络消费需要消费者借助互联网和计算机才能够实现；网络消费中存在商品服务信息与商品实体及服务过程分离的现象；网络消费具有信息消费和信息生产的双重特性；网络消费过程中的决策关系更加多元化。除此之外，网络消费还具有拉动式消费、无边界、全球化、主体年轻、内容丰富、形式个性、手段先进、成果智能等特点，且能够极大改善买卖双方的不平等现象。

（三）消费者行为及其影响因素模型

1. 消费者行为概念和构成

消费者行为有狭义和广义之分。狭义的消费者行为仅指消费者的购买行为以及对消费资料的实际消费，广义的消费者行为是指消费者为索取、使用、处置消费物品所采取的各种行动以及先于且决定这些行动的决策过程，甚至包括消费收入的取得等一系列复杂过程。消费者行为可以看成由两个部分组成：一是消费者的购买决策过程，购买决策是消费者在使用和处置所购买的产品或服务之前的心理活动和行为倾向，属于消费态度的形成过程；二是消费者的行动，消费者的行动更多的是购买决策的实践过程。在现实的消费生活中，消费者行为的这两个部分相互渗透、相互影响，共同组成了消费者行为的完整过程。

2. 消费者行为影响因素模型

关于消费者行为影响因素模型有二因素、三因素和四因素模型之分。其中，二因素模型将影响消费者行为的因素分为来自消费者内部的个人因素和来自消费者外部的环境因素两大类。三因素模型包括个人因素、环境因素与市场营销因素，是在二因素模型的基础上将市场营销因素作为影响消费者行为的重要因素。

菲利普·科特勒（Philip Kotler）提出的四因素模型较为典型，该模型认为影响消费者行为的因素包括文化因素、社会因素、个人因素和心理因素。其中，文化因素包括文化、亚文化、跨文化；社会因素包括参照群体、家庭、角色与地位、社会阶层；个人因素包括个性和自我概念、年龄和生活周期阶段、职业、经济状态、生活形态；心理因素包括认知、情绪、态度、学习、信念、行为、动机等。

二、旅游消费及其独特性

（一）旅游消费的定义及其两种理解

1. 旅游消费的定义

旅游消费伴随旅游活动而发生，是旅游活动正常进行和旅游经济正常运行的必要条件。在我国，旅游消费的代表性定义有以下四种。

（1）世界旅游组织将旅游消费定义为为了旅游活动的发生发展而引致的消费，是由旅游单位（旅游者）使用或为他们而生产的商品或服务的价值。

（2）罗贝尔·朗加尔（Robert Lanquar）认为：旅游消费是以货币形式表示的关于旅游需求在一系列服务和物产方面所花费的总和。

（3）林南枝、陶汉军认为：旅游消费是指人们在游览过程中，通过购买旅游产品来满足个人享受和发展需要的行为和活动。

（4）罗明义认为：旅游消费是指人们在旅行游览过程中，为了满足自身发展和享受的需要而进行的各种物质资料和精神资料消费的总和。

2. 旅游消费的两种理解

尽管人们已经对旅游消费做出了诸多定义，但在实际使用中经常存在两种不同的、容易混淆的理解。第一种理解是把旅游消费理解为旅游者花费，第二种理解则认为旅游活动本身就是旅游消费活动，人们参与旅游的过程就是旅游消费的过程。两种理解具有各自的合理性。前者从狭义上理解旅游消费，将其内涵缩小为旅游者在旅游过程中选择、购买和享用旅游产品或服务的货币支出过程，这些旅游产品或服务包括食、住、行、游、购、娱的全部或任一方面。换言之，将旅游消费作为一种纯经济性的行为，货币支出是其最明显的特征。而后者则从广义上理解旅游消费，将其内涵扩大为人们在旅游过程中的所有活动，认为旅游消费并非只是一种经济性行为，还是一种文化与社会性行为。换言之，旅游消费不一定必然涉及货币支出。本书的知识内容更多的是基于后者展开。

（二）旅游消费的独特性

旅游消费是一种特殊的消费类型，必须阐明旅游消费的独特性所在。一般而言，旅游消费具有以下独特性。

1. 旅游消费的体验性

消费体验论认为消费者行为是消费者的体验过程，往往是一种感性的行为。消费者是在体验中购买，在体验中消费，在体验中处置。因此，影响消费者行为的因素是体验过程及其效果。旅游消费主要是为了实现旅游者的旅游体验，无论是一次赏心悦目、陶冶情操的快乐之旅，还是一次感觉糟糕、不愿再提起的厄运之行，在此过程中，旅游者都得到了一种不同于日常的体验。而体验的文化性与精神性特征使旅游消费还具有极强的文化消费与精神消费的特征。

2. 旅游消费的移动性与异地性

从地理学角度看，旅游本质上是人类的短期移动行为。一般性的消费活动通常在人类惯常环境内展开，而旅游消费发生在旅游者离开常住地，前往并抵达异地的过程中。这种异地环境具有陌生性、新奇性、不确定性等特征。旅游者的移动范围可大可小，从市内到跨国不等，这进一步凸显了旅游消费与其他消费类型的差异。

3. 旅游消费的复杂性与综合性

旅游消费的复杂性与综合性主要体现在其消费内容、消费对象及消费结果上。旅游消费包括对核心旅游产品、旅游媒介产品和旅游纪念品等的消费。为实现旅游目的，旅游者须借助交通工具，并在旅途中解决饮食、住宿等基本需求，因此旅游消费是集食、住、行、游、购、娱于一体的综合活动。旅游消费不仅满足精神享受，陶冶情操，提高身体素质，还能开阔视野、增长知识。

4. **旅游消费的消费与生产同步性**

一般物质产品的生产、交换和消费是三个相对独立的环节，先有生产，然后才进行交换和消费。但旅游消费的生产、交换和消费几乎在同一时间和空间内同时进行。旅游消费的对象即旅游产品既没有“存储”或“仓库”概念，也无法被提前生产或延后消费。这进一步导致旅游消费体验具有较高的不可预见性与变动性。这是由于旅游者在前往消费地前不能完全预先知道所消费的对象是怎样的，并且特别容易受到当时的环境和情境等因素影响，其中任何因素（如天气、导游、同行游客的行为）的变化都会影响旅游消费体验。每一次旅游活动都是独特且难以复制的体验。

5. **旅游消费的互动交往性**

互动交往是人与人之间相互作用、相互影响的活动。旅游消费具有高度的互动交往性，旅游消费过程中不可避免地涉及与环境、当地居民、其他游客及旅游服务提供者之间的互动交往。互动交往通常也是旅游消费的重要动机，例如丽江游客前往酒吧消费更多的是结识其他游客，游客选择民宿更多的是期望可以与阅历丰富的民宿老板娘聊天。这种互动交往性是旅游消费的核心特征之一，突出反映了旅游消费不仅是基于货币消耗的商品或服务的经济性交换过程，也是文化、信息、情感等文化交流和社会交往的过程。

6. **旅游消费的弹性与弱重复性**

由于旅游消费是一种非基本生活消费，与旅游者的收入、职业、年龄、性别、受教育程度、宗教信仰、个人偏好，旅游产品的价格，旅游地的社会经济发展水平、风俗习惯，汇率的变动方向、国际间（尤其客源国和目的地国之间）政治经济关系等因素有着密切联系。这些因素的任何微妙变化都可能直接或间接改变人们对旅游消费的倾向，从而影响旅游消费。另外，旅游消费还具有弱重复性特征，尤其表现为旅游者对旅游目的地或旅游产品表现出较低的忠诚度和重游率。

三、旅游消费者行为学及其学科基础

（一）旅游消费者行为学

1. **框架结构**

旅游消费者行为学关注的是旅游者个体或群体为满足需要与欲望而挑选、购买、使用或处置产品、服务、观念或经验所涉及的过程，涵盖领域很广，知识内容庞杂。本书将旅游消费者行为学的内容划分为三大板块，分别为基础理论，旅游消费者心理，旅游消费行为与社会、文化，章节框架结构如图 1-1 所示。

2. **学科地位**

旅游管理学科归根结底是研究旅游者及其所引发的各种现象的学科。可以说，没有旅游者，就没有旅游现象，更没有旅游管理学科。当前，旅游产业的经济性质尤为

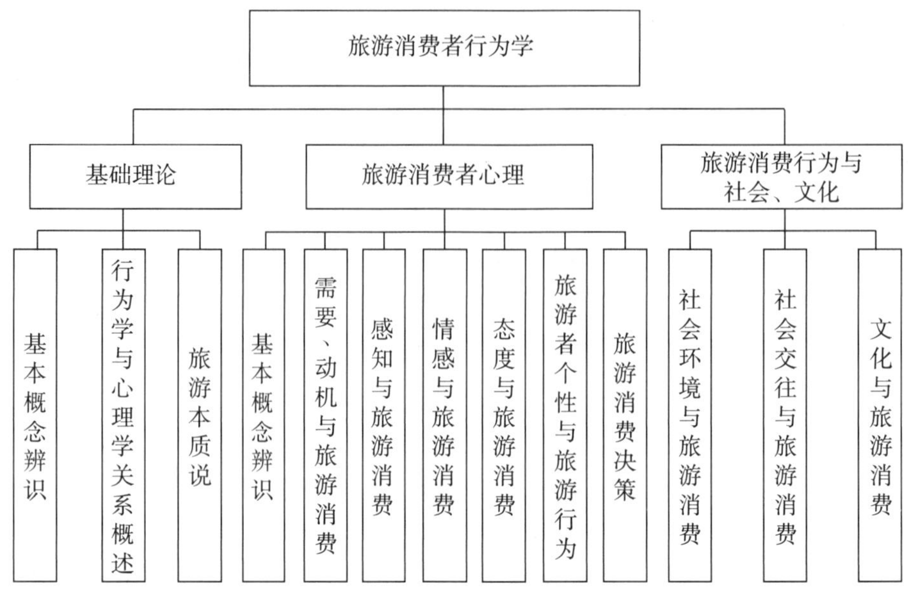

图 1-1　章节框架结构

凸显，已被列为国民经济的支柱产业之一，其中的关键原因在于旅游消费已经成为居民消费的重要类型，在促进国民经济发展中发挥着至关重要的作用。因此，聚焦于旅游消费的旅游消费者行为学课程在旅游管理学科体系中当之无愧处于核心地位。

（二）旅游消费者行为学学科基础

许多不同学科的知识对旅游消费者行为学这一年轻的领域贡献良多。事实上，旅游消费者行为学具有显著的跨学科特性。

1. 心理学

心理学是研究人的心理现象及其规律的学科，其经过一百多年的发展，已经形成了很多分支，研究内容主要包括人的动机、知觉、态度、个性、情绪、学习过程等。

普通心理学是心理学的一个主要分支，它的研究对象是一般正常人的心理现象及规律。心理学的理论和研究方法可以为我们更好地了解消费者行为提供一定帮助，有助于我们理解旅游消费者的感知、需要与动机、态度、个性、情绪等个性因素，以及这些因素如何影响旅游消费者的选择和决策。

社会心理学是心理学的一个分支，主要研究个体和群体在与社会交互作用中的社会心理现象及其从属的社会行为。具体而言，包括个体的心理及行为（人的社会化、自我与统一性、社会动机、社会感知和认知、态度改变），社会交往和互动的心理及行为（人际关系、社会影响、社会结构和活动），群体心理及行为，以及社会心理学的应用研究。社会心理学家在参与旅游消费者行为学的研究中关注以下内容：影响旅游消费者决策的社会文化因素，如家庭、社会阶层、文化、亚文化；影响旅游消费者个体和群体行为相互作用的社会心理因素，如从众心理、提示心理、暗示心理、循环刺激心理等。

2. **经济学**

经济学是一门研究稀缺资源如何配置和利用的社会学科。经济学家们认为，消费者的心理和行为模式是影响社会资源最终配置的重要因素，而资源的合理配置与否直接影响消费者的消费行为。经济学的基本分析方法之一是数量分析，它着眼于经济现象之间的表面联系，把各种经济关系看成若干变量之间的数量关系，由此建立的边际效用递减规律、理性预期理论、无差异理论、消费者剩余理论等是经济学关于消费者行为研究的成果。这些经济学原理常被用来分析影响旅游消费者行为的各种经济因素，如可支配收入、旅游产品价格、利息率、汇率等。

戴斌在其发表的文章《旅游行为的经济学分析》中提出了以下四层命题。

第一层次命题：无论人们的动机如何，旅游只是为了满足某些特定需求的行为方式之一，即只有当人们产生某种欲望，并且其满足必须在异地才能实现时，这种欲望才能转化为刺激和维持人们旅游行为的动机。这些特定的需求或欲望处于消费结构变迁中的较高阶段。如同李天元教授所论述的那样：有些事实说明，人们决定外出旅游同马斯洛（Abraham Maslow）的需求层次理论中的两个较高层次的需求有联系。作为消费对象的旅游，同样会受到边际效用递减规律的影响。这也就是现实中旅游活动为什么总是趋于多样化，并在形式上不断推陈出新的深层原因。

第二层次命题：人们选择旅游来满足某种（些）特定需求，无论是事前的预期，还是事后的评价，都受制于集体行为。这一命题也可以表述为旅游进入个人的偏好函数，受到社会中集体行为不同程度的正向激励。

第三层次命题：尽管作为交往和沟通体系，旅游承载着多项价值。但是可以指出的一点是个人可以通过旅游行为来改善集体对自己现有的评价。这种行为与效果之间的关系可以被纳入“成本—收益”的框架进行分析。这里个人付出的成本主要包括花费在旅游上的时间（如搜寻、选择、实地旅游的时间）、金钱及道德评价等。而收益则由其内在试图与自然、社会发生联系的实现程度来衡量。

第四层次命题：在现实中，旅游需求转化为旅游动机往往受到可供选择的目的地、旅游方式、身体状况、可自由支配的时间、资金预算、对旅游的评价、对旅游的预期收益评估等多种因素的制约。

3. **社会学**

社会学是研究社会结构及其内在关系与社会发展规律的学科，它侧重对社会组织、社会结构、社会功能、社会群体等进行研究。在研究社会结构和社会发展过程时，社会学必然会涉及人类的社会需要、社会心态和社会意向等社会现象，而这些社会现象又会反过来影响个体的行为。所以，社会学的一些理论对于考察、分析消费者行为具有重要价值。

旅游社会学以旅游和社会的相互关系为研究对象，探讨旅游的社会结构、社会关系、社会功能和社会影响等。例如，运用社会学的观点分析文化和亚文化如何影响旅游消费者、旅游消费者与目的地居民的关系等。另外，从社会角度进行的研究也是社会学的一项重要内容。在旅游研究领域中，也需要从分析角色入手，分析旅游者在旅游活动中扮演的不同角色以及社会角色对旅游消费者行为的影响。社会学将旅游消费者行为的研究置于更为广阔的社会文化背景中，更贴近现实空间，有助于更好地开展研究。旅游社会学的研究内容如表 1-1 所示。

表 1-1　旅游社会学的研究内容

研究领域	研究内容
社会变迁与旅游	社会经济的发展、科学技术的进步、政治制度的变革以及国际环境的变化对旅游的影响，以协调旅游业和社会各行业的相互关系，确立旅游业在社会发展中的重要地位
社会文化与旅游	旅游的文化功能和旅游对文化的需求、旅游地区的文化资源和旅游者的文化动机，以便正确处理旅游者异地文化和本土文化的关系，提高旅游的服务质量
社会交际与旅游	旅游交往中的情境定义、人际吸引和心理动机，以建立和谐融洽的人际关系
闲暇时间与旅游	旅游在闲暇时间中的地位和作用、旅游客源地闲暇时间的总量以及与旅游有关的闲暇时间的周期，以深入分析国际旅游市场，科学预测旅游的淡季、旺季及其发展规律，做好旅游业的经营管理
社会人口与旅游	人口数量、质量以及人口老龄化、人口城市化等人口现象与旅游的关系，分析旅游人口的分布和旅游人口的年龄、性别、职业、种族、文化等结构，以便从宏观上把握旅游市场，合理安排旅游活动
社会群体与旅游	旅游群体的特征和互助、旅游群体内外的人际关系和交往方式、旅游群体的冲突及冲突的调节方式，以提高旅游群体的整合力
旅游的社会功能	旅游对促进社会经济发展、科学技术交流、各国和各地区人民友好往来、文艺繁荣等具有积极作用，研究旅游者和旅游从业人员的各种违规行为及旅游的消极行为所造成的环境污染、生态破坏等社会问题，研究对旅游违规行为的社会工作和对旅游社会问题的社会控制
旅游社区建设和旅游体制改革	构成旅游社区的自然因素、社会因素和人文因素，旅游社区的规划、管理、吸收力、辐射力、指标系统、旅游点分布等，以便为旅游社区建设提供咨询，探索有利于旅游业发展的旅游体制，加强旅游业的科学管理

第二节 旅游消费决策过程模型

消费决策是指消费者谨慎地评价产品、品牌或服务的属性，并进行理性选择，想用最少的付出获得能满足某一特定需要的产品或服务的过程。了解旅游消费决策过程模型对于全面理解旅游消费非常必要。

一、常见的消费决策过程模型

消费决策过程模型是将消费者的消费过程视为一个决策过程。常见的消费决策过程模型有以下几种。

（一）五阶段与七阶段消费决策过程模型

恩格尔（Ernst Engel）等把消费者看作具有认知能力的理性人，提出五阶段消费决策过程模型（见图 1-2），即将消费者决策的过程细化为问题识别、信息搜寻、备选方案评价、选择与决策和购后评价五个过程。

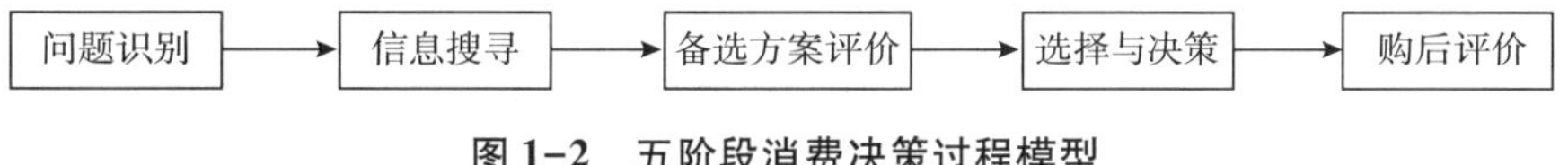

图 1-2 五阶段消费决策过程模型

在后续的研究中，他们把消费者决策过程中的购后行为进一步扩展、细分，将模型拓展为七阶段消费决策过程模型（见图 1-3）。这一模型把消费者购后行为分为使用、用户评估、处置三个部分，突出了对购后行为关注的重要意义。虽然这两个模型较好地概括了消费者决策的各个过程，但它们过于简单，难以解释消费者行为的复杂性和多变性。

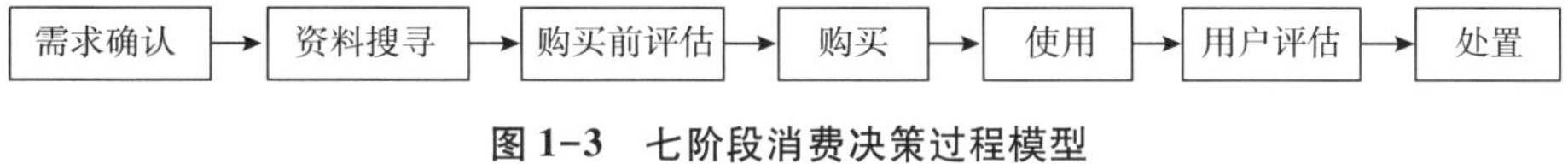

图 1-3 七阶段消费决策过程模型

（二）AIDMA、AISAS 与 SICAS 模型

1898 年，美国广告学家刘易斯（E. S. Lcwis）提出 AIDMA 模型（消费理论模型）。该模型认为消费者从接触信息到达成购买的过程中，会经历五个阶段：注意（Attention）、兴趣（Interest）、渴望（Desire）、记忆（Memory）、购买行动（Action）。在 AIDMA 模型中，消费者对产品或服务从不知情者逐步发展到产生兴趣、渴望，形成记忆，最终采取购买行动。AIDMA 强调以媒体为中心，通过传统广告、活动、促销等营销手段向用户单向传递信息，进而驱动顾客消费，可以很好地解释实体经济中的购买

行为，但在网络时代难以适用。

2005 年，日本电通集团提出了基于网络购买消费者行为的 AISAS 模型。AISAS 模型的前两个阶段和 AIDMA 模型相同，包括注意（Attention）、兴趣（Interest），后续还有搜索（Search）、购买行动（Action）、分享（Share）三个阶段。AISAS 模型更加准确地概括了在网络条件下，消费者获得信息、分享信息的能力，是 AIDMA 模型的发展。

2011 年之后，以智能手机、平板电脑和智能手环等为代表的移动终端设备走入人们的生活。移动终端所提供的丰富多样的智能软件覆盖了各种生活场景，为消费者提供了更丰富、更精准的信息通道，人们获取信息的主动权进一步提高。消费者的购买决策机制发展完善为 SICAS 模型，该模型更加强调企业与消费者之间的互动交流和线上线下的渠道融合。

SICAS 模型包括互相感知（Sense）、产生兴趣与形成互动（Interest and Interactive）、建立连接与互相沟通（Connect and Communicate）、购买行动（Action）、体验分享（Share）五个阶段。这五个阶段既不是相互独立的，也不是两两联系的单一式结构，而是多维的动态结构，即每一个阶段都与其他四个阶段互相关联，这是 SICAS 模型的关键。SICAS 模型是在移动互联网时代下基于互联网消费者的全真关系网络，强调企业与消费者之间的双向交流与沟通。SICAS 模型形成了一个多维互动的消费轨迹生态系统，具有系统性、全面性、多维性及双向互动性等特点，能够帮助企业及时掌握消费需求和心理变化，并对其消费行为轨迹进行全方位的动态监控。

（三）消费者决策黑箱模型

消费者决策黑箱模型认为消费者决策过程就像一个黑箱，人们只能看到消费者接受的刺激以及所做出的行为反应。该模型来源于“刺激—反应”理论。“刺激—反应”理论由沃森（John B. Watson）根据桑代克（Edward Thorndike）与巴甫洛夫（Ivan Pavlov）的“条件反射”实验总结提出，认为人的行为包括刺激和反应两部分。当对人体进行刺激作用时，人会对应产生反应与行为。英国的联合主义进一步认为，刺激包括内在刺激和外在刺激，而反应与刺激相伴产生。Kotler 消费者行为模型、EBK 消费者行为模型、霍华德-谢思消费决策过程模型、霍金斯消费决策过程模型都是基于该理论提出的针对消费决策的经典模型。

1. Kotler 消费者行为模型

Kotler 消费者行为模型（见图 1-4）是一个较为基础的模型，认为营销刺激与外部刺激是影响消费者决策的两大因素。此外，该模型还考虑了消费者个性特征，认为不同个性特征的消费者会产生不同的心理活动和决策结果。

2. EBK 消费者行为模型

EBK 消费者行为模型，又称恩格尔模型，由恩格尔（James Engel）、科拉特（Da-

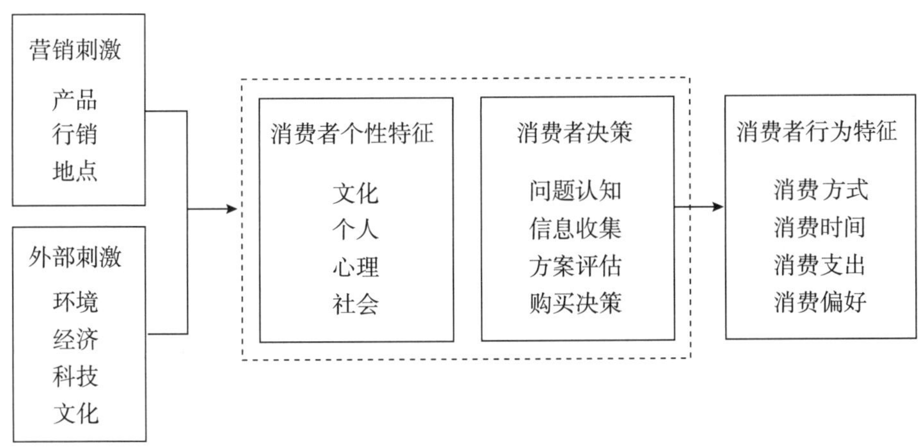

图 1-4　Kotler 消费者行为模型

vid Kollat）和布莱克威尔（Roger Blackwell）在 1968 年提出，是目前消费者行为中关于消费决策过程的较为完整而清晰的概念模型。整个模型分为四部分：信息处理程序、中枢控制系统、环境因素和决策过程（见图 1-5）。

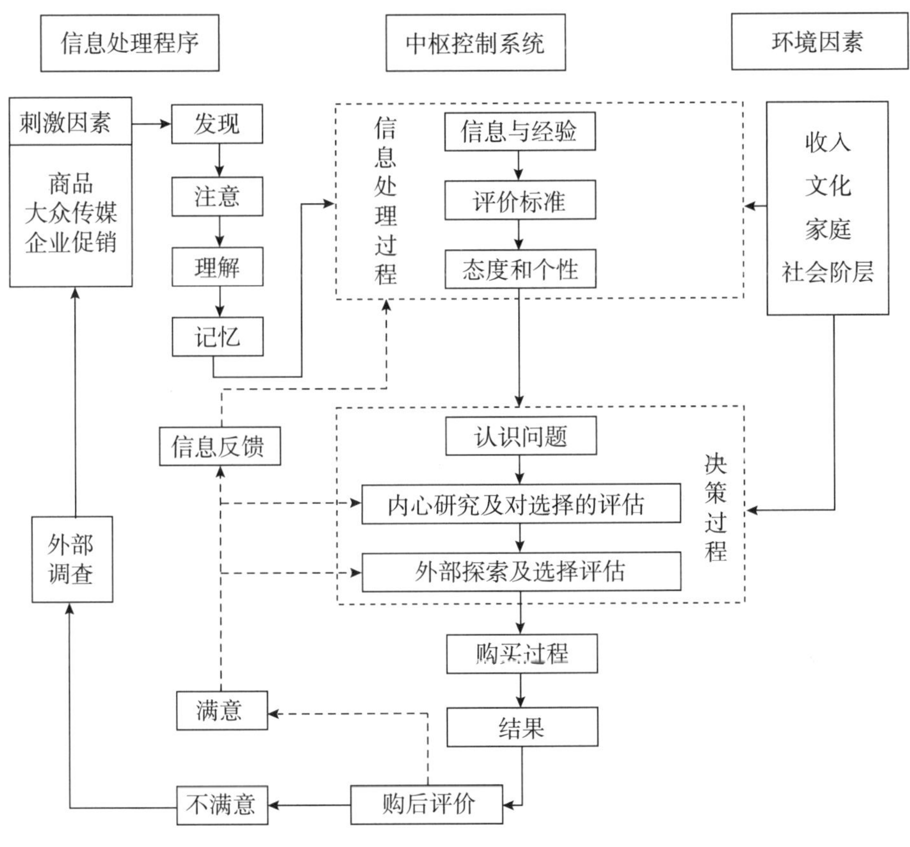

图 1-5　EBK 消费者行为模型

恩格尔模型认为，外界信息以有形和无形的方式作用于中枢控制系统。大脑对这些信息进行过滤和加工，结合信息与经验、评价标准、态度和个性，构成信息处理过程。随后进行内心研究及对选择的评估，通过外部探索进行选择评估，从而产生决策方案。在决策研究和评估过程中，消费者还会受到环境因素的影响，如收入、文化、家庭和社会阶层等。最终，消费者完成购买，并对商品进行消费体验，得出是否满意的结论。此结论通过信息反馈又进入中枢控制系统，形成信息与经验，影响未来的购买行为。

3. 霍华德-谢思消费决策过程模型

1963 年，学者霍华德（John Howard）提出霍华德-谢思消费决策过程模型，1969 年学者谢恩（Jagdish Sheth）对其进行完善。该模型的基础是刺激—反应模型，通过纳入外在因素，对刺激—反应模型进行完善。霍华德-谢思消费决策过程模型（见图 1-6）包括刺激因素、外在因素、内在因素和产出因素。其中，刺激因素包括社会刺激（家庭、相关群体、社会阶层），符号刺激（广告、媒体），以及产品刺激（质量、价格、可用性）；外在因素囊括了文化水平、时间压力、个性、财务状况等；内在因素产生于消费者经过刺激所产生的心理活动过程，在这一系列复杂的心理活动过程中萌生的感知结构、评价标准是内在因素的主要内容。产出因素即消费者的态度、购买动机、购买行为。

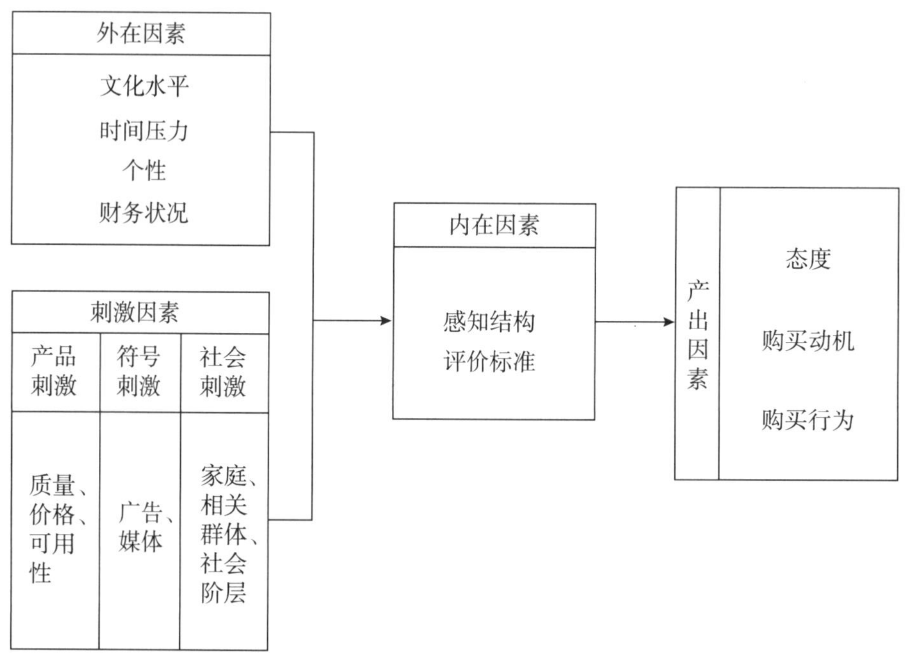

图 1-6 霍华德-谢思消费决策过程模型

4. 霍金斯消费决策过程模型

霍金斯消费决策过程模型（见图 1-7）为我们提供了描述消费决策过程基本结构的综合性概念框架。

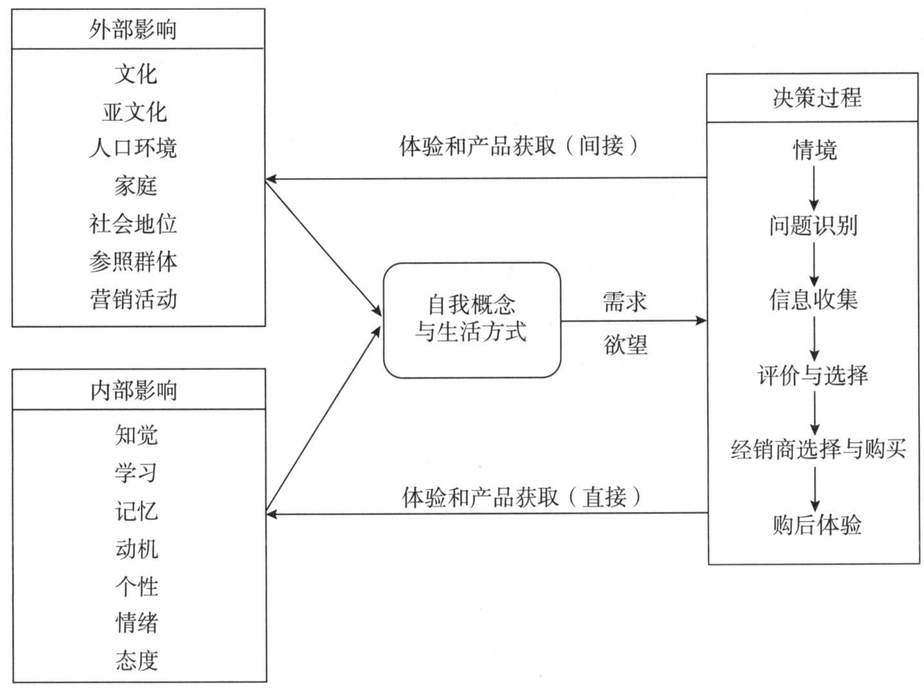

图 1-7　霍金斯消费决策过程模型

霍金斯消费决策过程模型认为，消费者在内外因素的影响下形成自我概念（形象）和生活方式，然后导致相应的需求与欲望的产生，这些需求与欲望通常需要通过消费行为（如购买产品）来满足。同时，这些消费行为还会对消费者的自我概念和生活方式产生调节。

二、常见的旅游消费决策过程模型

在旅游消费者行为领域，基于一般消费决策模型，结合旅游消费的独特性，提出了适用于分析旅游消费决策过程的模型。

（一）Mathieson 和 Wall 的五阶段旅游购买行为模型

1982 年，Mathieson 和 Wall 提出了一个线性的五阶段旅游购买行为模型（见图 1-8）。其认为旅游活动的开始是由于人们具有强烈的旅游需求和欲望，然后经过信息收集和印象评价，在各种可供选择的方案中进行比较，做出旅游决策，接下来就要为外出旅游做准备，随后进入旅游活动进行旅游体验，旅游结束后，对这次旅游活动进行满意度评估。该模型描述和解释了一次完整的旅游活动的过程，较为简洁清晰。但是该模型将决策过程视为线性过程，忽视了动态反馈，具有一定的局限性。

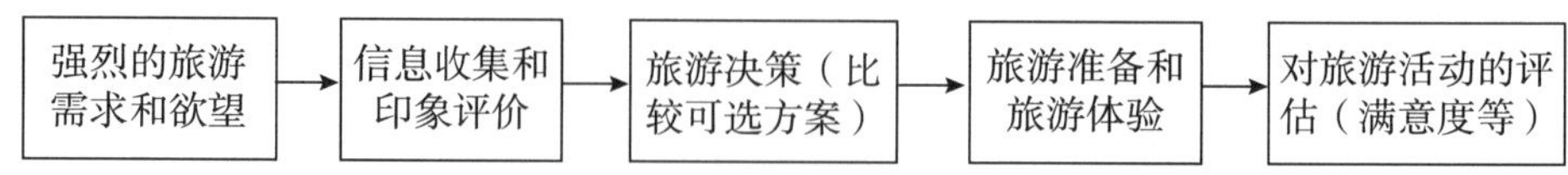

图 1-8　Mathieson 和 Wall 的五阶段旅游购买行为模型

（二）米德尔顿旅游购买者行为的刺激—反应模型

旅游营销学家维克多·米德尔顿（Victor Middleton）对传统的消费决策模型进行了适当改进，提出了旅游购买者行为的刺激—反应模型（见图 1-9）。

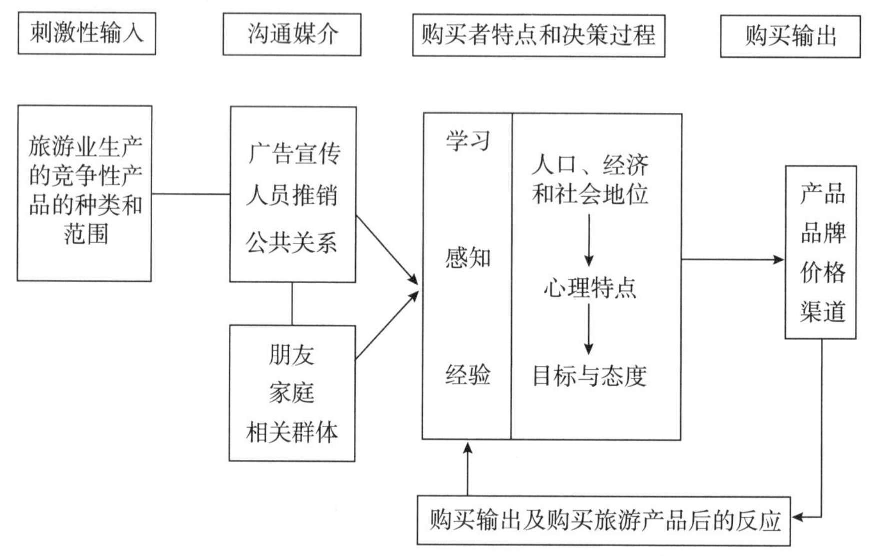

图 1-9　米德尔顿旅游购买者行为的刺激—反应模型

该模型将旅游产品作为刺激性输入因素，通过广告宣传、人员推销、公共关系等沟通媒介影响旅游购买者的心理态度，进而影响旅游决策的制定，最后是购买输出及购买旅游产品后的反应。米德尔顿将沟通媒介单独作为一个环节，强调了沟通媒介的作用，同时详细分析了决策过程。这个模型描述了旅游购买者进行一次旅游决策的完整过程，即旅游企业可以通过一定的沟通媒介对旅游购买者的购买过程产生刺激，进而使其产生购买行为。

（三）斯莫尔旅游消费决策过程模型

斯莫尔（Schmoll）在此基础上建立了旅游消费决策过程模型。斯莫尔旅游消费决策过程模型（见图 1-10）将动机、愿望或需求、期望，作为影响旅游行为的个人和社会因素。这些因素受到旅游刺激物、旅游者的信任度、目的地形象、过去的经历、费用和时间限制的影响。该模型分为四个板块，每个板块都会对最终决策产生影响：板块Ⅰ是旅游刺激，由广告和促销、旅游文献资料等构成；板块Ⅱ是影响旅游行为的个人和社会因素，它们支配消费者的目的，其表现形式为经济状况、个性特征等；板块Ⅲ是外部变量，即对旅游中介的信任、目的地形象等；板块Ⅳ是服务分销的特点和特色，同样对购买决策产生一定影响。斯莫尔特别强调旅游决策阶段的各种因素对旅游需求的重要影响。然而，斯莫尔旅游消费决策过程模型缺乏反馈环节，无法全面描述消费者行为过程，因此不具备动态模型的特征。

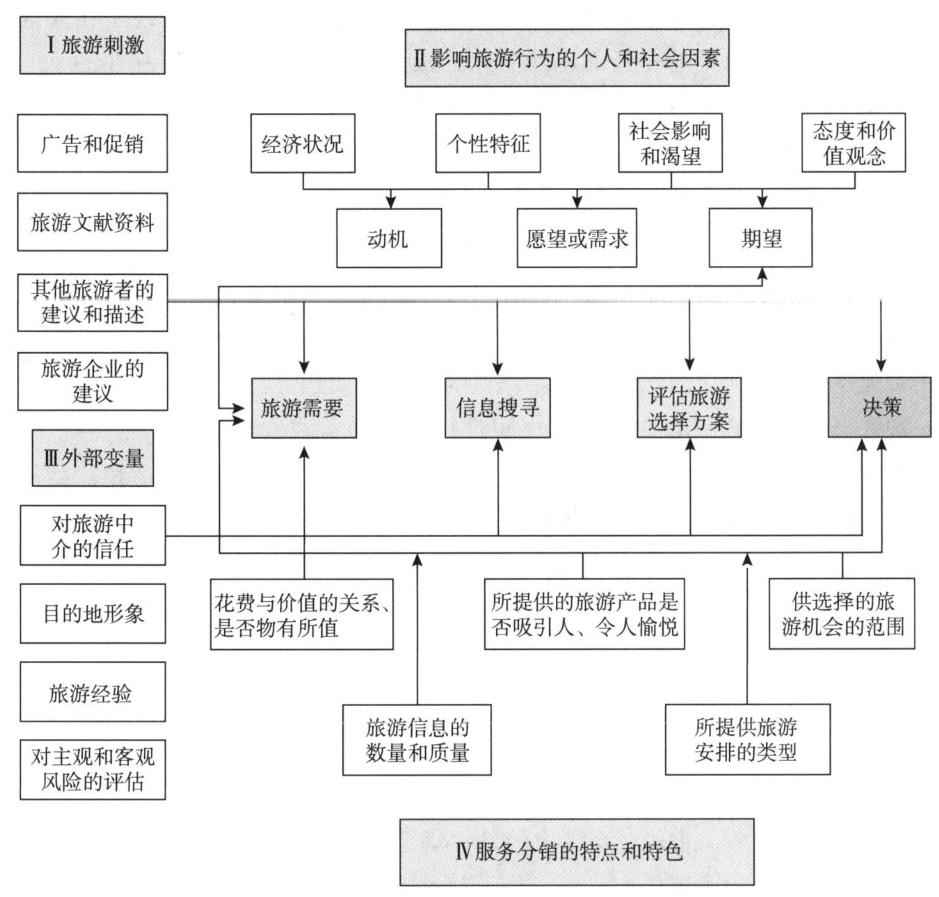

图 1-10　斯莫尔旅游消费决策过程模型

第三节　消费观、消费异化与消费主义

一、消费观

（一）消费观及其特征

1. 消费观

消费观是人们对消费及其相关问题的总的态度和看法，是人们在消费过程中形成

的使用一种价值判断来衡量事物、指导消费的观念。作为社会意识的一部分，消费观本质上是一种价值观，也是一种道德规范。消费观揭示了消费的本质，决定了消费主体的消费动机、消费行为、消费方式的选择等一系列基本问题。

2. 消费观的特征

消费观是时代的反映。消费观作为一种社会意识，不可避免地打上了时代的印记，具有一定的时代性。消费观不是先天固有的存在，而是一定社会经济现实在人脑中的反应。消费观会随着时代的变迁而不断变化，永恒不变的消费观是不存在的。消费观的形成受制于特定的历史条件和社会环境。各种具体消费观的形成与不同历史时期的社会生产紧密相关，不同时代的社会生产力水平是消费观形成的基础。

消费观具有相对独立性。消费观作为一种意识形态，社会存在对其有决定性作用，同时消费观会反作用于社会存在，在这一基础上，它还有自身的独立性。这种独立性表现在消费观的形成与发展并不完全与社会发展同步。这正是我们开展消费观教育的必要性所在。

消费观是人的社会化的结果。马克思认为人的本质建立在社会属性之上。消费本身是一种社会行为，它只有在人与人之间进行交往和实践的前提下才能实现。因此，消费观是社会化的结果，它通过长期的消费实践逐渐形成，并通过总结和社会认同不断发展。这里的社会化不仅包括个体行为方式的形成，还包括个体在一定社会环境影响下通过实践形成了一定的价值观念。这正是我们得以开展消费观教育的前提。

（二）消费方式和消费观念的历史演变

1. 少私寡欲：古代社会的消费方式和消费观念

在以农业文明为主要表现形式的古代社会，其消费方式和消费观念具有如下基本特征。

从消费的目的来看，古代社会追求的是“满足基本的生存需要的消费”。因此，古代社会的消费主要是为了满足衣、食、住、行这些维持人类生存的基本需求。在中国的儒家看来，“足食”应该是各种消费之首。可以说，“民以食为天”的思想是中国古代社会关于消费对象的基本思想。这种消费观念无疑与当时发展迟缓的生产力水平相适应，人们的消费指向只能停留在对基本生活资料的满足上。

从消费的性质来看，古代社会的消费是“自然性消费”。消费对象基本上属于天然（自然）的产品，消费过程基本上从属于自然界整体运行过程的消费。

从消费的主张来看，古代社会的消费崇尚“节欲”和“节俭”。这是所有古代社会消费观念的共同特征。中华民族传统文化崇尚的是“勤俭持家”，反对过度追求物质消费的价值取向。

2. 禁欲苦行与追求物质享受并行：早期工业文明时代的消费方式和消费观念

中世纪的教会与神学家把守贫视为美德，把贪婪视为罪恶。特别是在早期资本主义阶段，出于原始积累的需求，节俭成为这一时期的主要精神。资本的增加，来自节俭，资本的减少，来自奢侈与妄为。一个人节省了多少收入，就增加了多少资本。因此，奢侈是社会幸福的最大敌人，而公共浪费相比于私人浪费有更大的危害。

伴随工业革命的进行与文艺复兴的深入，追求物质享受的消费观念逐渐盛行。首先，文艺复兴发现和肯定了人的主体地位。强调人的价值、尊严和权利，以人权反对中世纪的神权，以人道反对中世纪的神道。其次，文艺复兴强调尊重科学，崇尚理性，以反对中世纪的蒙昧主义。再次，文艺复兴重视现实生活，主张个性解放，以反对来世主义和禁欲主义。最后，文艺复兴歌颂友爱，提倡平等，以反对王权和等级制度。文艺复兴的人文主义者把世俗生活看成人类生活的重要组成部分，把个人追求财富和适度享受生活看成是符合人性的。这种观念为资本主义工业文明下消费观念的转变提供了文化基础，促使人们更加重视物质生活和消费。

3. 挥霍性消费：当代“消费社会”的消费方式和消费观念

资本主义早期社会的“节俭”，一方面来源于资本原始积累的需要；另一方面来源于生产力发展的不足。随着资本主义原始积累的完成和工业革命的持续发展，在创造巨大的物质财富的同时也导致了大量的生产过剩，而一旦社会出现了过剩性的生产，即供过于求，“节俭”的消费观念就会荡然无存，与此相适应，追求享乐和挥霍财富的消费观念就会取而代之。

首先，这种消费观念注重花费和占有物质，不断侵蚀强调节约、简朴、自我约束的传统价值观。其次，这种消费观念是对需要的背离，已经不是为了满足健康生存的需要，而是为了满足心理上的“享乐欲求”。最后，这种消费观念不再注重使用价值，而是注重商品的符号价值。

二、消费异化与消费主义

（一）消费异化

在黑格尔（G. W. F. Hegel）看来，“异化”就是主体在发展过程中演化出异己的客体，反过来压制主体；在马克思看来，“异化”是指人的物质生产和精神生产及其产品脱离生产者，反过来统治生产者的一种反常现象；“异化”的过程是主体性逐渐丧失，遭到本来由自己创造，却变成了被异己的物质力量和精神力量所奴役的过程。

随着资本主义工业文明的发展与消费时代的到来，消费发生了异化，使本来作为人的生存方式的消费成为一种违背人类可持续生存和发展利益的消费。消费异化具体表现如下。

1. 消费对自身本质的背离

消费本来是人满足需要的活动。但是在消费社会中，消费越来越被经济增长的要求所决定，被人们的消费欲望所支配，不再是对需要的满足。不仅如此，消费只有打破和超越需要的限制，才有可能成为经济持续增长的手段。“超越需要”已经成为现代消费社会的消费活动的主要特征。在过剩生产的历史条件下，生产经营者只有不断制造新奇的消费品，才能吸引那些已经满足了需要的消费者，使他们能够继续消费。也只有如此，生产经营者才能使生产过程得以持续。当一种新的消费品被生产出来时，其并不是人们生存所“需要”的东西。于是，经销商便想尽办法使它成为消费者“想要”消费的东西。只有如此，交换才能够得以达成，生产的消费品才能够被卖掉，生产才能够继续进行。正因如此，法兰克福学派的代表人物马尔库塞（Herbert Marcuse）认为，人们在很多时候对于某种产品或事物的需要只是一种虚假的需求，并非其本身真正的需求。

2. 消费对人的背离

消费是人的生存方式，在现代消费社会里，背离需求的消费反而威胁到人类的生存。这种消费不仅挥霍了大量资源，而且对人类的生存环境造成了巨大破坏，使人类生存同外部自然界发生尖锐的冲突。因此，这种消费就成为摧毁人类生存必要条件的消费。此外，消费不仅造成了人和外部自然界的冲突，而且造成了人的生存方式同“人本身的自然”，即人的生理机能的冲突。此外，超越需要的过度消费也对人的身体造成了极大伤害。现代社会的许多“文明病”——心脑血管疾病、糖尿病甚至癌症都与人类过量的高脂肪摄入有关。

3. 消费对人的控制和操纵

消费的功能由满足消费者的需要变成了为经济增长服务，因此消费者的消费是在外在的目的和力量的支配下进行的。于是消费由“自律”的消费变为“他律”的消费。消费的目的被经济增长要求所支配，被营销商的利润动机所支配，人们很容易被引导按照广告宣传来放松、娱乐、行动和消费。消费者被消费所支配，被生产经营者所支配。生产经营者为了获得更大的利润，便不断扩大再生产，并通过广告宣传诱导消费者消费，把他们的产品强加给消费者，使消费者在“幸福”的感受和对欲望的满足中自觉或不自觉地接受和屈从于这种“操纵”。同时，消费者会通过消费来表现自己的地位、证实自己的能力、展现自己的价值，因此消费者也被自己的消费所支配。消费者已经不再是消费的主体，而是成为“消费机器”。正如弗洛姆（Erich Fromm）指出的：消费本质上是人为刺激起来的幻想的满足，是一种与我们的真实自我相异化的虚幻活动。在工业化的国家里，人本身越来越成为贪婪的、被动的消费者，物品不再为人服务，相反人却成了物品的奴仆。

（二）消费主义

1. 消费主义

消费主义是一种在制度环境的系统作用下不断膨胀的欲望形态，是当代社会特别是资本主义社会的典型特征之一。消费主义不仅是人类社会生产力高速发展和经济社会不断进步的必然结果，还是资本主义社会为了平衡生产和消费关系、加强资本主义扩大再生产、解决资本逻辑矛盾并寻找新发展出路的产物。

从客观上分析，消费主义展现出一种对物的占有性、浪费性、非理性以及大众性；从原动力角度来看，消费主义体现了鲜明的欲望驱动性；从外部条件来看，消费主义体现着比较强的价值导向性；从价值特点来看，消费主义具有较为明显的工具性特征；从发展趋势来看，消费主义具有较强的控制性与文化殖民性。

2. **消费主义的弊端**

消费主义作为一种异化消费观，已经背离了人们消费的初衷，是一种错误的消费观。消费主义具有诸多弊端，主要集中在三个方面：其一，重物质享受，轻精神追求。法国著名后现代主义者鲍德里亚提出，在消费社会，身体不满足生存和发展的需要，而是狂热地追求享乐，尤其物质享受，认为只有物质生活的丰富和感性欲望的满足才是最重要的。由此，身体的“虚假需求”满足了，却忽视了人深度的精神需求。其二，重符号价值，轻使用价值。鲍德里亚揭示了消费社会中的商品意义不再是解决人吃、穿、住、用、行的基本需求，它本身还带有符号意义。这种意义标榜了人的身份、地位、个体价值。其三，重个体占有，轻自然生态。消费主义奉行的是“你的消费决定了你的存在和价值”。这种思想观点认为，人类生存的唯一理由就是“把物据为己有和可以将获得的东西保存下去的无限权利”。那么，获得的财富越多就越能证明自身价值，无论这些财富能不能带来真正的幸福。在无限膨胀的占有欲望的驱使下，人们把自然看作满足自身欲望的工具，从而肆意掠夺自然、破坏自然。

（三）新时代美好生活消费观的引导

消费观是世界观、人生观、价值观在消费方面的显现。人们如何正确看待消费、持何种消费观念，不仅关系个人的生存和发展，还影响着国家的发展。新时代应当树立美好生活的消费观。具体可以从以下三个角度解读新时代美好生活消费观。

首先，确保生态环境与民众消费活动协调一致。人与自然的关系应当是一种相互适应、和谐共生的状态。可以说，消费是人类和生态环境之间能量转换的过程，是一种相互依存、相互影响的复杂过程。美好生活消费观需要民众在进行消费实践活动的同时，注意保护生态环境，既要满足人类的生存和发展需求，又要充分兼顾环境的承压情况及自然环境的承载能力，以确保生态环境与消费活动的关系正向协调、健康发展。

其次，坚持消费实践活动与社会经济发展相协调原则。消费作为人类日常的生活和生产方式，既体现着人的价值追求，也是生产力发展的必然要求。随着时代的变迁，消费已经成为经济社会发展中不可或缺的重要因素，其地位日益凸显。社会再生产的顺利实现与经济发展息息相关，而消费则是推动这一进程最为重要的动力之一。美好生活消费观倡导妥善处理消费与经济社会发展的关系。

最后，消费应当反映人类的本质，有助于人的全面发展。是否有利于人的全面发展是判断消费行为道德属性的重要标准。人的全面发展是马克思主义的最高追求，是社会发展的根本目的。只有作为社会构成体的个人得到发展，才能实现社会的发展。而个人的发展建立在个人需要满足的基础上，消费是满足个人需要的重要手段，可以说，消费是促进个人发展的必要条件。人的需要不仅包括物质消费层面保证人生存和延续的生理存在需求，还包括让人感到愉悦、受到尊重等精神消费层面的心理需求。随着新时代的到来，新时代美好生活消费观主张物质消费与精神消费不可偏废，消费要反映人类的本质，能够帮助人类实现全面自由发展这一终极目标。

复习与实践

一、判断题

1. 消费是人类为满足生存和精神需求而进行的消耗活动。（　　）
2. 消费的核心要义是消耗，这是消费区别于其他活动的关键特征。（　　）
3. 消费不一定需要购买行为。（　　）
4. 旅游消费的生产和消费同步进行，没有“存储”概念。（　　）
5. 旅游消费的体验性使得其消费结果容易重复。（　　）
6. 投资本质上是一种风险承担行为，而消费的风险相对较低。（　　）
7. 品牌也是一种符号，品牌管理的关键在于对品牌的意义进行管理。（　　）
8. 在黑格尔看来，“异化”就是主体在发展过程中演化出异己的客体，反过来压制主体。（　　）
9. 消费主义是一种基于个人自愿选择的消费行为，而不受社会制度的影响。（　　）
10. 消费主义的本质是异化的消费观，它偏离了人类消费的初衷。（　　）

二、不定项选择题

1. 投资与消费的区别有（　　）。

A. 投资注重未来回报　　B. 消费注重当前满足

C. 投资伴随较高风险　　D. 消费侧重即时性

2. （　　）消费行为属于心理满足性消费。

A. 购买奢侈品牌手袋　　B. 豪车展示

C. 日常食品购物　　D. 高端手表佩戴

3. 根据消费客体对于消费主体的必需程度，可以将消费分为（　　）。

A. 刚性消费　　B. 弹性消费

C. 平价消费　　D. 奢侈消费

4. 符号消费的出现源于（　　）的社会背景。

A. 物资的极大丰富　　B. 生产逻辑向消费逻辑转变

C. 消费需求减少　　D. 符号消费取代物质消费

5. 根据消费主体的消费目的，可以将消费分为（　　）。

A. 体验型消费　　B. 实物型消费

C. 个人消费　　D. 集体消费

6. 旅游消费的独特性包括（　　）。

A. 移动性与异地性　　B. 复杂性与综合性

C. 体验性　　D. 互动交往性

E. 消费与生产同步性　　F. 弹性与弱重复性

7. 菲利普·科特勒提出的影响消费者行为的因素包括（　　）。

A. 社会因素　　B. 文化因素

C. 个人因素　　D. 心理因素

8. AIDMA 模型认为消费者的决策过程会经历（　　）阶段。

A. 注意　　B. 兴趣　　C. 渴望

D. 记忆　　E. 购买行动

9. AISAS 模型认为消费者的决策过程会经历（　　）阶段。

A. 注意　　B. 兴趣　　C. 搜索

D. 购买行动　　E. 分享

10. SICAS 模型认为消费者的决策过程会经历（　　）阶段。

A. 互相感知　　B. 产生兴趣与形成互动

C. 建立连接与互相沟通　　D. 购买行动

E. 体验分享

三、简答题

1. 简述消费与购买的关系。
2. 简述消费与投资的异同。
3. 简述旅游消费的独特性。
4. 简述消费方式和消费观念的历史演变。
5. 简述美好生活消费观的内涵。
6. 简述消费异化的表现。
7. 简述 EBK 消费者行为模型的内容。
8. 简述 Mathieson 和 Wall 的五阶段旅游购买行为模型的五个阶段。
9. 简述斯莫尔旅游消费决策过程模型的四个板块。
10. 简述消费观的特征。

四、案例分析

小李是一位年轻白领，计划利用年假去日本旅游。他希望能够体验日本当地的文化，享受当地美食，并且购买一些纪念品。旅行期间，他打算住在一家有当地特色的民宿，与当地居民互动，感受当地的传统文化。在出发前，他根据天气预报规划了旅游路线，并选择了合适的交通方式。虽然小李曾去过日本，但这是他第一次到日本的某个偏远乡村，那里以温泉和美丽的自然风景而闻名。

然而，到了旅游目的地后，天气突变，连续几天都是阴雨天气，导致他原计划的户外活动被迫取消。此外，民宿的房东由于个人原因不在，小李未能与其进行交流和互动。这次旅游的许多方面都与他之前的期待存在偏差，这让他的旅游体验大打折扣。

问题：小李的旅游反映出了旅游消费的哪些独特性?

五、实训题

设计一份问卷，调查你所在班级同学的消费观。

第二章　行为学与心理学关系概述

案例导入

今天小明在沃尔玛买了一瓶可口可乐。

小明为什么要喝可乐？

渴了喝水是人类的基本需求，因此小明可能口渴了。

小明口渴了为什么不买矿泉水，而是要买可口可乐？

⇒小明为什么买了可口可乐，而没有买百事可乐？

⇒小明觉得可口可乐更好喝，请问这是真的吗？

⇒对小明进行双盲测试？

⇒在未知的情况下，小明更喜欢百事可乐？

⇒所以小明为什么喜欢可口可乐？

⇒小明为什么去沃尔玛？

⇒因为沃尔玛离得近？

⇒可是 7-11 离得更近，小明为什么不去 7-11？

⇒是因为楼下小店又便宜又近？

⇒所以小明为什么要去沃尔玛？

⇒如果小明和他妈妈一起去沃尔玛，那么他还会买可口可乐吗？小明为什么不在妈妈面前喝可口可乐？

⇒如果小明和女朋友一起去，会买可口可乐吗？所以小明在什么情况下会买可口可乐？

思考：以上内容是不是非常混乱？你看看到底哪些属于心理学的研究范围？哪些属于行为学的研究范围？

学习目标

一、知识目标

1. 了解心理学的发展历程和主要流派。

2. 了解旅游心理学的产生背景。

3. 识记旅游心理学的基本概念。

4. 掌握旅游心理学的研究方法。

5. 了解旅游消费者行为研究的历史。

二、能力目标

1. 能够理解旅游心理学的研究对象及研究意义。

2. 能够理解旅游心理学和旅游消费者行为的联系与区别。

3. 能够对旅游心理学作为旅游消费者行为学主要学科基础有理论层次上的认识。

三、思政目标

1. 通过对旅游心理学基本理论和学派的学习，尤其对著名心理学家生平和理论学派的了解，培养学生崇尚科学、尊重科学工作者的思想意识。

2. 通过学习精神分析心理学派的理论，引导学生自觉将本能欲望转化为积极向上、服务国家与社会的积极动力。

3. 通过学习消费者行为研究历史与研究方法，培养学生运用科学方法探究真理、追求客观结论的能力，树立尊重事实、追求真知的价值取向。

本章重难点

1. 旅游心理学的研究对象及研究意义。

2. 旅游心理学的研究方法。

3. 旅游消费者行为研究的历史。

重点概念

1. 心理学（Psychology）：是一门研究人类心理现象及其影响下的精神功能和行为活动的科学，它兼顾理论性和应用（实践）性。

2. 旅游心理学：是研究旅游活动中人们（旅游者、旅游从业人员）的心理活动和行为规律的科学。

3. 旅游消费者行为学：是在心理学、社会学、人类学、经济学和消费者行为学等学科的基础上，对旅游者在旅游消费活动中的心理活动、消费行为特点和规律展开研究的学科，是新建立起来的交叉边缘学科。

旅游学以研究旅游现象的基本矛盾为核心，而旅游心理学以影响旅游者旅游活动的产生、影响旅游选择和旅游心理效果的主客观因素为研究对象。旅游者是旅游活动的主体和旅游服务的主要对象，是旅游决策者。只有了解旅游者心理活动的规律、特点，掌握研究旅游者心理的方法，才能更好地为旅游者服务。旅游服务是旅游业的灵魂，其质量关系旅游业的兴衰成败。在导游服务、旅游饭店服务和旅游商品服务等方面，要想提高服务质量，除研究旅游者的心理外，还要研究旅游服务人员的心理及二者的关系，为旅游者提供个性化、针对性的服务。另外，研究旅游从业人员的心理，利用其心理活动规律和心理学等行为科学原理对员工进行管理、培训，也可以很好地开发利用人力资源，使现有的人力、物力等资源有机结合，发挥整体效益。

第一节　心理学概述

鉴于旅游心理学领域的各项研究建立在以往心理学理论研究的基础之上，我们在开展旅游心理学研究之前，先来了解和认识心理学。心理学是一门研究人类心理现象及其影响下的精神功能和行为活动的科学，它兼顾理论性和应用（实践）性。

一、心理学的发展历程与主要流派

心理学起源于哲学，是一门从哲学中分离出来形成独立研究的学科，是人类自我思维、行为方式的认知和剖析，心理学关注人类怎样感知外界信息、怎样进行信息内化处理，以及相应的心理和行为规律。

（一）心理学的发展历程

随着自然科学的迅速发展，尤其生物学、生理学对人体知识的大量积累，不仅启发了人们的思维，也促进了人们对人类本身心理研究的冲动。1879 年，德国生理学家、心理学家冯特（Wilhelm Maximilian Wundt）（见图 2-1）在吸收前人成果的基础上，在德国莱比锡大学建立了世界上第一个心理学实验室，开始了对人的感觉、知觉、情感等系统的研究。从此，心理学脱离了哲学，成为一门独立的研究学科。

图 2-1　冯特（1832—1920）

虽然心理学的产生只有一百多年历史，但它独特的研究对象和广阔的应用范围赋予其强大的生命力和无限的发展前景。心理学在越来越多的领域得到广泛应用。由于心理学研究人的心理活动规律，而任何领域的实践活动都是人的活动，并在心理的调节和支配下完成，因此可以说，心理学的应用几乎渗透到人类实践的各个领域。目前，心理学已被广泛应用于国防、教育、体育、医疗卫生、司法机构、工商企业、社会服务等各个领域，形成了以普通心理学为主干、具有多个分支的学科体系。

（二）现当代心理学的主要流派

1. 内容心理学派

19 世纪 60 年代，内容心理学在德国产生。这一学派的代表人物主要有费希纳（Gustav Fechner）（见图 2-2）和冯特。费希纳的心理物理学是关于身心之间或外界刺激和心理现象之间的函数关系或依存关系的严密科学。这是一门介于心理学和物理学之间的独立学科。他对心与物做了精确的数学测量并试图确定它们的关系。1860 年，他的《心理物理学纲要》的出版奠定了其在心理物理学上的创始人的地位。

图 2-2　费希纳（1801—1887）

费希纳认为心理是可测量的。经过许多实验和推导，他把感觉强度和刺激强度之间的关系概括为如下公式：$S=K\times \lg R$，其中，S 是感觉强度，R 是刺激强度，K 是常数。这个定律说明人的一切感觉不是与对应物理量的强度成正比，而是与对应物理量的强度的常用对数成正比。

换句话说，这个公式表明刺激的效果不是绝对的，而是相对于已有感觉的强度。曾经，费希纳在心理物理学的研究中创造了三种心理测量的方法：最小可觉差法、正误法和均差法。费希纳把物理学的量化实验方法系统引入心理学，为冯特建立实验心理学体系提供了直接的方法论基础。

2. 精神分析心理学派

奥地利心理学家弗洛伊德（Sigmund Freud）（见图 2-3）从心理治疗起家，是心理治疗中精神分析学派的创始人，他认为心理上的病态是人的本能冲动被压抑的结果。当一个人觉得自己的冲动严重违背了“做人原则”，他就会压抑这些冲动。压抑的结果是虽然再也意识不到这些冲动，并且已经可以心安理得地相信自己“没有”这些冲动，但这些冲动依然存在于其意识不到的内心深处。他认为，这种“冲动”与“对冲动的压抑”之间的冲突就是心理失衡的病因。他还发现，病人被压抑的冲动往往会有所改变地表现在他们的梦境中，他认为治疗者应该通过深入分析去破译梦的含义。1900 年，他正式出版了自己的一本影响巨大的著作——《梦的解析》（也译为《释梦》）；1901 年，他出版了《日常生活的心理分析》，把对病人的研究扩大为对一般正常人的研究。

图 2-3　弗洛伊德（1856—1939）

弗洛伊德认为推动人们去做各种事情的“原动力”是那些人与动物共有的本能欲望的冲动。按本性来说，人总是倾向于为所欲为，但社会不允许这样做。弗洛伊德不主张放纵，相反，他认为对人的本能加以控制是必要的。如果人类放纵自己，必将自取灭亡。但他所从事的心理治疗又使他认为，一味地压抑人的本能冲动不仅会使人生活得不痛快，而且会使人生病，所以也是不行的。总之，他认为可取的办法既不是放纵，也不是压抑，而是升华，即将本能冲动转化为社会认可的、具有建设性的行为或文化活动。

3. **行为主义心理学派**

20 世纪初，行为主义心理学产生于美国，其创始人是华生（John Broadus Watson）（见图 2-4）。他反对研究意识，而是把人和动物的行为作为研究对象。他从人和动物的行为中找到的基本因素是刺激和反应，将一切心理学问题都归纳于刺激和反应的规范中。于是“刺激—反应”公式就成为行为心理学的基本公式。

图 2-4　华生
（1878—1958）

在一批“新行为主义”心理学家中，最著名的是创立“强化学说”的斯金纳（Burrhus Frederic Skinner）（见图 2-5）。他认为通过动物实验也能揭示人的行为规律，因为人和动物的行为服从同样的规律。最重要的问题不在于各种各样的行为是由什么样的刺激引起的，而是在于已经出现的行为有的能巩固下来，有的则不能。他用大量实验证明，已经表现出来的行为因为得到奖励而增加了它重复出现的可能性，也就是说，奖励能强化已经出现的行为。

图 2-5　斯金纳
（1904—1990）

在新行为主义心理学家中，斯金纳是激进的行为主义的代表人物。在巴甫洛夫经典条件反射的基础上，斯金纳提出了操作性条件反射，他自制了一个斯金纳箱，在箱内装有一个特殊装置，压一次杠杆就会出现食物，他将一只饥饿的老鼠放入箱内，老鼠会在箱内乱跑乱碰，自由探索，偶然一次压到杠杆就会得到食物，此后，老鼠压杠杆的频率越来越多，即学会了通过压杠杆来得到食物的方法，斯金纳将其命名为操作性条件反射或工具性条件作用，食物即是强化物，运用强化物来增加某种反应（即行为）频率的过程叫作强化。斯金纳认为强化训练是解释机体学习过程的主要机制。

4. **格式塔心理学派**

格式塔心理学派强调整体并不等于部分的总和，整体乃是先于部分而存在并制约着部分的性质和意义。在一定范围内来说，这一观点符合客观事实。格式塔心理学家从这一观点出发，坚决反对对任何心理现象进行元素分析，这对于揭发心理学内的机械主义和元素主义观点的错误具有一定作用。

同时，他们在知觉领域里进行了大量的实验研究工作，并取得了很多具有科学价值的成果。目前一般心理学教科书中讲述的一些有关知觉的规律知识，例如似动现象的发生、知觉过程中图形和背景的关系等，基本上来源于格式塔学派的研究成果。

图 2-6　考夫卡
(1886—1941)

格式塔心理学派作为一个独立的学派，是人们对意识经验产生兴趣，至少把意识经验看作心理学的一个合法的研究领域，并继续激发人们对意识经验的研究和兴趣。同时格式塔学派对同时期的学派做出的中肯而坚定的批评对心理学的发展也具有重要影响。这一学派的代表人物有韦特海默（Max Wertheimer）、苛勒（Wolfgang Kohler）、考夫卡（Kurt Koffka）（见图 2-6）。

5. 人本主义心理学派

美国的马斯洛（见图 2-7）等人本主义心理学家认为，对于人来说，最本质也是最可贵的东西不是那些人与动物共有的本能，而是那些动物所没有的、只有人才有的潜能。1954 年，他所著的《动机与人格》一书问世，提出了需要层次理论，认为所谓自我实现是通过发挥人的潜能来实现人的价值。

图 2-7　马斯洛（1908—1970）

马斯洛所说的人所特有的潜能，如爱的潜能、创造的潜能，都是善的，而不像弗洛伊德所说人的本能是恶的，但人的潜能与人的动物本能相比要软弱得多，只有在良好的环境条件下，它们才能由潜在的可能性变为现实，在恶劣的环境中，它们很容易被摧残。理想的社会就是能使人的潜能得到充分实现的社会。

1962 年，马斯洛与罗杰斯（Carl Ransom Rogers）等共同发起并成立了“人本主义心理学会”，他们所确定的人本主义心理学的基本原则之一是“心理学应该关心人的潜能、尊严和自我实现的倾向”。

6. 认知心理学派

认知心理学起始于 20 世纪 50 年代中期，60 年代后迅速发展。1967 年，美国心理学家奈塞尔（Ulric Neisser）的《认知心理学》一书的出版标志着这一学派理论的成熟。广义的认知心理学还应该包括皮亚杰（Jean Piaget）（见图 2-8）的发生认识论，他把人的认识发展看成一种建构的过程，并仔细研究这一过程的发展阶段。狭义的认知心理学是指用信息加工的观点和术语解释人的认知过程的科学，因此，也叫信息加工心理学。这一学派反对行为主义理论，认为不一定必须在搞清心理的生理基础后，才能研究心理现象。他们把人看成计算机式的信息加工系统，认为人脑与计算机在信息加工逻辑上具有类比性，因而可以在计算机和人脑之间进行类比。他们强调人的已有知识结构对行为和当前认知活动的决定作用，并力求通过计算机模拟等方式发现人们获取和利用知识的规律，从而达到探究人类认知活动规律的目的。他们还承认人的主观能动性、意识的能动作用，强调对人的认知过程进行整体综合分析。

图 2-8　皮亚杰
(1896—1980)

认知心理学派的理论含有辩证法的因素，对反对行为主义的机械论、弗洛伊德的非理性主义具有积极意义，对扩大心理学的研究方法、促进心理学的现代化、发展人工智能和计算机科学等均有重要贡献，成为当前心理学研究的主要方向。但他们把人的心理看成计算机的信息加工系统加以研究，在心理学界依然存在争论。

在以上流派中，精神分析心理学派、行为主义心理学派、格式塔心理学派、人本主义心理学派及认知心理学派是心理学发展中的重要流派。

二、心理学的基本概念和研究对象

（一）心理学的基本概念

虽然人人都有心理活动和心理现象，是与生俱来的，但是要科学地理解和掌握心理现象的实质并不是一件容易的事情。围绕着心理学两个最根本的问题，即心理与身体的关系（心身关系）、心理与客观现实的关系（心物关系），心理学家形成了不同观点。

主观唯心主义者认为，心理是一种主观存在的人的心理或精神现象，是世界的本源。世界上的万事万物都由人的感觉或精神现象所决定，离开了人的精神现象，世界上什么东西都不会存在。而客观唯心主义者则认为，心理是一种“绝对精神”世界，由某种神秘的精神所决定。

唯物主义者认为，心理由物质派生。例如，19 世纪，德国的庸俗唯物主义者毕希纳（Georg Büchner）和福格特（Karl Vogt）都认为，脑髓“分泌”思想正如肝脏分泌胆汁、胃分泌胃液一样。后来法国机械唯物主义者拉美特里（J. O. de Lamettrie）和狄德罗（Denis Diderot）认为人的心理活动是大脑对客观现实的机械反映。而德国的费尔巴哈（Ludwig Feuerbach）认为，人的心理是自然的本能活动。虽然这些观点都对心理与物质的关系问题提出了比较进步的看法，但都忽视了人的心理的社会本质，其对心理实质的理解也是错误的。

辩证唯物主义者认为，心理是人脑的机能，客观世界是人的心理的源泉，人的心理具有主观能动性。

1. 心理是人脑的机能

心理现象离不开人的大脑器官，它依附人的大脑器官，并通过人的大脑器官的活动得以实现和反映，这是随着科学的发展和实践经验的积累，人们逐渐认识到的内容。正是在这样一种意义上，可以说，心理是人脑的机能，没有人脑这种以特殊方式组成的高级产物，就不可能产生人的心理。

2. 客观世界是人的心理的源泉

如果没有外部客观世界的作用，人脑本身便无法独立产生人的心理。同样的道理，即使一个人有了人的头脑，但如果没有社会生活这一外部世界客观环境的熏陶，还是不能产生人的心理。“狼孩”的故事有力地说明了这一点。所以，可以说，人所生活的外部客观世界是心理的源泉和内容，心理是对客观现实的一种反映。

3. 人的心理具有主观能动性

人的心理是客观世界在人脑中形成反映的过程，这种反映并不像人照镜子那样机械，而是受个人知识经验、实践领域和全部的个性特征所制约，并通过完整的心理活动表现出来，这样心理活动就会带有个人色彩，从而表现出人的心理的主观性。同时，这种主观性是能动的，对现实的反映并不是消极的、被动的，而是对客观现实进行积极的、能动的反映，并通过实践反作用于客观世界，进而创造出客观世界中不存在的事物和形象，以此推动客观世界不断向新的方向发展。在人和周围世界相互作用的过程中，人无疑是最积极、最活跃的因素，不仅充满智慧，而且能运用这些智慧自觉地、创造性地认识周围世界。这是人的心理具有主观能动性最重要的表现之一。

（二）心理学的研究对象

心理学主要研究人的心理现象，同时研究动物及个体的心理现象，还研究群体的社会心理现象。与物理现象、化学现象等现象不同，心理现象不具有形体性，是人的内部世界的精神生活，他人无法直接进行观察。但是通过对行为的观察和分析，可以客观研究人的心理。因此，心理学还研究行为及其与心理的关系。

普通心理学主要研究正常成人个体心理的产生、发展及其规律。但是，个体心理和社会心理又是紧密联系的。因此，普通心理学也涉及社会心理。

三、旅游心理学的产生

旅游活动也是一种心理活动，自旅游活动产生之日起，人们就注意到旅游领域中存在的心理现象，我国自古就有“仁者乐山，智者乐水”的说法，折射出人们出游的心理动机。旅游业形成之后，尤其现代旅游业的发展，促使人们加强对旅游心理活动理论的研究，总结旅游心理规律。从实践的角度来看，旅游业的经营者、服务者如何为旅游者提供吃、住、行、游、购、娱等优质服务，满足旅游者生理和心理上的需求以获得盈利，以及旅游者如何选择经营者的优质服务，从而获得生理和心理上的满足，都是需要研究的问题。于是，旅游心理学应运而生。

旅游心理学是应用心理学的分支，产生于20世纪70年代末至80年代初。1981年，美国CBI公司出版了由佛罗里达中心大学老迪克·J. 梅奥和兰斯·P. 贾维斯编著的《旅游心理学》。该书较早系统地从心理学角度分析旅游者的旅游行为，推动了旅游心理学的学科化发展。我国旅游心理学研究开始于20世纪80年代，之后有不少旅游心理学专著和教材问世，但是，我国旅游心理学研究的发展还不成熟。

第二节　旅游心理学概述

一、旅游心理学的概念

对于旅游心理学的定义，我国学者的研究有所不同：第一种取向认为，旅游心理学是研究旅游者心理与行为的科学；第二种取向认为，旅游心理学是研究旅游者心理、旅游企业管理心理和旅游服务心理的科学；第三种取向认为，旅游心理学是研究旅游者心理、旅游服务心理和旅游从业者心理的科学；第四种取向认为，旅游心理学是研究旅游者和旅游从业者互动心理的科学；第五种取向认为，旅游心理学是研究旅游者心理与旅游业的开发、经营和管理的心理依据的科学。

旅游心理学的定义通常认为，旅游心理学既研究旅游主体心理活动的规律，又研究旅游活动中人的行为规律。因此，旅游心理学是研究旅游活动中人们（旅游者、旅游从业人员）的心理活动和行为规律的科学。

二、旅游心理学的研究对象

从旅游心理学的概念来讲，旅游心理学的研究范围涉及旅游者心理、旅游服务心理和旅游企业管理心理，研究内容是旅游活动中人们的心理活动和行为规律。

旅游者心理主要指旅游者的心理活动和个体心理特征。心理活动包括心理过程和人格两大部分。心理过程分为认识过程、情绪情感过程和意志过程。认识过程有感觉、知觉、记忆、学习、思维、想象等过程。人格，又称个性，由人格特征和人格倾向性构成。人格特征包括气质、性格和能力，人格倾向性包括需要、动机、兴趣、理想、信念、世界观、人生观、价值观，等等。但是旅游心理学并不研究上述全部心理现象，而侧重关注诸如旅游知觉、旅游需要和动机、态度与旅游行为、个性与旅游行为、旅游者的情绪情感等心理现象。旅游行为规律的研究，包括旅游服务心理和旅游企业管理心理，具体包括酒店服务心理、旅行社服务心理和其他服务心理。

第三节　旅游消费者行为学与心理学的渊源

旅游消费者行为学是在心理学、社会学、人类学、经济学和消费者行为学等学科的基础上，对旅游者在旅游消费活动中的心理活动、消费行为特点和规律展开研究的学科，是新建立起来的交叉边缘学科。旅游消费行为是消费行为中的一种类型，具有一般消费行为的基本特征，但旅游活动又有其特殊性，因此旅游消费行为有其独特规律。

一、研究历史

旅游消费者行为是旅游营销管理的重要根基和基本出发点。消费社会发展所带来的种种颠覆，尤其20世纪互联网和21世纪移动终端技术的迅猛发展，使旅游目的地管理和旅游企业越来越关注旅游消费者的行为变化。因此，了解和剖析旅游消费者行为非常重要。一般把旅游消费者行为研究分为三个阶段。

（一）20世纪70年代以前

学术界对旅游消费者的观察和分析发端较早，意大利统计学家Bodio最早对旅游消费现象进行了分析。但真正意义上的旅游消费行为学术研究普遍认为始于20世纪60年代，Niceforo以意大利外国游客为研究对象，从游客人数、停留时间、消费能力的角度阐释了旅游消费活动的经济意义。20世纪60年代末，《旅行研究杂志》（*Journal of Travel Research*）创刊，Brown的关于旅游者支出的发展模式的文章激发了学者们对旅游消费更大的研究热情。

总体来说，20世纪80年代以前，许多学者对旅游学持怀疑和保留的态度，他们认为旅游学的研究内容过于肤浅，学术研究机构没有必要从学术的角度专门研究旅游消费者行为。在过去很长一段时间里，营销学家主要研究有形产品消费者的购买行为，并假定旅游产品与其他产品在消费决策上差异不大。因此当时持有的观点是，在购买前、购买过程中和购买后三个阶段，旅游消费者和其他消费者评估、选择产品的方法基本相同。

（二）20世纪70年代至20世纪末

自20世纪70年代开始，旅游活动在全世界范围内强劲发展，使大量研究人员对旅游消费者行为产生了兴趣，人们到底如何消费旅游产品成为旅游研究的热门话题，越来越多的学者开始质疑传统的消费者购买决策过程模式在旅游消费者购买决策过程中的适用性。他们指出，由于旅游产品有一系列不同于其他产品的特点，旅游消费者的购买决策过程也必然会有一些不同于其他产品消费者购买决策过程的特点。例如，一般产品的消费过程可划分为购买、消费、处置三个可明显分离、依序发生的阶段，但是，在旅游消费过程中，这三个阶段并非泾渭分明。旅游消费者在参加旅游团、购买交通和住宿服务、观赏旅游吸引物时，并未获得有形物质的所有权。因此，在购买阶段和消费阶段没有明显的分界线。

旅游消费过程是旅游者、旅游企业服务者、旅游目的地居民及其他旅游相关者相互接触、相互交往、相互影响的过程。因此，对于旅游消费者来说，旅游产品的销售、服务和消费通常表现为一个完整的过程。旅游消费者往往在购买旅游产品的同时就开始评估旅游经历，并在整个消费过程中以及消费之后继续评估自己的旅游经历，而不是像有形产品消费者那样，在使用产品之后才开始评估产品。而且不同人口统计特征、不同文化习惯的细分市场对旅游产品的购买倾向有很大区别。很明显的一点就是旅游消费者对旅游消费的评估往往夹杂着主观性较强的感情因素。此外，与有形产品相比，在大多数旅游消费过程中不存在处置阶段。

20 世纪 70 年代，目的地选择模型、动机的推拉力模型和旅游购买行为五阶段模型等问世，强化了对旅游消费者行为的解释力度。80 年代以后，社会学和人类学对旅游消费属性的探讨不断涌现，旅游消费社会行为研究成果不断增多。自 90 年代开始，动机测量等实证研究使旅游消费者行为研究向定量化倾斜。2000 年以来，学术界顺承了消费者行为的思路和框架，借鉴不同学科的概念和模型，对旅游消费者行为展开研究，并取得了丰硕成果。

（三）21 世纪以来

21 世纪以来，旅游消费者行为研究逐渐成为一个更加活跃的学术领域。该阶段的研究与新世纪深刻的社会结构变迁与时代特征相互呼应，在继承以往研究成果的基础上，呈现以下几个方面的新趋势。

1. 研究方向由宏观转向微观，更加关注个体层面的行为机制

首先，旅游消费者行为研究的方向正由宏观逐步向微观推进。以地理学视角下的旅游消费行为研究为例，早期多聚焦于省域、国家乃至全球层面的旅游流时空分布格局，而近年来，研究重心日益转向市县甚至景点等微观上的游客行为特征识别、动态监测与行为预测。与此同时，研究焦点也逐渐由对集体层面旅游消费现象的描述，转向对个体层面行为影响机制的探究，力图揭示旅游消费行为背后的逻辑及其影响机制。

2. 研究范围持续拓展，研究类型日益多元，更加关注新兴技术的影响

旅游消费者行为的研究范围不断拓展。一方面，研究已几乎覆盖旅游消费全过程，从旅游前的动机识别与决策制定，到旅游中的行为体验与互动，再到旅游后的评价反馈与记忆建构，均有所涉及。另一方面，研究逐渐将与旅游消费行为相关的外部因素纳入研究范围，如生态可持续发展、文化认同与民族融合、消费者权益保护的政策与法律制度等。

在此基础上，研究类型日益多元。例如，出现了聚焦文化古城、主题乐园、野生动物园等不同旅游场景的研究；面向老年人、残疾人、女性等细分群体的研究；针对房车游、露营、骑行、携宠游等新兴旅游消费方式的研究；关注环境责任行为、口碑行为、打卡行为等独特旅游消费行为类型的研究，以及基于不同文化背景下旅游消费行为的比较研究。

此外，更加关注新兴技术对旅游消费行为的影响。当前，互联网、物联网、云计算、大数据、人工智能、5G（第五代移动通信技术）、区块链、无人机等新兴技术迅猛发展，推动了旅游产业的深刻变革，不仅催生了视频直播、数字藏品、沉浸式旅游等新型旅游产品和消费形式，也深刻影响了旅游者的消费行为和决策过程，这也成为旅游消费者行为研究的重要关注点。

3. 多学科视角融合，研究边界不断拓展

除传统的地理学、管理学、心理学、市场营销学与经济学等学科外，学者不断引入社会学、人类学、法学、新闻传播乃至计算机科学、神经科学等其他学科参与旅游消费者行为研究。不同学科在关注点与研究范式上存在显著差异，使旅游消费者行为研究在学科交叉融合中，不断突破原有研究边界，研究内容不断体系化、综合化。

4. 从关注旅游消费行为的经济属性转向关注文化与精神属性

随着对旅游消费不仅是一种经济行为，还是一种具有深层文化内涵与情感价值的生活实践的认识逐渐达成共识，旅游消费者行为研究的重心逐渐转向对旅游消费所承载的文化意义与精神诉求的探讨。这一趋势在旅游体验研究的兴起上体现最为明显。该研究重点关注旅游消费者的情感维度、意义建构过程、旅游者之间的互动与社会交往，以及旅游消费在身份表达、社会关系构建和精神满足中的作用等主题。

5. 研究方法更加规范，研究结果愈加严谨

随着方法论的发展，旅游消费者行为研究日趋规范化，研究结果的可靠性与稳健性显著提升。首先，数据获取手段日益先进，研究者广泛借助网络爬虫技术，从大数据平台采集大规模、客观且多维度的旅游消费行为数据，如用户生成内容（UGC）等，为研究提供了更为丰富和优质的数据基础。其次，定量分析工具不断升级，经济计量模型、结构方程模型、系统仿真模型、神经网络等复杂模型被广泛应用于旅游消费行为的分析与预测。此外，质性研究方法也得到进一步发展，扎根理论、个案研究等被灵活运用于旅游消费行为机制的分析。特别值得注意的是实验研究法的引入，该方法在研究因果关系上具有独特优势。逐渐将行为心理学、认知心理学与神经生理学的实验方法引入旅游消费者行为研究，结合眼动追踪、动作捕捉、面部表情识别、脑电（EEG）、心率（ECG）、皮肤电导（GSR）等生理与行为监测技术，分析旅游消费行为的潜在心理过程与生理反应机制。

二、研究方法

研究是认真提出问题并以系统方法寻找问题答案的过程。而研究方法是指帮助研究者获得研究问题答案的一套程序或工具。只有借助严谨、规范的研究方法，研究者才能获得精确、客观的科学知识。

（一）社会研究的方法体系

社会研究方法是一个包含丰富研究层次的综合体系。通常将社会研究的方法体系划分为三个不同的层次或部分，即方法论、研究方式、具体方法和技术，各个层次或部分之间有着紧密的内在联系。社会研究的方法体系如图 2-9 所示。

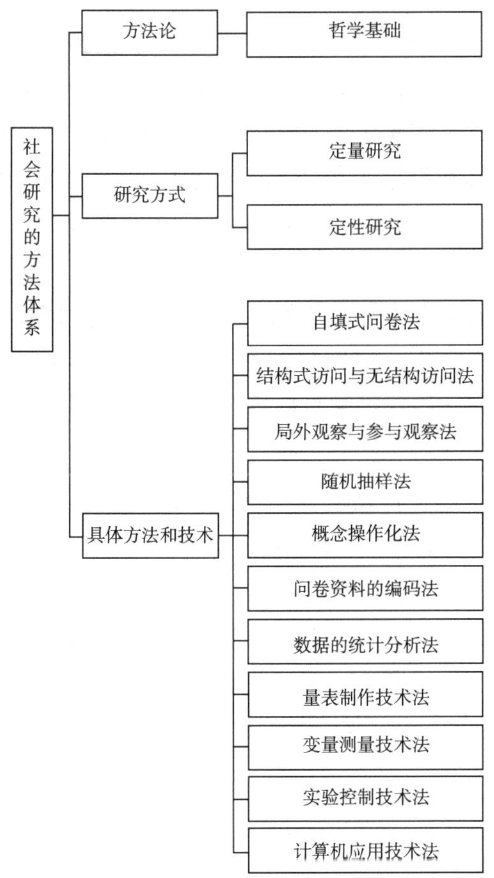

图 2-9 社会研究的方法体系

1. 方法论

方法论涉及的主要是社会研究过程的逻辑和研究的哲学基础，通常探讨社会现象的性质及其理解、社会研究的哲学基础及其假定、社会研究过程和结果的客观性问题、社会研究者的价值与研究之间的关系、社会研究中的不同范式及其应用、不同研究方式的内在逻辑等“元”问题。在社会研究中，存在着实证主义方法论与人文主义方法论两种基本且相互对立的方法论倾向。其中，实证主义方法论认为，社会研究应该向自然科学研究看齐，应该对社会中的现象及其相互联系进行类似自然科学那样程度的探讨。要通过非常具体、客观的观察，通过经验概括得出结论。同时，这种研究过程应该是可以重复的。而人文主义方法论则认为，在研究社会现象和人们的社会行为时，需要充分考虑到人的特殊性，以及社会现象与自然现象之间的差别，要发挥研究者在研究过程中的主观性。

2. 研究方式

研究方式指的是研究所采取的具体形式或研究的具体类型，研究方式也是研究者通常所说的研究方法，大致可分为定量研究方法与定性研究方法。

定量研究（又称量的研究、量化研究）是一种对事物可以量化的部分进行测量和分析，以检验研究者自己关于该事物的某些理论假设的研究方法。其基本步骤是研究者事先建立假设并确定具有因果关系的各种变量，通过概率抽样的方式选择样本，使用经过检测的标准化工具和程序采集数据，对数据进行分析，建立不同变量之间的相关关系，必要时使用实验干预手段对控制组和实验组进行对比，进而检验自己的理论假设。

定性研究是一种以研究者本人作为研究工具，在自然情景下采用多种资料收集方法对社会现象进行整体性探究，使用归纳法分析资料和形成理论，通过与研究对象互动，从而对其行为和意义建构获得解释性理解的活动。

3. 具体方法和技术

具体方法和技术指的是在研究过程中研究者所使用的各种资料收集方法、资料分析方法，以及各种特定的操作程序和技术，处于社会研究方法体系最具体的层面，具有专门性、技术性、可操作性的特点。

最常使用的具体方法和技术包括自填式问卷法、结构式访问与无结构访问法、局外观察与参与观察法、随机抽样法、概念操作化法、问卷资料的编码法、数据的统计分析法，以及量表制作技术法、变量测量技术法、实验控制技术法、计算机应用技术法等。

（二）常规研究方法

从学科属性来说，旅游消费者行为学属于社会科学门类，因而社会科学研究方法同样适用于旅游消费者行为研究。当前主流的或前沿的社会研究方法包括问卷调查法、实验研究法、实地研究法与扎根理论研究法四种，其中前两种属于定量研究，后两种则属于定性研究。

1. **问卷调查法**

问卷调查法是一种采用自填式问卷或结构式访问的方法，系统且直接地从一个取自总体的样本中收集资料，并通过对资料的统计分析来认识社会现象及其规律的社会研究方式。

问卷调查法具有诸多优点。首先，可以兼顾描述和解释两种目的，既可以用来描述某一总体的概况、特征，以及进行总体中各个部分之间的比较，也可以用来解释不同变量之间的关系。其次，问卷调查具有比较严格、规范的操作程序，这使其研究结果具有较高的信度，即描述和概括事物的精确度较高。再次，问卷调查可以迅速且高效地提供有关某一总体的丰富资料和详细信息，在了解和掌握不断变动的社会现象方面具有较大的优越性。最后，问卷调查所具有的定量特征和通过样本推断总体的特征使其应用范围十分广泛，受到广大社会研究人员、政府决策部门人员、市场研究人员及大众传媒从业人员的高度重视。

2. **实验研究法**

实验研究法是一种经过精心的设计，并在高度控制的条件下，通过操纵某些因素来研究变量之间因果关系的方法。实验的基本目标是确定两个变量之间是否具有因果关系。实验研究法起源于自然科学，自 20 世纪开始，被引入社会科学研究中，并首先在心理学的研究中得到广泛应用。

实验研究法的基本逻辑是研究者通过引入（或操纵）一个变量（即自变量），以观察和分析它对另一个变量（即因变量）所产生的效果。因此，在检验变量之间的因果关系方面，实验研究具有强大力量。一般而言，任何一项实验研究会涉及三对基本要素：自变量与因变量、前测与后测、实验组与控制组。这些基本要素构成了实验研究所具有的独特语言。

根据研究情境，实验研究法可分为实验室实验法和自然实验法两种类型。其中，实验室实验法在实验室内借助各种仪器设备进行。而自然实验法（也称实地实验法）则是一种在日常生活中不影响被试正常活动的前提下，适当控制条件，在比较自然的情况下进行研究的方法。鉴于旅游活动本身的特点，一般很难采取实验室实验法，而是采取自然实验法。

3. **实地研究法**

实地研究法是一种深入研究现象的生活背景，以参与观察和无结构式访谈的方式收集资料，并通过对这些资料的定性分析来理解和解释现象的社会研究方式，其起源于人类学。实地研究的基本特征是强调“实地”，即研究者一定要深入研究对象的社会生活环境，并且要在其中生活相当长一段时间，靠观察、询问、感受和领悟去理解所研究的现象。其基本的逻辑结构是研究者在确定了所要研究的问题或现象后，不带任何假设地进入现象或对象所存在或生活的背景，通过参与观察，收集各种定性资料，在对资料进行初步分析和归纳后，又开始进一步观察和归纳，通过多次循环，逐步达到对现象和过程的理论概括和解释。

实地研究法在具体实施中主要采用观察和访谈两种方式收集资料，既包括非正式的、随着生活环境和事件自然进行的各种观察、旁听和闲谈，也包括正式的采访、座谈和参观等。

4. **扎根理论研究法**

扎根理论研究法是指一套逻辑一致的“发现”理论的资料收集和分析程序，是一种能够捕捉和概念化社会环境中潜在模式的研究方式。1967 年，扎根理论研究法由两位美国学者提出，被认为是一种“当前社会科学中最有影响力的研究范式”和“走在质性研究革命的最前沿”的研究方式。扎根理论研究法认为，研究目的是生成理论，而理论必须来自经验资料；研究是一个针对现象系统地收集和分析资料，从资料中发现、发展和检验理论的过程；研究结果是对现实的理论呈现，通过系统的资料收集和分析程序而发现的理论被称为扎根理论。扎根理论研究法强调采用连续比较法、编码、备忘录和理论抽样等具体程序，倡导采用开放编码、轴向编码和核心编码三个步骤分析资料，其实质是一个将原始材料逐步归纳和抽象为理论的过程。

值得注意的是，旅游消费者行为学的研究方法多种多样，在进行研究时，不应孤立地采用一种方法，而是应根据研究的需要，综合采用各种方法或者以某种方法为主，辅以其他方法，这样才能对旅游消费者的行为规律做出全面而深刻的解释。

三、开展旅游消费者行为研究的意义

研究旅游消费者行为对于旅游科学和旅游业的建设和发展具有十分重要的意义。作为旅游学科建设与完善的需要，旅游消费者行为学应解答旅游理论构建过程中遇到的问题，如为什么人们要外出旅游？为什么人们要见识这个世界？为什么要了解异国他乡的人们？为什么人们要离家出游？

（一）有助于旅游业的发展和旅游服务质量的提高

在国际上，旅游业被称作“无烟工业”或“出售服务和风景的行业”。它的工作对象不同于工业、农业生产面对无生命的物质，而是直接为旅游者提供各种服务。旅游业的这一特点决定了人们在从事这一行业时，应充分了解旅游者对旅游景观的偏好、内在需要、行为特点，这是旅游管理者和旅游从业者的首要任务，是旅游业赖以生存和发展的生命线。

旅游业是我国各行业中最早与国际接轨的领域之一，但我国的旅游服务质量与发达国家还有一些差距。发达国家旅游服务质量整体表观优异，较高的国民素质成为做好旅游服务的基础，在对旅游业从业人员进行服务技能培养，尤其在服务意识、服务理念的培养上形成较为成熟的模式，从而服务施行过程顺畅而少阻滞。我国的旅游业情况相对复杂，在总体社会环境、文化和思想观念方面有待进一步提高的大背景下，国民素质参差不齐，体现在旅游业从业人员方面就是总体素质有待提高，而旅游服务对象相对复杂，因此，旅游发展的目标和任务艰巨，既要与国际接轨，按国际标准为国际旅游者和国内部分高素质的旅游者服务，又要服务一些各方面素质相对落后的旅游者。因此，研究旅游消费者行为对于发展我国旅游业，提高服务质量有着极其重要的价值。

（二）为旅游目的地提高管理水平、合理开发旅游资源提供依据

旅游业以旅游者的存在和旅游消费为主要前提，没有旅游者和旅游消费，旅游业就无法存在。对旅游目的地的经营管理而言，了解旅游消费者行为同样重要，旅游者受到什么因素的吸引而进入目的地、在目的地以何种方式进行旅游活动、离开之后对目的地有何评价、是否愿意向别人推荐或重游目的地，这一系列问题至关重要，决定了目的地是否能实现可持续发展。随着目的地营销举措的推陈出新，旅游者的喜好和行为也呈现日新月异的变化，“网红打卡地”“必尝美食榜单”等吸引物层出不穷，又迅速被消费者遗忘。因此非常有必要了解和把握旅游消费者的需求动向，开发适销对路的旅游产品，以满足旅游消费者的需求。而旅游消费者行为学正是研究旅游消费者心理和行为规律的学科，能为旅游企业和目的地的运营管理提供重要的决策依据，是提高旅游目的地管理水平，合理开发旅游资源的前提。

（三）为旅游企业产品和市场开发提供科学依据

众所周知，旅游资源的开发程度和旅游市场的开发规模决定了旅游业的持续稳步发展，而旅游资源和市场的开发设计又必须以市场需求分析作为科学依据，这就要求旅游研究者不但从旅游资源、旅游产品的供给方面进行研究，而且从市场需求方面进行研究。只有研究清楚旅游者的需求特征及其需求规律，找到影响其旅游需求的各种因素，旅游产品的设计才能有的放矢，旅游产品的开发才能与旅游者的行为规律相吻合，这样有针对性的旅游产品才能对最终的旅游消费者产生吸引力。

（四）为旅游企业营销决策和制定有针对性的营销策略提供依据

近年来，我国旅游业发展迅速，水平不断提高，规模日渐扩大，旅游企业之间的竞争日趋激烈，每个企业都面临着生存和发展的问题。作为旅游经营者，必须采取相应的营销策略以刺激旅游消费者的消费需求，进而满足其需求。旅游消费者有着许多与传统消费市场群体截然不同的特征，只有以旅游消费者的旅游需求为中心，深入了解他们的旅游动机、旅游偏好和消费行为规律，旅游企业才能有的放矢地开展有效的营销活动，才能赢得旅游消费者市场，才能有针对性地制定相关经营策略，以实现企业的经营目标，促进旅游企业的持续发展。

复习与实践

一、判断题

1. 因为旅游心理的研究要通过旅游行为得以实现，所以，旅游行为也是旅游心理学的主要研究对象。（ ）

2. 研究是提出问题并以系统的方法寻找问题答案的过程。（ ）

3. 旅游心理学是普通心理学的分支，产生于 20 世纪 80 年代。（ ）

4. 扎根理论研究法的目的是验证理论。（ ）

5. 扎根理论研究法属于一种定量研究方法。（ ）

6. 心理是社会的产物，离开了人类社会，即使有人的大脑，也不能自发产生人的心理。（ ）

7. 实地研究并不需要研究者进入研究对象的社会生活环境去调查。（ ）

8. 在旅游服务中，若遇到一位服饰漂亮或衣着奇特的旅客，服务员最好是表示羡慕或请其到引人注目的地方就座。（ ）

9. 旅游服务中的“以人为本”就是要为旅游者提供标准化服务。（ ）

10. 无法预料和抗拒的水灾、地震，以及人体的衰老、疾病、死亡等属于客观环境因素中的社会环境。（ ）

二、不定项选择题

1. 我国有“仁者乐山，智者乐水”的说法，折射出人们出游的（ ）。

A. 心理规律　　B. 变化性　　C. 两重性　　D. 心理动机

2. 关于旅游心理学的研究对象，下列说法正确的是（ ）。

A. 旅游者选择、决策及心理效果

B. 旅游从业人员心理及行为

C. 旅游企业的经营管理模式

D. 旅游活动中旅游者与从业人员的心理关系

3. 通常扎根理论研究法可以通过（ ）步骤分析资料。

A. 开放编码　　B. 轴向编码

C. 核心编码　　D. 主题编码

4. 旅游心理学的研究对象是（ ）。

A. 旅游者　　B. 旅游企业管理者

C. 旅游从业人员　　D. 旅游业服务人员

5. 人本主义心理学派的重要代表人物是（ ）。

A. 弗洛伊德　　B. 斯金纳　　C. 华生　　D. 马斯洛

6. 主观唯心主义者认为心理的实质是（　　）。

A. 物质的派生物

B. 一种主观存在的人的心理或精神现象，是世界的本源

C. 人脑的机能

D. 社会生活的产物

7. 旅游心理学作为应用心理学的一个分支，产生于（　　）。

A. 20 世纪 60 年代　　B. 20 世纪 70 年代

C. 20 世纪 80 年代　　D. 20 世纪 90 年代

8. 关于弗洛伊德理论的观点，下列说法正确的是（　　）。

A. 人类的本能冲动是行为背后的“原动力”

B. 人应当放纵自己的本能冲动

C. 人应当升华自己的本能冲动

D. “冲动”与“对冲动的压抑”之间的冲突是心理失衡的病因

9. 21 世纪以来旅游消费者行为研究呈现以下（　　）新趋势。

A. 研究方向由宏观转向微观

B. 研究范围拓展，研究类型日益多元

C. 多学科视角融合，研究边界不断拓展

D. 更加关注旅游消费行为的文化与精神属性

E. 研究方法更加规范，研究结果更加严谨

10. 现阶段旅游消费者行为研究实验法采用的技术包括（　　）。

A. 眼动追踪技术　　B. 皮肤电导技术

C. 面部表情识别技术　　D. 动作捕捉技术

E. 脑电技术

三、简答题

1. 现代心理学的五大流派是什么？

2. 什么是心理学，它的研究对象是什么？

3. 什么是旅游心理学，它的研究对象是什么？

4. 社会研究方法体系由哪些层次或部分组成？

5. 什么是心理现象？

6. 旅游消费者行为学研究的主要理论来源是哪些学科？

7. 简述研究旅游消费者行为的意义。

8. 旅游消费者行为的研究方法有哪些？

9. 扎根理论研究法的主要观点有哪些？

四、案例分析

一位身份尊贵的欧洲女士来华访问，下榻于一家豪华酒店，酒店以VIP（重要客人）的规格隆重接待，这位女士很满意。陪同入房的总经理见女士兴致很高，为了表达酒店对她的心意，主动提出送她一件中国旗袍，她欣然同意，随即让酒店裁缝量了尺寸。总经理很高兴能送给尊敬的女士这样一份有意义的礼品。

几天后，总经理将做好的鲜艳、漂亮的丝绸旗袍送来时，这位女士却面露愠色，勉强收下。几天后，女士离店了，但她把这件珍贵的旗袍当作垃圾扔在了酒店客房的角落里。总经理大惑不解，经多方打听，才了解到客人在酒店餐厅里看见女服务员多穿旗袍，而在市区的大街小巷，时髦女士却无一人穿旗袍，因此她误认为那是侍女特定的服装款式，故生怒气，并将旗袍丢弃。总经理听说后啼笑皆非，为自己当初想出这么一个“高明”的点子而懊悔不已。

问题：请你评析是那位欧洲女士不讲情理，还是酒店总经理做得不对？

五、实训题

熟悉问卷调查方法，并设计一份调查问卷，对家乡某个景点的旅游服务质量进行调查。

旅游景区游客满意度调查问卷（参考）

一、基本情况

1. 您的性别：

（1）男　（2）女

2. 您的年龄：

（1）≤18岁　（2）19~39岁　（3）40~49岁　（4）50~59岁　（5）≥60岁

3. 您的学历：

（1）小学及以下　（2）初中　（3）高中（含中专、中技）　（4）大学（含大专）及以上

4. 您的职业：

（1）工人　（2）公司职员　（3）党政干部及公务员　（4）企事业管理人员（5）商贸服务人员　（6）私营业主　（7）专业技术人员　（8）文教卫体新闻出版人员（9）学生　（10）离退休人员　（11）其他

5. 您的月收入：

（1）1000元以下　（2）1001~2000元　（3）2001~5000元　（4）5001~8000元　（5）8001元以上

6. 您在一年中出游的次数：

（1）1次　（2）2次　（3）3次　（4）4次及以上

7. 您此次出游是通过：

（1）旅行社　（2）自助游　（3）单位组织　（4）其他

8. 您是通过何种途径了解旅游区信息的：

（1）亲友、同事介绍　（2）报纸杂志　（3）电视广告　（4）互联网　（5）其他

二、主体问卷

满意度 标准	非常不满意 1分	不满意 2分	一般 3分	满意 4分	非常满意 5分
景区附近交通道路					
景区路标设置					
景区安全提示					
景区景点标识牌					
景区旅游线路设置					
停车场					
景区环境卫生					
景区厕所位置分布					
景区厕所数量					
自然风光的吸引力					
旅游体验活动的丰富性					
售票服务					
餐饮住宿					
导游讲解员服务					
旅游商品的丰富性					
旅游商品的价格					

三、您对此景区的建议

第三章　旅游本质说

案例导入

古希腊著名的哲学家苏格拉底以其独特的哲学见解和对真理的执着追求而闻名。苏格拉底不像许多其他哲学家那样直接为人们提供明确答案，而是通过对话和提问，引导人们深入思考事物的本质。这种方法被称为“苏格拉底式对话”。

一天，苏格拉底在雅典的集市上遇到了一位年轻人，名叫梅农。梅农对正义的概念感到困惑，他听说苏格拉底对哲学问题有独到的见解，于是决定向苏格拉底请教。他问道：“苏格拉底，什么是正义?”

苏格拉底微笑着回答：“这是一个值得深思的问题。让我先问你一些问题，然后我们可以一起探讨。”苏格拉底接着问：“梅农，你认为正义是什么？它是一种行为，还是一种品质?”梅农回答：“正义是个人做对的事情。”苏格拉底继续追问：“那么，什么样的行为才被认为是正义的呢？是否所有人都能做出这些行为?”梅农开始感到困惑。曾经，他认为正义只是符合道德规范的行为，但苏格拉底的提问使他意识到这种定义过于模糊。苏格拉底进一步解释说：“正义不仅是符合规范的行为，它还应该是一种内在的品质，是人类行为和社会关系中至关重要的部分。”

在对话过程中，苏格拉底并没有直接给出正义的定义，而是通过不断地提问引导梅农思考正义的本质。他让梅农意识到正义不仅是行为的表面现象，还涉及内在的道德标准和人类关系的深层次理解。通过这种方法，苏格拉底揭示了一个深刻的真理：正义的本质远超表面的行为规范，它根植人的内心和社会的伦理标准中。

思考：由此可见，弄清事物的本质至关重要，那么你认为旅游或旅游消费的本质是什么呢?

学习目标

一、知识目标

1. 了解探究本质的重要性。

2. 了解旅游的本质。

3. 掌握为什么说旅游的本质是体验。

4. 掌握旅游体验的属性、类型与最佳旅游体验。

5. 理解为什么说旅游的本质在于实现诗意的栖居。

二、能力目标

1. 能够从多学科视角探寻旅游现象的本质。

2. 能够对旅游本质问题进行抽象思考，并批判性地分析和评价不同学者关于旅游本质的观点，在此基础上，提出自己的见解。

三、思政目标

引导学生正确理解旅游消费与社会、经济、文化的关系，在从业实践中积极发挥旅游消费对于促进社会、经济、文化发展的正面意义。

本章重难点

1. 旅游定义中的“本质”。

2. 旅游本质体验说。

3. 旅游本质诗意的栖居说。

重点概念

1. 旅游本质：是指旅游这一事物本身所固有的，决定旅游的性质、面貌和发展的根本属性。

2. 旅游体验：是指旅游者前往一个特定的旅游目的地花费时间游览、参观、娱乐、学习、感受的过程，以及所形成的身心一体的个人体会。

第一节　本质与旅游的本质

一、本质

亚里士多德（Aristotle）认为，本质是物体存在的根本属性，是其成为所属类别的特定实质，他认为能够获得知识的、有生命的动物就是人的本质特性。胡塞尔（Edmund Husserl）认为，本质是事物最基本、最固有的特征，通过纯粹的意识分析得以揭示，而不受外在经验和主观偏见的影响。本质所揭露的是事物最基本、最具代表性的特征。本质主义认为，任何事物背后都存在本质，既可以是唯一本质，也可以是多重的。本质是人在实践过程中通过认识的提升而发现的，在实践活动中，人首先感受到的、观察到的是现象本身，而不是本质本身，本质是隐藏在现象背后的绝对存在，要通过人的抽象思维才能达到。探究本质可以从更深层次了解关注对象的属性和根本特征，使人能更清楚地区分对象，并更有效地指导生产生活实践。

二、旅游的本质

旅游的本质是旅游学科知识体系中的核心问题，对于构建旅游学科体系具有重要作用。深入理解旅游的本质有助于深化对旅游消费的认识。然而，旅游的多面性和复杂性使人们至今仍无法完全把握其本质。目前，来自不同学科的旅游学者从各自视角提出了多种说法，但尚未形成统一共识。

旅游的本质是指旅游这一事物本身所固有的，决定旅游的性质、面貌和发展的根本属性。旅游的本质应能将旅游与其他事物的属性区分开来。一个精准的概念定义通常是对该事物本质属性的界定。目前旅游科学中有诸多关于旅游概念的定义，但这些定义未能清晰呈现旅游的本质。

（一）旅游即吃喝玩乐说

对于大众而言，旅游就是吃吃喝喝，或者就是去玩。20 世纪 50 年代，人们认为旅游可以理解成暂时在异地的人的空余时间的活动。可以说，这些观念在很大程度上通俗而浅显地反映了旅游的本质，即旅游的本质是休闲娱乐活动。事实上，这种观念将旅游等同于人类的异地放松或玩乐活动，而没有识别出旅游娱乐活动与其他娱乐活动的差异所在。

（二）旅游即旅游产业说

旅游作为人类的一种基本活动，最初主要满足野外探索和自然休闲等非经济需要，随后其经济效益才逐渐显现并规模化，催生了旅游产业。尤其是 20 世纪中期以后，旅游作为“产业”受到各国普遍重视。因此，有部分学者从经济学视角出发，将旅游定义为一种经济性产业，进而认为旅游的本质是旅游者的经济行为或异地消费活动。这种观点在旅游企业部门或者行政管理部门中得到了广泛认可。随着对旅游认识的不断深化，学者们逐渐意识到，旅游者的出行动机并非总是基于经济或消费目的。旅游不仅是一种经济活动，还是一种文化体验和精神追求，承载着提升国民幸福感和丰富国民精神世界的功能。因此，过度强调旅游的经济与产业属性，实际上是将“旅游业”与“旅游”等同起来，不仅限制了旅游公益事业的发展，也忽视了旅游在促进人的全面发展等方面的积极作用。目前，学者们更多地从社会和文化属性的角度探究旅游的本质。

（三）旅游即现象总和说

20 世纪 70 年代提出的艾斯特定义受到国际的普遍认可。该定义认为旅游是非定居者的旅行和暂时居留而引起的现象和关系的总和。这些人不会导致永久居留，并且不从事任何赚钱的活动。这一定义指出了旅游的本质是一种社会现象，旅游关联着社会的各个方面，即旅游者和其他旅游者、旅游地、旅游地居民、旅游企业等之间既存在经济联系，也发生相应的社会与文化关系，是各种“现象和关系的总和”。虽然这一定义扩大了人们对于旅游的认识范畴，认为旅游不单纯是旅游活动，而是旅游活动和旅游活动所引起的各种“现象和关系的总和”，足够综合，涵盖甚广，但是该定义淡化了对旅游本质的理解，毕竟任何人类活动都可以称作各种现象和关系的总和。

（四）旅游即空间移动说

来自地理学科的学者倾向旅游的本质是一种地理空间移动活动。根据一些字典的释义，“旅游”一词源于拉丁语“Tornare”和希腊语“Tornos”，描述了始于家、返于家这样一个圈状循环（圆周运动）。而从词源学角度来看，“旅游”一词源于法语“Tourncr”（后演变为英语“Tour”）。早期，该词主要是指往返于欧洲大陆特别是法国与英国之间的旅行。旅游区别于人类其他移动活动的关键在于其是一种循环往返于家的、暂时性的移动活动。另外，1972 年，英国萨里大学的伯卡特（A. J. Burkart）和梅特利克（S. Medlik）认为，旅游发生于人们前往和逗留各种旅游地的流动，是人们离开平时居住和工作的地方，短期暂时前往一个旅游目的地运动和逗留在该地的各种活动。从这个学说来看，异地性和移动性才是旅游最根本的属性。

（五）旅游即社会交往说

1927 年，以蒙根·罗特为代表的德国学者在《国家科学词典》中对旅游做出的定义：对于旅游，狭义的理解是那些暂时离开自己的居住地，为了满足生活和文化的需求，或个人各种各样的愿望，而作为经济和文化商品的消费者逗留在异地的人的交往。在德语中，“旅游”一词由“陌生者”和“交往”两个词汇组合而成。这一定义认为旅游的本质是一种交往活动，突出了旅游中人与人交往的属性。

目前，旅游学者从各自角度提出关于旅游的本质学说，尽管尚未获得一致共识，但都深化了对于旅游的理解，典型的学说有体验说、诗意栖居说等。

第二节 体验说

一、体验经济

（一）体验经济时代的来临

托夫勒（Alvin Toffler）在其著作《未来的冲击》中预言人类社会的经济基础将从农业经济、工业经济到服务经济，再到体验经济有序发展。当时，虽然这一提法并未引起人们注意，但是到了1999年，美国学者约瑟夫·派恩（B. Joseph Pine Ⅱ）与詹姆斯·吉尔摩（James H. Gilmore）合著的《体验经济》一书使“体验经济”成为一个流行的术语。他们提出体验是以服务为舞台、以商品为道具，围绕消费者创造出值得消费者回忆的活动。消费者之所以愿意为这类体验付费，是因为它美好、难得、非我莫属、不可复制、不可转让、转瞬即逝，它的每一个瞬间都是一个“唯一”。

传统产业的划分方式是农业、工业、服务业。而《体验经济》一书把人类经济发展总结为四个阶段：产品经济、商品经济、服务经济、体验经济。产品经济实际上就是前工业时代的农业经济，人们出售大自然的造化物，诸如粮食及肉类食品，以满足人们的生存需要；而商品经济则对应着工业时代。按照派恩和吉尔摩的说法，商品与产品的区别在于，商品已经不是初级产品，在一定程度上摆脱了自然的造化，与其原材料相比已经发生了本质的变化，既然是人造物，商品就能够做到标准化和规模化；而服务经济则对应着后工业时代，在经历了标准化和规模化的物质繁荣之后，消费者产生对个性化的需求，因而向人们提供无形的个性化服务便成为经济附加价值的焦点；而进入新时代，消费者获取信息的费用大幅降低，已经不满足于被动接受服务，他们迫不及待地要求自己参与产品、商品以及服务生产过程中，从而获得难忘的记忆。例如，商家安排消费者亲自下海垂钓，并当场烹制自己钓到的海鲜食物，在一天的劳作中，消费者获得了极大的愉悦感，而商家则因周到的安排而获得了较高利润。

有时人们很难将服务与体验区分开来。派恩认为，所谓体验，就是指人们用一种从本质上说非常个人化的方式来度过一段时间，并从中获得这一过程中呈现出的一系列可记忆事件。而服务只是指由市场需求决定的一般性大批量生产。正如服务经济的地位高于产品经济一样，体验经济高于服务经济。由于一项服务被赋予个性化之后，就变得值得记忆，所以一项服务的顾客定制化就使它成为一种体验。如果顾客愿意为这类体验付费，那么体验本身也就可以视为一种经济价值的创造。它创造的价值来自个人的内在反应。其实，体验一直存在于我们的周围，只是不久前我们才将其视为一种独特的经济提供物方式来对待。

值得一提的是，派恩和吉尔摩并没有认为某种经济完全取代了另外一种经济，其实现代经济都是各种经济的混合物。但是体验经济概念的提出给社会带来了全新的观念和实践变化，让人们意识到体验是继产品、商品、服务之后的第四种经济提供物，并成为现代经济中“一种新的价值源泉”。

（二）旅游与体验经济

随着体验时代的到来，人们的旅游活动不再局限于传统的观光、休闲和购物，而是为了获得某种独特的、难以忘怀的体验。因此，学者们提出旅游是一种经历或过程，不是一种产品。旅游者得到的是旅游过程中的印象、感受和体验，而不是具体的资源和设备等观点。可以说，旅游经济就属于一种典型的体验经济形态，旅游消费就属于一种体验消费。

二、体验与旅游本质体验说

（一）旅游体验

1. 旅游体验的内涵

体验的英文是 Experience，亦可以理解为经历。《现代汉语词典》（第 7 版）对经历的解释为：其一，作为动词，亲身见过、做过或遇到过，如他一生经历过两次世界大战；其二，作为名词，亲身见过、做过或遇到过的事，如生活经历。类似地，体验既可谓“亲身经历、实地领会”，亦可谓“通过亲身实践所获得的经验”。在本书中，旅游体验是指旅游者前往一个特定的旅游目的地花费时间游览、参观、娱乐、学习、感受的过程，以及所形成的身心一体的个人体会。

2. 体验与经验的差异

体验与经验具有不同内涵，但经常被混用。关键问题出在对西方文献的翻译和引介环节。许多外语中能涵盖汉语的体验与经验内涵的往往是一个词，如体验与经验的英文都为 Experience。这种语言文化方面的差异使学者在进行学术翻译时不得不进行权衡。总的来说，体验与经验的内涵具有以下区别。

第一，体验是第一人称，强调主体的在场性；而经验不一定是第一人称。对于一个社会人来说，其个人经验一部分来自亲身实践得来的体会，更多的部分则经过社会化学习间接得到。经验的这种特性节省了时间，提高了效率，推动了社会的不断进步。而体验通常专指通过亲身实践所获得的经验。

第二，体验具有更多感性色彩，经验更偏重理性。体验首先是人的生命活动，继而毫无疑问关联着人的生活方式，所谓“一切体验都是感觉”，正是建立在这种理解之上。而经验是关于客体、世界或实在的信念和判断，它经过一个概念化的形成过程，为我们的理论信念提供依据，由此可见，经验与现实世界之间存在间隙，暗含着主观与客观之间的张力。

第三，体验具有动词和名词两种词性，经验则常作为名词使用。体验作为动词，描述了当下的一种行为，是具体的、正在发生的行动过程；作为名词，则是指这种行为过程的结果和表现，如果某个东西不仅被经历过，而且它的存在还获得一种使自身具有继续存在意义的特征，那么这个东西就属于体验，这都表明体验是朝向当时的，即体验实际发生的时刻。而经验表征了完成时态，是站在现在对过去的回望和总结。

（二）旅游本质体验说细分观点

旅游业属于体验经济已基本达成共识，在此背景下，学者们从不同角度提出了关于旅游本质为体验的多种学说，这些学说间的差异在于分别强调了旅游体验的不同属性。较为典型的观点认为，旅游的本质在于审美与愉悦体验。这种体验是在无功利目的的观照中获得的心理享受。观光或欣赏风景是旅游活动中较常见的形式。游客在欣赏自然美景、艺术作品及其他人类创造物时所获得的审美愉悦，成为旅游最基本的体验。尽管并非所有旅游者都自觉追求审美愉悦，也并非每位旅游者都将审美愉悦视为旅游体验的唯一内容，但该观点在学界仍具有广泛影响。此外，学者们还提出了其他关于旅游本质的体验学说。例如，有观点认为旅游本质是人们在生活状态上的短暂异化体验与非惯常环境下的特殊体验；还有观点强调旅游者在异地获得身心自由的体验；还有学者提出，旅游本质是旅游者以旅游场为剧场的体验。

三、旅游体验的属性、旅游体验的类型、最佳旅游体验

（一）旅游体验的属性

1. 具身性

旅游体验是多感官的，是通过整体的身体感受到的。一般而言，旅游体验涉及对身体位置和姿势感知的本体感觉，对手臂、肌肉等身体移动的运动知觉，以及以眼、耳、鼻、舌、手的感知为主导的多感官知觉，这些感知觉共同作用，使体验中的身体能够在旅游对象中身临其境，获得真实和具象化的体验。从这一点上说，旅游体验是具身性的（Embodiment），即建立在具体的身体感知之上。

经过具身感知，旅游者才能获得情感体验。比如《枫桥夜泊》一诗所描绘的，在暗夜中，诗人的听觉变得异常灵敏，在月落乌啼、霜天寒夜、江枫渔火等诸多所见、所闻、所感之外，他所得到的最鲜明深刻、最具诗意美的感觉印象，就是这寒山寺的夜半钟声。可以说，作者的愁绪正是经过这声音的感知而得以产生和增强。类似地，情感的具身性也表现在现代旅游形式之中，如英国流行的一种由单身男性组成的团体旅游形式（Stag Tour），这种旅游不仅是对群体中的某一人即将到来的婚姻的庆祝，也是对单纯同性社交的告别。该旅游包含从庆祝的喜悦到告别的感伤等多种情绪，而这些情绪交织在酒吧里的喧闹氛围、酒精饮料的强烈味道、陌生街道里的漫游嬉戏等各种身体体验之中。同样，旅游中的认知体验也离不开身体的促发。旅行体验是一个混合着感觉、知觉记忆、想象的认知过程，而它的起点正源于旅游者的嗅觉等感官。

旅游体验的具身性特征一方面意味着感知、情感、认知建立在活生生的身体之上，我们通过身体体验世界，也赋予这种体验以意义；另一方面意味着感知、情感、认知不完全是身体本能欲望的展现，而是受到社会规范、习俗、价值观等的影响。可以说，旅游体验是在物质身体和社会建构的身体的交叉中进行的，身体既是中介，也是目的；既是出发点，也是归宿。

2. 情境性

旅游体验是贯穿旅游情境中的具有一系列可能性的过程，它发生在个人的身体之

上和心灵之中，其结果取决于被具体环境和情绪情境化了的消费者对所遭遇之物做出的反应。

旅游情境受多种因素影响。首先，旅游体验是高度主观的，对于相似的活动和环境，每个人具有不同的体验方式，甚至对于同一个人，其体验方式也时刻变化。其次，旅游者之外的他人构成影响旅游情境的另一个变量。许多体验是在他人在场的情况下发生的，群体规模、熟悉程度等都会对游客体验的满意度和质量感知造成显著影响。最后，旅游吸引物和目的地环境对于塑造旅游情境也具有能动作用。小到游客对一处景点的欣赏，离不开景观的物质性和人的感觉性的交织；大到旅游地的前后台划分，反映出经营管理者对游客体验进行情境定义的努力。

3. **流动性**

体验不是对客观世界的映照和机械的反应模式，而是富于多样性、动态性和变化性。旅游体验贯穿旅游世界之中，以现场的、实时的和体验流的状态出现。可以说，旅游不停，体验不止。从更宽泛的角度来看，除了现场体验，旅游体验还包括行前和游后阶段。在行前阶段，因为旅游者本身在生理上和心理上不是静态的，每一层过去的体验都会产生学习过程，从而塑造未来的期望和需要。当某次的旅游期望成为现实后，它一方面会影响未来的旅游体验，另一方面会在体验过程中做出积极调整。在游后阶段，旅游者对自己的体验质量和水平的评价会依赖前两个阶段，同时，旅游者也会通过回忆、书写、分享等过程进行新一轮体验修复过程。这都表明旅游体验不是一个闭合的概念，而是具有某种动力学特征，处于持续的进行中和动态的建构中。

4. **生成性**

旅游者不只是旅游体验产品的被动消费者，也是生产者，旅游者与经营管理者、目的地和居民共同创造体验。因此，旅游者与旅游世界相互规定，共同涌现，旅游体验是一个生成自身和世界的能动过程。

首先，旅游体验能够“生成”人，即旅游体验形塑人们的个性和生活，但这种影响力的强度和效度会依据不同的体验类型而有所不同。比如发现之旅能够使游客成为更具有主动性的主体，在对奇遇的追求和体验中扩展知识、获得意义。其次，旅游体验能够“生成”地方，即旅游体验使得地方不再是预先存在的有清晰和固定边界的背景、环境和符号性存在，而是被持续的运动实践创造和建构的舞台。一方面，旅游者参与了地方的物质建构，使地方的物质形态、空间格局发生了变化，有时游客甚至成为目的地不可或缺的要素，比如在节庆旅游中，没有观众的节庆难以想象；另一方面，旅游者的体验也渗透在地方的隐喻内涵的建构之中，游客通过体验，产生不同内容和程度的地方感知，持续影响目的地的景观内涵和旅游形象。

（二）旅游体验的类型

在《体验经济》一书中，作者把体验分为四种：娱乐（Entertainment）、教育

(Education)、逃避(Escape)和审美(Estheticism),简称“4E”。对于旅游体验而言,邹统钎等认为还应该增加移情(Empathy)的体验类型,简称“5E”。这五种体验类型具体如下。

1. **娱乐**

消遣不仅是人们最早使用的愉悦身心的方法之一,也是最主要的旅游体验之一。旅游者通过观看各类演出或参与各种娱乐活动,使自己在工作中造成的紧张神经得以松弛,让会心的微笑或开怀大笑抚慰心灵的种种不快,从而达到愉悦身心、放松自我的目的。

2. **教育**

旅游也是学习的一种方式,尤其人文类景点,如博物馆、历史遗迹、古建筑等,其深厚的文化底蕴、悠久的历史传统、高超的建筑技术会令旅游者耳目一新。

3. **逃避**

在现代都市环境下,人们的工作压力与日俱增,职场上的竞争日趋激烈。在这种情况下,许多都市职场人员长期处于高压状态,身心健康容易受到影响。他们渴望暂时逃离日常生活,拥有一段完全不同于都市生活的经历,或者到名山大川游览,或者到海滨休闲度假,以此达到暂时逃避压力、恢复身心健康的目的。

4. **审美**

对美的体验贯穿旅游者的整个活动中。旅游者首先通过感觉和知觉捕捉美好景物的声、色、形,获得感观的愉悦;进而通过理性思维和丰富的想象深入领会景物的精粹,从而沉醉其中,心驰神往,获得由外及内的舒畅感觉。自然景物中的繁花、绿地、溪水、瀑布、林木、动物、蓝天,以及人文景物中的雕塑、建筑、岩绘、石刻等都是旅游者获得审美体验的源泉。

5. **移情**

旅游中的移情是指旅游者将自己置身他者的位置之上,设想自己处于他者的角色,从而实现情感的转移和短暂的自我逃离。这对于旅游者体验异域民俗风情、尊重当地的民风民俗具有非常重要的作用,从而使旅游者通过一段寻常的旅游经历,达到尊重和理解当地传统文化,进而提升旅游者本身人文素养的重要效果。

(三)最佳旅游体验

最佳旅游体验是指旅游者所追求的理想旅游体验类型。米哈里·契可森米哈赖(Mihaly Csikszentmihalyi)提出了心流体验(Flow Experience)的概念,也被翻译为福乐体验、沉浸体验、畅爽体验,是指人们全身心沉浸在某一项活动中时的整体感觉。当人们进入心流状态后,注意力高度集中于当前参与的活动当中,会有一种知行合一、得心应手的感觉,时间似乎飞速流逝,且非常享受这个过程,而非仅仅关注达成特定目标。目前,心流体验普遍被认为是最佳的体验类型。

米哈里的心流体验与马斯洛的高峰体验（Peak Experience）相似。马斯洛认为人的最高层次需求是自我实现，因此，高峰体验是人们在达到自我实现时所感受到的豁达、极乐的体验，是一种趋于巅峰、超越时空、超越自我的满足与完美体验。在高峰体验中，人们会产生一种非一般的存在认知，仿佛与天地或宇宙融合，是完全自我肯定的时刻，是一种超越自我、忘我、无我的状态。无论是心流体验还是高峰体验，都与中国传统文化中物我两忘、天人合一的状态具有高度相通之处。

米哈里认为，产生心流体验需要具备以下九个条件：目标明确，即每一刻都知道想要做什么；反馈及时，在每一刻都知道是否做得好；技能与挑战处于平衡状态，即采取行动的挑战与个人能力相当；深度集中注意力，关注手头任务；忽略无关问题，即从意识中排除无关刺激；控制感，即感受到掌控一切的感觉；自我意识消失，即个体意识不到自己的存在；时间感扭曲，即忘记时间的存在或感到时光飞逝；变成自发体验，即结果不再重要，关键是享受体验过程，体验本身就是目的。

四、旅游体验影响因素

（一）旅游目的地的活动与服务质量

丰富且有吸引力的活动内容，如温泉SPA（水疗法）、手工体验、场所游览、日光浴和运动，能够满足游客的多元化需求，增强其旅游体验。此外，具有地方特色的文化活动、节庆庆典和互动性强的项目，能够为游客带来更为深刻的体验，留下持久的印象。服务质量不仅包括住宿、餐饮、交通等基本服务的质量，还涉及公共服务设施的完善程度，如游客咨询、公共卫生和交通等。高质量的服务是提升游客体验的基础环节。

（二）旅游频率与单次旅行时长

旅游频率通常指的是一年中旅行的次数。适度的旅游频率有助于保持旅游的新鲜感和期待感，提升整体体验质量。然而，过于频繁的旅游可能出现“钝化效应”，降低对旅游的兴趣和情感投入，导致目的地的新奇感与神秘感减弱，旅游体验变得平淡。单次旅行时间的长短对旅游体验也有显著影响。对于跨境度假游客而言，旅行的前七天通常带来新鲜感和兴奋感，体验最佳，随后对旅游目的地变得熟悉，旅游体验开始下降。当超过三周时，旅游体验就会变得乏味。

（三）旅行同伴及其互动

旅行同伴不仅是旅游者的同行者，还是共同体验和情感交流的重要对象。旅行同伴间的互动内容及其质量直接影响旅游者的体验。一般而言，旅行同伴之间的积极互动，如共同参与活动、分享感受和相互支持，能够增强旅游者的参与感和归属感，提升旅游体验的丰富性和满意度。而不合适的同伴，甚至是旅途中同伴间的冲突，对旅游体验的负面影响尤其显著。

（四）社会文化差异

旅游体验受到旅游者与目的地之间社会文化差异的显著影响。具体而言，旅游者与目的地的文化差异越大，旅游者在旅行和度假中所经历的影响可能越显著。这种文化差异对旅游者的行为和体验产生了复杂的影响。一方面，较大的文化差异可能激发旅游者对目的地的新奇感，激发其探索欲望，提升旅游体验的深度和丰富性。另一方面，过大的文化差异可能引发文化冲击，增加旅游者的风险感知和不适感，从而影响其整体体验。

（五）旅游前的生活满意度

尽管旅游体验主要在旅游活动中产生，但也受到旅游前生活状态，尤其是旅游前的生活满意度的影响。生活满意度较高的旅游者通常拥有更积极的情绪状态和更强的心理适应能力，能够更充分地投入旅游活动，提升旅游体验的质量。相反，生活满意度较低的旅游者可能更依赖旅游活动来寻求情绪调节和心理补偿。当旅游体验未能满足其预期时，可能导致更强烈的失落感，甚至加剧负面情绪，降低整体旅游体验。

第三节　诗意的栖居说

旅游作为人类生存和存在的一种有意义的活动，其本质的理解需要回归人类存在的意义本身，探讨人为何存在于世，以及旅游在其中扮演的角色和价值。当提及旅游，人们常联想到“诗与远方”，这一表述不仅描绘了旅游的浪漫意象，还深层地揭示了旅游与人类存在方式之间的哲学联系。因此，有学者依据海德格尔（Martin Heidegger）的诗意的栖居思想，提出旅游的本质在于实现诗意的栖居。

一、海德格尔的诗意的栖居思想

海德格尔的哲学核心在于探讨人或此在（Dasein）的生存状态与存在意义。他认为，人是被抛入世界的存在，生活于现实世界之中。

在现代社会中，人们的存在状态常被“烦忙”（Besorgen）所主导，即日常生活中的劳碌与功利追求，使人陷入对生存的谋求之中，这也是人生存的惯常状态。这种状态导致人们“沉沦在世”，处于非本真存在状态。海德格尔的非本真存在是与本真存在对应的人的两种存在状态之一。非本真存在是指个体在日常生活中随波逐流，失去对自身存在的反思与掌控；而本真存在则是通过深刻的自我反思，认识到自身的有限性，摆脱日常生活中的“沉沦”状态，主动承担起对自身存在的责任，从而实现对自身存在的真实把握和生活的自主掌控。

海德格尔进一步借用荷尔德林（Johann Christian Friedrich Hölderlin）的诗句“人，诗意地栖居于这块大地之上”，提出了“诗意的栖居”的概念，认为诗意的栖居不仅是物理上的居住，还是人类与世界建立深层次联系的方式，乃是终有一死的人存在于大地上的状态。

二、旅游本质诗意的栖居说

在日常生活中，诗意的体验日益稀缺，因此人们选择通过旅游来寻找诗意的栖居。因此，旅游不仅是表面上的空间移动行为，还是一种通过“换一个地方过生活”来实现自我显现的方式，是个体作为有意义的存在者，寻求本真自我与本真世界，以及探索存在于世的意义和价值的实践路径。

在旅游过程中，个体通过新的体验激发自我，认识到本我，通过暂时忘却世俗生活，获得本我的回归，从而真正体悟到“人诗意地栖居在大地上”。尽管所持续的时间可能短暂，但旅游的价值和意义正是在于这一短暂的自我寻找，让人回归自我，同时又不妨碍人回到世俗生活。比如丽江古城，狭窄的街道、独立的庭院为来自各地的人提供了一种小城镇体验，可以体验一种与日常生活毫不相同的狂热的社交生活。游客在此卸下了日常生活中的面具、焦虑、冷漠，与其他游客、当地居民积极互动，喝茶、看书、聊天、晒太阳、听音乐、遛狗、喝酒、泡吧、唱歌、跳舞等，从中体会到一种真切的古城生活文化。而安逸、闲散、随性、自我的氛围，构成了他们日常生活中所缺乏的要素，也是吸引他们脱离惯常生活的真实动力。游客在旅游目的地获得了自我回归，并激发了自我，从而诗意地栖居在旅游目的地。

复习与实践

一、判断题

1. 旅游本质是旅游学科知识体系中最根本性的问题，目前不同学科的旅游学者已经就旅游本质达成了一致共识。（ ）
2. 本质是隐藏在现象背后的绝对存在，可以通过直接观察获得。（ ）
3. 托夫勒在《未来的冲击》中预言了体验经济的出现。（ ）
4. 体验经济依然属于传统的产业划分方式中的服务经济形态。（ ）
5. 获得心流体验要求个人必须先达成特定目标。（ ）
6. 旅游的本质问题是旅游学科知识体系中的核心问题。（ ）
7. 把旅游定义为一种经济产业是全面客观的，已得到学界广泛共识。（ ）
8. 旅游体验只是一种感性的愉悦体验，不包含认知因素。（ ）

9. 旅游体验的具身性意味着它完全是个体身体本能反应的产物。（　　）

10. 海德格尔认为繁忙是人存在于世界上的主要状态，而诗意的栖居是理想状态。（　　）

二、不定项选择题

1. 本质主义的（　　）观点是正确的。

A. 任何事物背后都存在唯一的本质

B. 人首先感受到的是现象

C. 本质可以通过直接观察获得

D. 本质是通过抽象思维实现的

2. 《体验经济》一书把人类经济发展总结为（　　）四个阶段。

A. 产品经济　　B. 商品经济

C. 服务经济　　D. 体验经济

3. 关于“体验”的认识，以下（　　）是准确的。

A. 体验是一种感性的、可重复的状态

B. 体验是一种个体化、具身性和情境性的知觉过程

C. 体验具有多样性和动态性

D. 体验是可以被他人完全复制的主观感受

4. 心流体验的（　　）方面与中国传统文化中的“物我两忘”相似。

A. 忘记自我　　B. 融入活动

C. 必须追求结果　　D. 与外界合一的状态

5. 根据米哈里的理论，心流体验的（　　）感受是最典型的。

A. 时间飞逝　　B. 感到无聊

C. 高度集中　　D. 得心应手

6. 以下（　　）是心流体验和高峰体验的共同点。

A. 都涉及全身心投入　　B. 都要求达到具体成果

C. 都带来高度的享受感　　D. 都强调活动中的忘我状态

7. 关于旅游前的生活满意度对旅游体验的影响，以下说法（　　）是正确的。

A. 生活满意度较高的旅游者通常拥有更积极的情绪状态和更强的心理韧性

B. 生活满意度较低的旅游者可能更依赖旅游活动来寻求情绪调节和心理补偿

C. 生活满意度较高的旅游者在旅游中往往较少体验到负面情绪

D. 生活满意度对旅游体验没有任何影响

8. 关于旅游频率与单次旅行时长的影响，以下说法（　　）是正确的。

A. 适度的旅游频率有助于保持旅游的新鲜感和期待感

B. 过于频繁的旅游可能出现“钝化效应”，降低对旅游的兴趣和情感投入

C. 对于跨境度假游客而言，旅行的前七天通常带来新鲜感和兴奋感，体验最佳

D. 当旅行时间超过三周时，旅游体验通常会变得更加丰富和有趣

9. 关于海德格尔的诗意的栖居思想，以下说法（　　）是正确的。

A. 人是被抛入世界的存在，生活于现实世界之中

B. 非本真存在是指个体在日常生活中随波逐流，失去对自身存在的反思与掌控

C. 本真存在通过深刻的自我反思，摆脱日常生活中的“沉沦”状态

D. 诗意的栖居仅适用于艺术家和诗人

10. 以下（　　）因素会影响旅游体验。

A. 旅游目的地的活动与服务质量　　B. 旅游频率与单次旅行时长

C. 旅行同伴及其互动　　D. 社会文化差异

E. 旅游前的生活满意度

三、简答题

1. 简述体验与经验的差异。
2. 简述旅游本质体验说细分观点。
3. 简述旅游体验的属性。
4. 简述旅游体验的五种类型。
5. 简述旅游体验影响因素。
6. 简述产生心流体验需要具备的条件。
7. 简述旅游定义中暗含的旅游本质学说。
8. 评价旅游即现象总和说。
9. 评价旅游即旅游产业说。
10. 简述旅游本质诗意的栖居说的内涵。

四、案例分析

小李是一名年轻的白领，在繁忙的工作压力下，他决定利用假期去某度假村进行旅游放松。度假村提供丰富的活动，包括手工艺品制作、当地历史文化讲解、海上划艇探险、森林徒步，以及休闲SPA等服务。此外，度假村还特意安排了一场游客互动，让游客一起参与篝火晚会。在度假期间，小李不仅体验了自然风光，还参与了各种体验项目，深感身心愉悦。

问题：请列举小李在度假期间可能经历的不同类型的体验。

五、实训题

任选学校周边的某一景区，分析该景区的产品分别给游客提供了哪些类型的旅游体验。

TRAVEL

第二篇

旅游消费者心理

第四章　自我概念、生活方式与旅游消费

案例导入

小李和小张是多年的好友，在生活中，两人有着截然不同的自我认知。

小李在生活中总是追求奢华和高端的生活方式，这种自我认知影响了他的旅游选择。每次对假期做计划时，小李总是坚持选择欧洲顶级奢华游，比如选择去巴黎、罗马、伦敦等国际大都市旅游。他总是钟情住五星级酒店、参观知名购物街、参加各种社交宴会。小李认为，只有这种高端旅游才能与他的身份相匹配，从而在朋友圈中展示他的“成功”。

相比之下，小张认为自己风格独特。他不追求大众认同，反而喜欢探索那些鲜为人知的小众景点。对他而言，旅游是个人探索和表达自我的机会，而不是展示财富或身份的途径。因此，小张经常选择前往偏远的村庄、宁静的山谷，甚至一些未经商业化的自然景区。他热衷与当地人互动，了解他们的文化和生活方式。在他看来，旅游不仅是休息和放松，还是一次自我发现和灵感来源。

思考：虽然小李和小张常常一起讨论旅游计划，但最终的目的地总是截然不同。小李会选择繁华的欧洲大都市，而小张则会独自前往那些偏僻的地方。到底是什么原因导致两人在旅游偏好上展现出如此明显的差异呢?

学习目标

一、知识目标

1. 识记自我概念的定义。
2. 了解自我概念的类型。
3. 掌握自我概念与旅游消费的关系。

二、能力目标

1. 能够进行旅游消费市场细分和精准营销策划。
2. 能够识别不同旅游消费者群体的自我概念类型。
3. 能够在旅游消费实践中应用生活方式营销。

三、思政目标

1. 通过学习不同文化背景下自我概念的差异，培养学生对多元文化的理解与包容。

2. 通过学习消费与自我概念的关系，引导学生树立正确地借助消费活动彰显自我的观念。

本章重难点

1. 自我概念与旅游消费的关系。

2. 生活方式识别方法。

重点概念

1. 自我概念：是个体对自身一切知觉、了解、评价和感受的总和，是个人的自我感知或情感指向。

2. 狭义的生活方式：是指人们享用物质的、劳务的消费品和使用由个人支配的闲暇时间的方式。

第一节　自我概念与旅游消费

一、自我概念

（一）自我概念

自我概念（Self-concept）是个体对自身一切知觉、了解、评价和感受的总和，是个人的自我感知或情感指向。也就是说，自我概念由个体对自己的态度所构成。我们每个人都会逐步形成关于自身的看法，如是丑是美、是胖是瘦、是能力一般还是能力出众等。自我概念回答的是“我是谁”和“我是什么样的人”这类问题，它是个体自身体验和外部环境综合作用的结果。一般认为，消费者将选择那些与其自我概念相一致的产品与服务，避免选择与其自我概念相抵触的产品与服务。正是在这个意义上，研究消费者的自我概念对企业来说特别重要。

（二）自我概念的形成

一个人的自我概念是逐渐形成的。在一个人的一生中，尽管某些方面相当稳定，但总会对某些方面进行修正，特别是当新的思想出现，或者发现了自己倾慕的社会群体时，对自我的修正最有可能发生。在心理学上，自我概念的形成与发展大致经历三个阶段，即从生理自我到社会自我，最后到心理自我。生理自我是自我概念的原始形态，主要是个体对自己躯体的认知，包括占有感、支配感与爱护感等，其使个体认识到自己的存在。生理自我始于出生后约 8 个月，至 3 岁左右基本成型。社会自我阶段通常指从 3 岁到 13 岁，这个时期，社会自我处于自我的中心，个体能了解社会对自己的期待，并根据社会期待调整自己的行动。而心理自我阶段则需 10 年左右才能建立起来，大约从青春期开始持续到成年。发展到这一阶段时，个体能知觉和调节自己的心理活动及状态，并根据社会需要和自身发展的要求调控自己的心理行为。由于自我概念的发展，个体开始逐渐脱离对成人的依赖，表现出主动和独立的特点，强调自我价值与自我理想。特别重要的是发展了自尊和自信——自我概念中的两个主要成分。可以说，自我概念的发展有一个长时间的跨度，与我们的生命成长发展阶段息息相关。

（三）自我概念的类型

消费者不止有一种自我概念，而是拥有多种类型的自我概念。消费者的自我概念可以划分为实际的自我概念、理想的自我概念、期待的自我概念。其中，实际的自我概念是指消费者实际上如何看待自己；理想的自我概念是指消费者希望别人如何看待自己；期待的自我概念是指消费者期待将来如何看待自己，它是介于实际的自我与理想的自我之间的一种形式。由于期待的自我折射出个体改变自我的现实机会，对营销者来说，也许期待的自我较理想的自我和实际的自我更有价值。

消费者的自我概念也可以划分为个人自我概念（Private Self-concept）与社会自我概念（Social Self-concept）。其中，个人自我概念是指“我如何做自己”或“我想如何做自己”，而社会自我概念则是指“别人怎样看待我”或“我希望别人怎样看待我”。

无论在何种文化中，自我概念都很重要。但不同文化背景下的自我概念存在差异。独立型和依存型两种类型是基于文化背景差异的一种常见的自我概念划分方法。其中，独立型自我概念（Independent Self-concept）强调的是个人目标、个性、成就和愿望。具有独立型自我概念的个体倾向个人主义、自我中心、自主、自我依靠和包容。他们以自己做过什么、有什么、自己能与别人相区别的特征来定义自己。依存型自我概念更多地基于亚洲文化，基于这种文化的人信奉人们相互联系、相互依存的信念。依存型自我概念（Interdependent Self-concept）强调家庭、文化、职业和社会联系。具有依存型自我概念的个体倾向服从、以社会为中心、注重整体和协同，并以关系为导向。他们通过审视自己的社会角色、家庭关系和交往圈来定义自己。例如，儒家文化强调“脸面”的重要性，即他人眼中的自我，以及在他人眼中保持自己所渴望的地位的重要性。脸面的一个维度是“面子”，即通过成就和夸耀获取声望。正如有旅游者为了炫耀自己的财力和地位，会选择去马尔代夫、迪拜或法国蔚蓝海岸等知名旅游胜地。与此同时，他们会在朋友圈或社交媒体上发布在这些地点度假的照片，从而显得自己在他人心中更加富有和成功。

二、自我概念与旅游消费的关系

（一）消费定义自我概念

消费常常定义了一个人的自我概念，反映了消费者是谁以及他们如何被他人认知，也就是通常所说的“我即我所消费”。通常消费行为是消费者的社会标签。消费者通过这些标签来定义自我，人们也通过这些标签来认识该消费者。例如，有些人对自己的认知是“我是开宝马的人”，人们对他的认识也是“那个开宝马的人”。当前，旅游消费也成为重要的社会标签之一，人们在进行自我介绍时开始越来越多地介绍自己的旅游爱好，介绍自己曾经去过哪些地方。

（二）消费彰显或隐藏自我概念

消费不仅满足功能性需求，还承载了社会和文化意义，使个体得以通过消费选择展示或隐藏自我的个性、身份、价值观和生活方式。例如，人们通过购买名牌手袋、豪华汽车或高档手表等奢侈品展示个人的财富、地位和成功。

具体而言，消费可以彰显、塑造、维持理想自我。理想自我是个体希望自己成为的理想形象，通常涉及内在的目标、愿望和价值观。消费者通过购买特定的产品或服务，实现个体追求理想自我。对于那些理想自我与环保主义或社会责任感相关的人来说，选择生态旅游或志愿者旅行能够帮助他们实现这一目标，例如到自然保护区、雨林或国家公园旅游，选择不破坏环境的低碳方式，或参与环保项目（动物保护或植树活动）。这类旅行不仅可以让个体接近自然，也帮助他们践行理想自我中的环保责任。

现实自我和理想自我之间常常存在差距，而这一差距通常可以通过幻想的方式得以弥补。很多产品或服务之所以能够取得成功，是因为它们满足的是消费者的幻想。例如，在迪士尼乐园，在专业化妆师的帮助下，小女孩们穿上公主裙、化上公主妆，化身为她们喜欢的迪士尼公主，如灰姑娘、白雪公主等。迪士尼产品以这样的方式满足了小女孩们对于化身童话中公主的幻想。

当然，消费也可以隐藏真实的自我，或者避免让他人看到自身不愿展示的某些方面。一些个体可能购买名牌手袋、高档汽车或奢华度假套餐，目的是让自己看起来成功和富有，以此隐藏内心的不安感和对自身地位的怀疑。

（三）消费构成延伸自我

延伸自我（Extended-self）由自我和拥有物两部分构成，是指个体将自身概念延伸到其拥有的物品、经历和消费品上，这些外部事物成为自我认知的一部分。换句话说，某些拥有物不仅是自我概念的外在显示，也构成自我概念的有机部分。产品会由于各种各样的原因而成为延伸自我的一部分。纪念品因为代表了记忆，凝聚着情感，通常成为延伸自我的一部分。例如，一些旅游者从国外带回一些传统的茶具，并且在日常生活中经常使用这些茶具泡茶，即使非常旧了，也舍不得换掉。这些茶具不仅承载了他们在旅途中的美好时光回忆，还成为他们自我概念中不可割舍的一部分。

（四）消费与自我一致性

自我一致性强调个体会为了保持自我概念的一致性而调整其行为、态度和认知。自我一致性源于人们在心理上有维持一致、连贯和稳定自我概念的需求，避免自我冲突和认知不协调。这种自我一致性驱动着人们的行为，使人们在行动、态度和信念上保持与自我形象的连贯性。在消费行为中，自我一致性理论表明，消费者会选择那些与其自我概念相符的品牌和产品。他们倾向购买能够与其个性、社会身份和价值观保持一致的商品，以保持自我概念的连贯性。例如，某旅游者认为自己是一个爱冒险、喜欢挑战和尝试新事物的个体。为了与这种冒险者的自我概念一致，这位旅游者会选择进行具有冒险性或挑战性的旅行项目，比如攀岩、跳伞、潜水或沙漠探险。这种选择不仅能展示他的勇敢，还能强化他的冒险形象。

第二节　生活方式与旅游消费

一、生活方式

（一）生活方式的定义

生活方式（Life Style）最早由韦伯（Max Weber）提出，又称生活形态或生活风格，是人们在一定社会经济条件下形成的生活活动的稳定方式。生活方式有广义和狭义之分。从广义上讲，生活方式是指某一社会特有的、人的物质和精神活动的形式，人类相互关系的性质，在社会中起支配作用的社会心理、气质、价值观念、意念和风尚。从狭义来讲，生活方式是指人们享用物质的、劳务的消费品和使用由个人支配的闲暇时间的方式。本书更多关注的是狭义的生活方式。

最初，马克思主义者将生活方式作为区分阶级的重要尺度，并且认为生活方式与生产方式密切相关。后来，韦伯和凡勃伦等学者将生活方式引入社会阶层分析，认为社会地位与生活方式息息相关，生活方式是衡量社会地位的尺度，并且从社会群体中识别了“有闲阶级”。目前越来越多的人关注生活方式与消费行为间的关系。布莱克威尔就认为在购买决策过程中的每个阶段，生活方式会影响消费者如何选择和购买服务和产品。生活方式不同的群体会表现出差异化的消费行为。

生活方式具有四个特点：第一，生活方式是一种群体现象。一个人的生活方式受到他所在的社会群体以及与其他人之间的关系的影响。第二，生活方式覆盖了一个人生活的各个方面，并使他在行为上表现出连贯性。当知道了一个人在生活中某一方面的行为方式，就可以推断出他在其他方面的行为方式。第三，生活方式反映了一个人的核心生活利益。这些核心利益塑造了一个人的生活方式。第四，生活方式在年龄、性别、民族、社会阶层等不同人口统计变量上表现出差异性。

（二）生活方式识别方法

1. AIO 方法

1971 年，William D. Wells 和 Douglas J. Tigert 提出 AIO 方法，得到广泛认可和应用。具体方法是通过借助消费者的活动（Activities）、兴趣（Interests）、观点（Opinions）来测量其生活方式，以达到细分市场的目的。其中，活动是指消费者参与什么活动、购买什么商品、怎样打发时间等；兴趣是指消费者有哪些特殊偏好、什么事物容易引起其注意力等；观点是指消费者对人生、世界、环境、事物、经济发展等问题的看法。

但是由于 AIO 方法没有考虑到消费者价值观，而消费者价值观是消费者世界观的重要组成部分，对消费者生活方式的形成产生重要影响，故对生活方式的解释力尚不足。同时，AIO 方法题项较多，操作较困难。因此，J. T. Plummer 在 AIO 的基础上增加了人口特征变量这一维度，修正后的 AIO 方法包含 4 个维度的 36 个子问题（见表 4-1），使生活形态研究的可实践性与应用价值大大提升。

表 4-1　　Plummer 修正的 AIO 维度与子问题

维度	活动（Activities）	兴趣（Interests）	观点（Opinions）	人口特征（Demographics）
子问题	工作	家庭	自我	年龄
	爱好	居所	社会问题	教育
	社交活动	工作	政治	收入
	度假	社区	商业	职业
	娱乐	休闲	经济	家庭规模
	俱乐部会员	时尚	教育	住所
	社区活动	饮食	产品	地理位置
	购物	媒体	未来	城市规模
	运动	成就	文化	生命周期阶段

2. VALS 方法

还有部分学者从价值观视角分析消费者的生活方式。其中比较具有代表性的是于 1978 年公布于世的由斯坦福研究所开发的 VALS（Values and Lifestyle Survey）方法。

VALS 方法综合两个视角来建立生活方式群体：一是基于社会心理学家马斯洛 1954 年提出的需要等级理论；二是基于美国社会学家戴维·瑞斯曼（David Riesman）1950 年提出的“驱动说”。驱动说把人分为两类：内在驱动者判断价值的标准是个性表达和个性品位，外在驱动者动摇决策更易受到他人行为和反应的影响。

在需求驱动型中，这类消费者的购买行为更多是出于需求，而非偏好，具体可以分为求生者和维持者两种类型。求生者可以说生活在整个社会阶层的最底层，处于较困难的社会处境。在外部引导型中，这类消费者非常在意其他消费者的评价，具有较强的时尚性，故往往能够紧跟时尚潮流，其可以分为归属者、竞争者与成就者。在内部引导型中，这类消费者更加注重个人内心的真实需要，而非外在的价值观，其可以分为我行我素者、体验者、社会良知者与综合者。

1986 年，斯坦福研究所从资源的多寡和自我导向两个层面对 VALS 模型进行了改造，推出了 VALS 2 模型，将消费者细分为 8 个子市场。其中，资源的多寡不仅包括财务等实物资源，也包括心理和体力等方面的资源，如收入、教育、自信、健康、购买愿望、智力和能力水平等；而自我导向则包括他们的行为和价值观念，又细分为原则导向、身份导向与行动导向 3 个部分。原则导向是指个体行为主要依据信念和原则，而非情感及认同，不易被他人所影响，但易被知识所影响；身份导向即以个体努力奋斗、获得他人认可为目标，受他人言行、态度的影响较大；行动导向则是指个体易热心社会活动，寻求生活多样化，倾向社交和刺激的活动。通过这两种层面的分解，将消费者具体划分为实现者、完成者、信奉者、成就者、奋斗者、体验者、制造者与挣扎者 8 个细分市场。

（1）实现者，约占总人口的 8%。这是一群成功、活跃、独立、富有自尊的消费者。他们的资源丰富，文化水平高，他们在消费活动中喜欢精美的东西，容易接受新产品、新技术，对广告的信任度低，广泛阅读出版物。

（2）完成者，约占总人口的 12%。他们采取原则导向，是一群成熟、满足、善于思考的人。他们拥有相对丰富的资源，受过良好教育，从事专业性工作，一般已婚且有年龄较大的孩子。他们在消费活动中对形象不重视，在家用产品上他们高于平均水平，休闲活动以家庭为中心，喜欢教育性和公共事务性的节目，并经常阅读。

（3）信奉者，约占总人口的 17%。他们采取原则导向，是传统、保守、墨守成规的一群人。他们资源较少，高中教育程度，他们的生活超过平均水平，活动以家庭、社区或教堂为中心，购买打折产品，喜欢看电视，阅读有关养老、家居、花园的杂志，不喜欢创新和改变。

（4）成就者，约占总人口的 10%。他们采取身份导向，是一群成功、事业型、注重形象、崇尚地位和权威、重视一致和稳定的人。他们拥有丰富的资源，受过大学教育，在消费活动中，他们对有额外回报的产品特别感兴趣，看电视的程度处于平均水平，阅读有关商业的出版物。

（5）奋斗者，约占总人口的14%。他们采取身份导向，寻求外部的激励和赞赏，将金钱视为成功的标准，由于拥有资源较少，因而常因感到经济的拮据而抱怨命运不公，易厌倦和冲动。在消费活动中，他们中的许多人追赶时尚，注重自我形象，携带信用卡，主要用于服装和个人护理，看电视比读书更令他们开心。

（6）体验者，约占总人口的11%。他们采取行动导向，是年轻、充满朝气的一群人。他们拥有较丰富的资源，一般是单身，他们追逐时尚，喜欢运动和冒险，将许多收入花在社交活动上，经常冲动性购物，关注广告，听摇滚音乐。

（7）制造者，约占总人口的12%。他们采取行动取向，保守、务实，注重家庭生活，勤于动手，怀疑新观点，崇尚权威，对物质财富的拥有不是十分关注的一群人。他们拥有的资源较少，在消费活动中，他们的购买是为了舒适、耐用，不关注豪华奢侈的产品，只购买基本的生活用品，听收音机，一般阅读杂志中涉及汽车、家用器具、时装和户外活动的内容。

（8）挣扎者，约占总人口的16%。他们生活窘迫，受教育程度低，缺乏技能，没有广泛的社会关系。一般年龄较大，常常受制于人和处于被动地位。他们最关心的是健康和安全。在消费上比较谨慎，属于品牌忠诚者，购物时使用赠券并留心降价销售，相信广告，经常看电视，阅读小报和女性杂志。

可以看出VALS 2模型比VALS模型具有更强的社会心理学基础，但是其数据收集往往以消费者个体为单位，而消费决策的制定以家庭为单位进行。无论对于家庭消费还是个人消费，资源的多寡往往都是可以考量的，但是对于自我取向，则难以完全衡量消费者真实的内心取向，同时由于消费者在自我取向上的差异，衡量的结果往往难以保证。但是目前，VALS 2模型仍是最为完整的模型，并在欧美衡量消费者生活方式的研究中广泛应用。但是，由于VALS 2模型以美国消费者作为研究群体，而应用到其他国家的消费者生活方式识别中，往往缺乏较强的解释力，故很多学者以VALS 2模型为蓝本，纷纷开发出适合自身国情的VALS模型，如日本的Japan-VALS模型、中国的CHINA-VALS模型。

CHINA-VALS模型是2002年中国新生代市场检测机构开发的适应中国市场的消费者生活形态模型，横坐标是生活形态，包括生活态度和生活方式两方面的消费者信息；纵坐标是社会阶层，基于消费者职位、教育程度及个人收入3个方面的内容。CHINA-VALS模型将中国消费者细分为5层14大族群（见图4-1）。其中14大族群可以分为3派，理智事业族、经济头脑族、个性表现族、经济时尚族、求实稳健族和消费节省族6个族群被归入积极形态派；工作成就族、平稳求进族、随社会流族、传统生活族、勤俭生活族5个族群被归入求进务实派；工作坚实族、平稳小康族、现实生活族3个族群被归入平稳现实派。

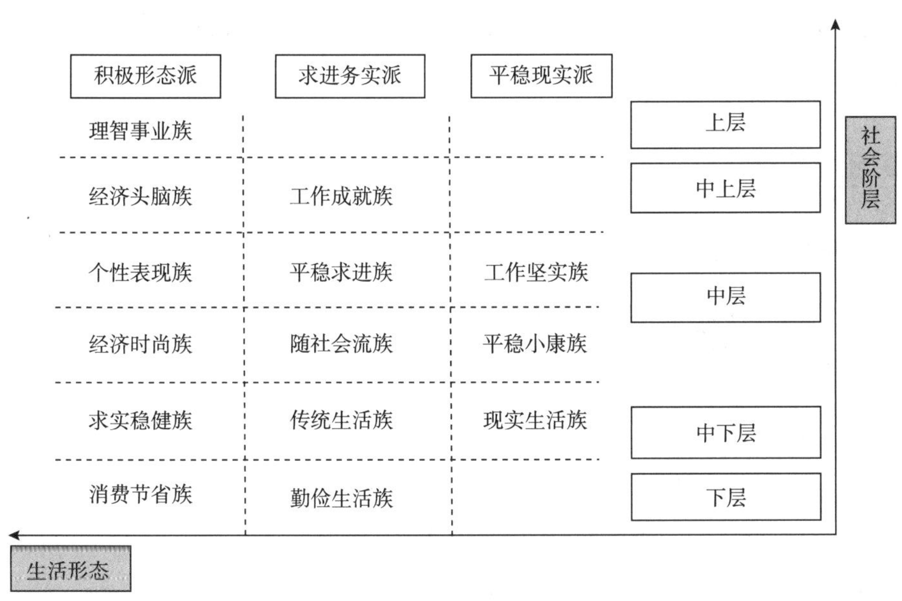

图 4-1　基于 CHINA-VALS 模型的消费者细分市场

二、生活方式营销与旅游消费

目前，生活方式已经被广泛应用于市场营销并取得显著成效，在旅游消费与旅游市场营销领域具有巨大的应用潜力。

（一）将生活方式作为旅游营销策略依据

生活方式已经用于市场细分、消费者特征描述、消费者生活方式比较及生活方式趋势分析等多个领域，其结果为更好地制定营销策略提供了依据。其中，市场细分是生活方式在消费领域最为重要的应用，是将企业的客源群体按照生活方式的差异进行细分，从中选择目标市场，并有针对性地进行营销的一种方式。消费者特征描述则是分析消费者这一群体的生活方式特征，以此刻画和描述目标市场的特征，要求市场营销策略应与消费者的生活方式相一致。例如，旅游景区专门为刚刚结束高考、亟须释放的高中生推出以“疯”为主题的暑期旅游产品。

（二）将生活方式作为旅游产品内容

旅游已经成为当代人生活的一部分。有人主张，旅游的目的就是去异地体验另外一种生活方式。换言之，旅游产品本身就是一种生活方式，旅游就是卖生活方式。其中典型的细分观点有两种：一种主张旅游卖的是人们理想的生活方式；另一种主张旅游卖的是非日常的生活方式。例如，健康的生活方式是人们理想的生活方式之一，印度、泰国等地的旅游景区提供瑜伽课程、冥想训练、健康饮食、草药疗法等产品，瑞士、日本等地的旅游景区则提供高端水疗、按摩和温泉疗养等产品，这些都深受旅游者欢迎。

复习与实践

一、判断题

1. 自我概念是个体对自身的知觉、了解、评价和感受的总和。（　　）
2. 自我概念的发展是从社会自我到心理自我的过程。（　　）
3. 消费者的实际自我概念是指消费者希望别人如何看待自己。（　　）
4. 独立型自我概念强调个人的社会关系和社会联系。（　　）
5. 依存型自我概念强调个体的独立性和自主性。（　　）
6. 理想的自我概念在消费者的旅游消费中无关紧要。（　　）
7. 自我一致性理论强调消费者会选择与其自我概念一致的商品。（　　）
8. 消费可以帮助个体彰显理想自我。（　　）
9. 消费者的延伸自我可以通过他们的拥有物得以体现。（　　）
10. VALS 模型只考虑消费者的财务资源。（　　）

二、不定项选择题

1. 消费者的自我概念类型包括（　　）。

A. 实际的自我概念　　B. 理想的自我概念
C. 期待的自我概念　　D. 统一的自我概念

2. （　　）是独立型自我概念的特征。

A. 强调个人成就　　B. 以社会关系为导向
C. 自主和自我依赖　　D. 重视个体的独特性

3. （　　）是依存型自我概念的特征。

A. 强调家庭和社会联系　　B. 注重个人目标
C. 以关系为导向　　D. 追求个性化表现

4. （　　）可以影响消费者的自我概念。

A. 社会期待　　B. 家庭背景
C. 媒体影响　　D. 消费经历

5. （　　）属于自我一致性理论的特点。

A. 个人会选择与自我概念相符的产品
B. 个人选择产品时与自我概念无关
C. 个人倾向保持行为和自我形象的一致性
D. 自我一致性不会影响消费行为

6. 关于生活方式，以下描述正确的是（　　）。

A. 生活方式是一种群体现象

B. 生活方式只影响物质消费

C. 生活方式反映核心生活利益

D. 生活方式因年龄、性别而异

7. AIO 方法是从（　　）维度测量。

A. 活动　　B. 观点

C. 购买决策　　D. 兴趣

8.（　　）类型的消费者属于 VALS 模型中的需求驱动型。

A. 成就者　　B. 求生者

C. 维持者　　D. 体验者

9. 关于理想自我概念，以下描述正确的是（　　）。

A. 它反映个体对未来自己的期望

B. 它总是与实际自我概念一致

C. 它可能通过消费行为得以实现

D. 它不受社会文化的影响

10.（　　）类型的消费者常与依存型自我概念相联系。

A. 文化传统较强的个体　　B. 强调个人主义的个体

C. 重视家庭联系的个体　　D. 追求自我表达的个体

三、简答题

1. 简述自我概念形成过程。
2. 简述自我概念与旅游消费的关系。
3. 简述消费者的自我概念的类型。
4. 简述生活方式的含义。
5. 简述生活方式的特点。
6. 简述 AIO 方法。
7. 简述 VALS 方法对消费者类型的划分。
8. 简述 VALS 2 模型对消费者类型的划分。
9. 简述 CHINA-VALS 模型对中国消费者类型的划分。
10. 简述生活方式营销应用于旅游消费的方式。

四、案例分析

小李是一名 25 岁的职场人士，工作几年后积攒了一些存款。他的性格独立，喜欢冒险和探索新事物，平时热衷运动和挑战极限。他朋友圈中的大多数朋友是同龄人，大家喜欢通过社交媒体分享旅行照片和生活动态。最近，他看到一些朋友参与了滑雪、跳伞、潜水等冒险型旅行活动，激发了他的兴趣。于是小李决定进行一次极限运动类型的旅行，他希望这次旅行能够展示他的冒险精神，并在社交媒体上留下独特的印记。

问题：请根据自我概念与生活方式相关知识分析小李的旅游行为。

五、实训题

根据修正后的 AIO 调查问卷，对你所在班级的同学及其家人的生活方式进行调查。

第五章　需要、动机与旅游消费

案例导入

“一条青果巷，半部常州史。”青果巷沿古运河呈梳篦状展开，呈现“深宅大院毗邻，流水人家相映”的空间格局和江南水乡传统民居的风貌特色。巷内以明、清、民国时期的建筑为主，分布有名宅故居、祠庙殿宇、桥坊碑石、林泉轩榭、古井码头、戏楼剧场、学堂校舍，是常州国家历史文化名城的集中展现。古典风貌与时尚体验怎样有机融合？旅游和产业如何相互促进？青果巷以多元化的文化展示形式为载体，辅以都市时尚休闲业态，还原、丰富、重塑常州文化消费场景，打造老城厢的“风尚雅集”。目前，青果巷里入驻店铺数量数百家，科学规划“印记、艺趣、风尚、雅韵、栖居”五大主题业态。主巷两侧以文化传承为主，打造常州老城厢“雅集慢生活”；二期织补区域以休闲体验为主，集非遗传承、精品书店、匠心文创、文化餐饮、曲艺雅韵、潮流名品、青果客舍等多功能于一体，营造休闲度假旅游新体验。

思考：上述案例表明了当下旅游消费者需求的哪些转变？

学习目标

一、知识目标

1. 掌握需要的定义和类型，旅游需要的定义、特征、类型，了解旅游需要的产生条件。

2. 掌握动机的特征、种类，了解动机的相关理论。

3. 了解常见的旅游动机类型和旅游动机的差异性。

4. 了解旅游根本内驱力的主要观点。

5. 掌握旅游动机的产生条件、影响因素和激发方式。

二、能力目标

1. 能够运用相关理论分析游客的旅游行为动机。

2. 能够根据游客的需要和动机特点，为旅游企业制订有效的营销策略。

3. 能够根据游客的需要层次和消费能力，制订合理的价格策略和促销策略。

三、思政目标

1. 通过对旅游需要和消费行为的学习，引导学生树立正确的价值观和消费观。

2. 通过案例分析和讨论等教学方式，让学生认识到旅游活动对社会和环境的影响，增强学生的社会责任感和环保意识。

3. 结合旅游行业的特点和要求，培养学生的职业道德和职业操守，强化学生的服务意识和服务能力培养，引导学生树立正确的职业发展观和就业观。

本章重难点

1. 掌握旅游需要的概念与特征。

2. 理解旅游需要产生的主客观条件。

3. 学会如何激发旅游动机。

重点概念

1. 需要：是有机体内部某种缺乏或不平衡的状态，是人的一切活动的动力源泉。

2. 旅游需要：是人的一般需要在旅游过程中的特殊表现，是旅游消费者或潜在旅游消费者由于对旅游活动及其要素的缺乏而产生的一种好奇心理状态，即对旅游的意向和愿望。

3. 动机：是指由特定需要引起的、欲满足各种需要的特殊心理状态和意愿。

4. 旅游动机：是推动人们进行旅游活动，并使人们处于某种积极状态以达到一定目标的心理过程或内部动力。

第一节　需要与旅游消费

现代人生活节奏快，生活压力大，假期需要寄情山水，开阔心胸，释放压力；或者到民俗文化相异的旅游目的地游览采风，修养心性，满足增长见识、休闲健康的需要；或者借助旅游与家人、朋友和其他旅游者增进交流和理解，以此来满足情感的需要，等等。这些都属于旅游需要和旅游动机研究的范畴。因此，学习旅游消费者的旅游需要和旅游动机对于旅游科学研究具有十分重要的理论和现实意义。

一、需要

（一）需要的定义

需要是有机体内部某种缺乏或不平衡的状态，是人的一切活动的动力源泉。需要是个体对自身与环境的依存关系的反映。一定强度的需要会使个体产生体内驱力，进而推动个体的行为。因此，需要是形成行为动力的主要内部因素，是动机结构的重要组成部分。需要具有客观现实性、主观差异性、动力发展性与整体关联性等特点。

（二）需要与欲望、需求的关系

需要来自匮乏，并通过语言转变为需求。欲望诞生于需要与需求的间隙，是被压抑进入潜意识之中的、不能被表达为需求的部分需要。需求为在某一特定时期内、在各种可能的价格下愿意并且能够购买某种具体商品的需要。欲望就是基本匮乏在语言中的异化，通过隐喻和换喻的途径，欲望才转向并依附需求，因此，需求总是得到潜意识的欲望的支持。需要、欲望和需求之间层层递进，联系紧密。

（三）需要与消费行为的关系（需要、动机与行为）

需要、动机、行为三者之间的关系为：人的行为由动机决定，而动机由需要支配，但三者之间并不一定一一对应，三者之间具有密切关系。当人产生需要而未得到满足时，会产生一种紧张不安的心理状态，在遇到能够满足需要的目标时，这种紧张的心理状态就会转化为动机，推动人们去从事某种活动，去实现目标。目标得以实现，就获得生理或心理的满足，紧张的心理状态就会消除。这时又会产生新的需要，引起新的动机，指向新的目标。这是一个循环往复、连续不断的过程。需要是动机和行为的基础，人们产生某种需要后，只有当这种需要具有某种特定目标时，需要才会产生动机，从而成为引起人们行为的直接原因。

二、需要的类型或层次

（一）生理需要与心理需要

1. 生理需要

生理需要是人类为了维持自身生存而必须满足的部分，包括吃、喝、睡、排泄等。这些需要来源于人的基本生物机能，是人们生命活动必需的基本条件。

2. 心理需要

心理需要是指人们感受到的内部需要，包括情感、认知和精神上的渴望。例如，人们需要获得尊重、自我实现、归属感，等等，这些需要不是为了满足生理而存在的，而是人作为社会性动物在社会环境中自然而然产生的。

（二）功利需要与享乐需要

1. 功利需要

功利主义即个人是由自身利益驱使的，这些利益可以定义为追求快乐或幸福的欲望和避免痛苦或不幸的愿望，功利主义者相信，如果考虑到快乐和痛苦有强度与持久度，如此等等，那么用效用（Utility）来量化它们就是可能的。所以，人类是追求最大快乐和最小痛苦的效用最大化者。

2. **享乐需要**

享乐需要主要由情感驱动，基于感官或体验的愉悦，以经验、情感、感官的评价维度为标准。

（三）马斯洛需求层次理论

马斯洛需求层次理论是由美国心理学家亚伯拉罕·马斯洛于20世纪50年代提出的一个重要的心理学理论。马斯洛于1954年出版的《动机与人格》一书中对需求层次理论（作为他人格理论的一个重要部分）做出系统阐释。人类的动机就是人未来一生发展的内在潜力。马斯洛关于动机的理论本质上是关于人格发展的理论，而需求层次理论则是马斯洛用以解释动机组成的理论。马斯洛需求层次模型如图5-1所示。

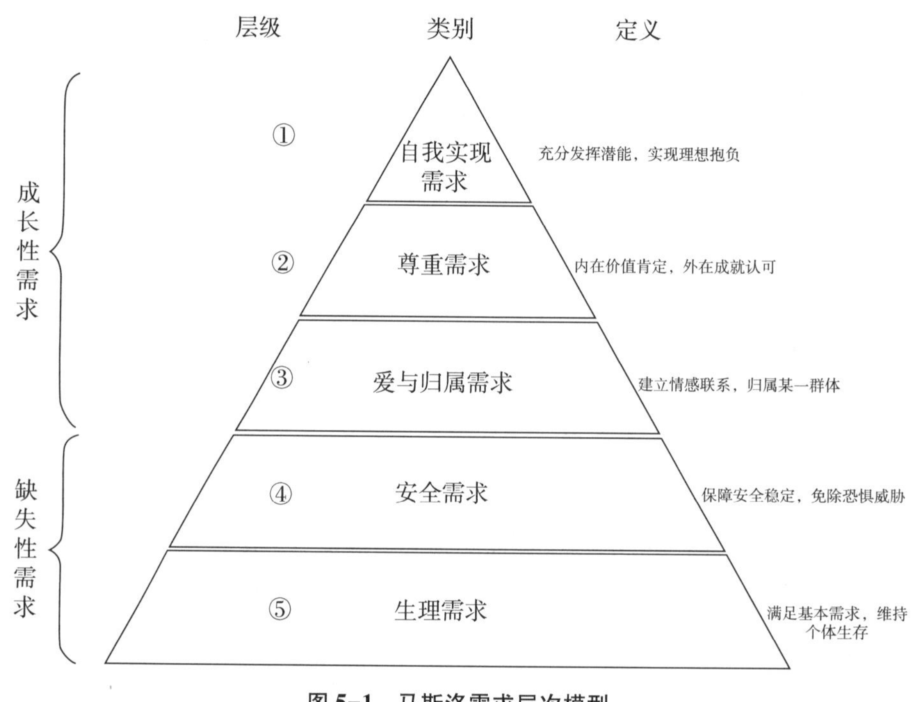

图5-1　马斯洛需求层次模型

1. **生理需求**

生理需求是马斯洛需求层次理论的基础，包括人们追求生存的基本需求，如食物、水、空气、睡眠等的需求。当这些需求没有得到满足时，它们会成为人们行为的主要动机。

2. 安全需求

一旦生理需求得到满足，人们便会转向安全需求。安全需求包括对个人安全、健康、财务安全和居住安全等的需求。人们渴望在一个稳定的环境中生活，不必担心生命安全或财务困境。

3. 爱与归属需求

当生理和安全需求得到满足后，人们便会寻求爱与归属需求的满足。爱与归属需求包括对家庭、友谊、爱情关系和社交圈子的需求。这些需求强调了与他人建立联系和归属感的重要性。爱与归属需求的满足对人类的心理健康至关重要。亲密的人际关系和友情可以提供情感支持，减轻孤独感，增加幸福感。人们在社交中建立身份和认同感，并获得满足感。

4. 尊重需求

尊重需求既包括对成就或自我价值的个人感觉，也包括他人对自己的认可与尊重。人们希望被视为有价值的个体，他们的意见和贡献得到认可。

5. 自我实现需求

自我实现需求是马斯洛需求层次理论中的最高层次需求，指的是个体实现自身潜力、追求个人成长和自我完善的需求。

马斯洛的需求层次理论提供了一个理解人类需求和动机的框架。这五个层次相互联系，人们在不同层次的需求得到满足后，才会转向更高层次的需求。这个理论不仅有助于我们理解个体的行为和动机，还在教育、管理和心理治疗等领域有广泛应用。

（四）马克思的人类三大需要

马克思把人的需要分为三个层次，分别如下。

第一，自然需要。这是人类生存的基本需求，包括食物、水、睡眠等基本的生理需求。这些需求是人类生存的基础，是其他一切社会活动和高级需求的前提。

第二，社会需要。这是指人类在社会交往中的需求，如友谊、归属感等。这些需求是人类社会性的体现，是人类与他人建立联系和互动的基石。

第三，精神需要。这是人类对于知识、文化、艺术等方面的需求。这些需求是人类智慧和精神的追求，是人类不断探索和创造的动力。

这些需要的满足不仅关系个人的全面发展，也关系社会的进步和繁荣。马克思主义认为，人的需要不断发展和变化，随着社会的发展和进步，人的需要不断升级和扩展。因此，满足人的需要不仅是个人发展的需要，也是社会发展的必然要求。

（五）莫瑞的十五种人类需要理论

莫瑞（H. A. Murry）的十五种人类需要理论：成就、顺从、秩序、表现、自主、亲和、省察、求助、支配、谦卑、慈善、变异、坚持、异性恋和攻击。

（六）现实需要与潜在需要

现实需要是指当前存在并被人们关注和追求的需要，是人们在现实生活中感受到的、具体的和明确的需要。人们通常会表达和满足这些现实需要。

潜在需要是指潜在的、未被人们明确认识和表达的需要，是人们潜在的期望和欲望。潜在需要既可能源于个人的需要和愿望，也可能由于社会变革、科技进步等因素形成。通常情况下，潜在需要须通过市场调研等方式进行发现和挖掘，并有针对性地提供相应的产品或服务来满足。

三、旅游需要

（一）旅游需要的定义

旅游需要是人的一般需要在旅游过程中的特殊表现，是旅游消费者或潜在旅游消费者由于对旅游活动及其要素的缺乏而产生的一种好奇的心理状态，即对旅游的意向和愿望。凡是以旅游为对象的需要都是旅游需要，因此，旅游需要不限定于人们对旅游产品和旅游服务的愿望与要求。

（二）旅游需要的特征

特征是属性的反映，从旅游的本质属性可以反证旅游需要的特征。因此，旅游需要除了具有一般需要的特征，其显著特征应具有暂时的异地休闲性、伸缩性、多层次性和季节性。

1. 暂时的异地休闲性

暂时的异地休闲性特征是区别于旅行与迁徙需要、其他休闲与探索需要的标志性特征。无论是基于基本需要失衡并被感知所产生的改变生活环境以调节身心节律的旅游需要，还是基于好奇心的驱动所产生的认知与探索的旅游需要，都要以暂时离开居住地，到异地去休闲或探索为前提。暂时的异地休闲性是旅游需要的基本特征。

2. 伸缩性

旅游需要的伸缩性也可以称为高弹性或可变性。旅游需要不是与生俱来的需要，不是人们生活的刚性需要。在生产力不发达的时代，人们为生理需要而疲于奔命时，旅游需要被掩蔽了。因而，旅游需要是人类生活水平发展到一定阶段的产物，属于较奢侈的需要，并且具有很大的弹性。即使在经济条件和时间因素均具备的情况下，受个体心理特征与消费偏好等因素的影响，人们在排解烦闷、寻求好奇时，并不一定趋向旅游需要。因为他们可以选择其他的释放方式。在个人收入、旅游产品价格、社会环境发生变化时，人们的旅游需要方向会发生转移，旅游需要强度会发生变化。如在购买旅游纪念品时，旅游需要的伸缩性也很明显。有的旅游消费者以是否昂贵为选择标准，以显示其财力；有的旅游消费者以商品是否精致为标准，以满足其审美需要；也有本来不想购买的旅游者在特定情景影响和从众心理的支配下，也产生了购买欲望。这些都从不同侧面反映了旅游需要的伸缩性特征。

3. 多层次性

有研究认为旅游需要是一种较高层次的精神需要，是人们高品质生活的内容之一，属于马斯洛需求层次模型中的爱与归属需求以上的高级层次的需求。尽管人们在旅游中有与生存相关的物质性需要和安全性需要，但这里的低层次需要服从并归属于高层次需要，归属于高层次需要的低层次需要不是低层次需要的简单重复。例如，需要品味美食就不是一般的饱腹，需要优雅的住宿就不是一般的休息，需要舒适的交通就不是一般的代步。谢彦君教授认为，旅游是一种主要以获得心理快感为目的的审美过程和自娱过程，愉悦是旅游的硬核。所以，我们认为旅游需要具有多层次性特征。这种多层次性不仅由需要的多层次性决定，还受文化和审美的层次性制约。如赏析景观时，既可以是移步换景、情景交融、借景抒情，也可以是悦耳悦目、悦心悦意、悦神悦志。旅游发展的大众化和小康发展趋势往往反映旅游需要的普及化程度和旅游需要的层次。因此，旅游需要具有多层次性特征。

4. 季节性

旅游需要具有随季节波动的特性。旅游消费者在对旅游时间、地点的选择上具有明显的淡季和旺季的差异。旅游需要的季节性与旅游对象的季节变化、节假日的设置及风俗习惯的制约密切相关。就旅游吸引物而言，山地水景在四时呈现不同的景象，钱塘潮在中秋时节尤为壮观，傣族的泼水节在清明前后的傣历新年举行，观赏吉林的雾凇要在春节前后。旅游消费者易受闲暇时间的长短和分布形式，以及工作与职业特点的限制。如农民一般在农闲时节才可以出游，学生通常在寒暑假才可以远足。旅游具有明显的受季节和时令影响的特征，旅游需要具有明显的季节性特征。

（三）旅游需要的类型

根据不同标准，可以将旅游消费者的需要划分为不同类型。我们首先从共性旅游需要和个性旅游需要两个角度对旅游消费者的需要进行分类。

1. 共性旅游需要

一般来说，旅游需要是指旅游消费者的共性旅游需要。按需要的起源，共性旅游需要可分为天然性需要和社会性需要两类。旅游消费者的天然性需要包括生理需要和安全需要，即旅游中旅游消费者对饮食、衣着、住所、交通的需要，以及对安全与健康的需要。社会性需要是旅游消费者对认知、名誉、权力、交往、友谊、娱乐、尊重等方面的需要，如探亲访友、结交朋友、寻根求源、故地重游等。

按旅游需要的对象划分，共性旅游需要可分为物质旅游需要和精神旅游需要两类。其中，物质旅游需要是指旅游中旅游消费者对衣、食、住、行等有关旅游物品的需要。

在物质旅游需要中，既包括自然性的物质旅游需要，也包括社会性的物质旅游需要。精神旅游需要是指旅游消费者对认知、探索、审美、艺术等的需要，满足精神享受是旅游消费者最为普遍和共同的精神旅游需要。

2. 个性旅游需要

个性旅游需要是指不同旅游消费者在人生的不同阶段或旅游过程中高于共性旅游需要的部分。如果说旅游消费者的共性旅游需要是一般旅游需要，旅游者的个性需要便是特殊的旅游需要，包括团队、散客、入境、国内等旅游消费者的各种个性化旅游需要。

新时代，我国国内旅游者的旅游需要发生了很大变化，呈现明显的发展态势。不同阶层的旅游消费者在旅游态度、价值观念、购买行为、审美情趣等旅游需要方面存在较大差异。不同教育程度、不同个性特征、不同民族的旅游消费者的旅游需要各不相同。

3. 旅游需要的单一性和复杂性的平衡

单一性需要是人们在生活领域力求保持平衡、和谐、少变化。在某一事物的发展过程中，不会发生或尽量少地发生与自己设想相冲突的事件，不会遇到或尽量少地遇到意料之外的事情。复杂性需要是指人们在生活领域追求新奇、变化、出乎意料、不可预见的事物。长期受到复杂事物的刺激，人就会焦虑、紧张，甚至产生疾病；长期受到单一事物的刺激，又会使人产生厌倦、忧郁、偏执、幻觉等。从生活环境方面来看，城市环境日益恶化，汽车尾气、工业垃圾、噪声等污染严重损害着人们的身心健康。于是人们渴望回归大自然，感受大自然的清新环境。而到森林、海滨、河流、山川中去，亲身感受大自然，正好能够满足人们这种回归自然的愿望。因此，外出旅游成为人们平衡单一性需要和复杂性需要的最佳途径之一。

（四）旅游需要产生的条件

1. 旅游需要产生的主观条件

依据旅游需要的概念，人类的基本需要失衡并被感知和好奇心驱动是产生旅游需要的两个基本主观因素。

（1）基本需要失衡并被感知

由于基本需要失衡并被感知，人产生了改变生活环境以调节身心节奏的旅游需要。现代社会生活节奏日益加快，紧张的劳动和工作会消耗大量体力和精力，引起人们身心疲劳，破坏生理和心理平衡，人们的心理日益处于紧张状态。人们通过旅游，在短期内改换一下生活环境，体验风土人情，不仅可以愉悦身心，陶冶情操，而且可以开阔视野，增长知识，获得物质上或精神上的享受。

（2）好奇心驱动

人为什么要去旅游？一个重要原因就是满足好奇心。好奇心不像生理反应那样有规律地自发表现出来，而是由外界的刺激引发的。能引起好奇心的刺激要具备新奇性和复杂性两个条件或者其一，它们是决定吸引力大小的基本因素。异地未曾见过的自然现象和自然景观、不同民族的文化与历史所具有的神秘感，既具有新奇性，又具有复杂性，对人们构成了强大的吸引力。然而，人类知觉器官对有差别的、变化的刺激感知敏锐，而对单调的、持续不变的刺激感知越来越迟钝。这就是“适应”的心理现象。在“桂林山水甲天下”的美景中长大的人，也会向往去异地游山玩水，感受不同的风土人情，正所谓“凡人慕仙境，仙人慕凡尘”就是这个道理。如果这种探奇求知心理没有反映到大脑，人们就当它不存在，自然不会形成探奇求知的旅游需要；一旦反映到大脑，便形成探奇求知的旅游需要。

2. 旅游需要产生的客观条件

仅研究旅游需要产生的主观条件，不能很好地解释和说明为什么同样是身心的疲劳紧张，有的人采取旅游的方式去释放，而有的人却采用其他方式进行释放；为什么同是探奇求知，有的人在国内，而有的人去了国外。需要的发展性、差异性及社会历史制约性的特征告诉我们，人们旅游需要的产生还需满足一系列客观条件。在很大程度上，旅游需要的产生受经济、时间、社会和旅游对象四种因素的制约。

（1）经济因素

经济因素是产生旅游需要和实现旅游需要满足的基本前提。研究表明：经济收入与旅游动机正相关。旅游是一种较高层次的消费行为，需要有一定的经济条件和支付能力做基础。旅游支付能力是指在人们的全部收入中，扣除必须缴纳的税金和必需的生活及社会消费支出后的可自由支配的余额中，可以用于旅游消费的货币量。可自由支配的余额越大，旅游支付能力就越强。影响旅游需要产生的经济因素还包括旅游商品的价格。一般而言，旅游需要与旅游商品价格之间具有负相关的关系。

（2）时间因素

时间因素是指人们拥有的闲暇时间，即在日常工作、学习、生活及其他必需的时间之外的，可以自由支配、可以从事消遣娱乐或自己乐于从事任何其他活动的时间，包括业余时间、周末时间和一段集中的短暂假期。当然，影响旅游需要的因素是多元的，人们有了闲暇时间，也未必就去旅游。闲暇时间只是旅游需要得以实现的必要条件。

（3）社会因素

旅游需要的产生与国家或地区的经济状况、文化因素、社会风气密切相关。周围环境和团体压力也会影响人们的旅游需要，社会风气与旅游时尚也能影响人们旅游需要的产生。邻居、同事、朋友的旅游行为和旅游经历往往能够互相感染、互相启发，在从众心理或攀比心理的作用下，人们也会产生旅游冲动，形成一种效仿旅游行为。此外，旅游需求也对政治环境和经济环境的变化十分敏感。当旅游目的地发生社会动荡或与客源国关系紧张时，旅游消费者往往出于安全考虑，会放弃来此地的旅游计划或转向其他旅游目的地。

（4）旅游对象因素

客观存在的旅游对象也是旅游需要产生不可缺少的条件之一。旅游需要具有对象性，旅游对象是能使个体旅游需要得到满足的旅游客体。旅游需要中涉及的旅游对象是主观形态的东西，是旅游需要不可或缺的内容之一。作为主观形态的旅游对象实际上是对客观存在的旅游对象刺激和诱引的结果，是客观存在的旅游对象在人脑中的反应。旅游对象对旅游消费者有没有吸引力，取决于旅游消费者对旅游对象的知觉，旅游对象对旅游消费者吸引力的大小取决于其与众不同的特色。针对旅游消费者需要的伸缩性、多层次性等特征，在销售中力求了解和发展旅游消费者的需要，激发其旅游动机。

第二节　动机与旅游消费

一、动机

（一）动机的简介

1. 动机的概念

动机是指由特定需要引起的、欲满足各种需要的特殊心理状态和意愿。动机是指一个人想要干某件事情而在心理上形成的思维途径，也是一个人在做某种决定时所产生的念头。动机还是一个人心理和行动一致的倾向，是理念实施的组织源头。

动机是由目标或对象引导、激发和维持个体活动的一种内在心理过程或内部动力。简单来讲，动机是指人类行为的内在动力。心理学家一般将动机定义为激发、维持、调节并引导人们从事某种活动的内在心理过程和推动力量。

2. 动机的特征与功能

（1）动机的特征

①动力性。动机能使个体由静止状态转变为活动状态，这是动机动力性的体现。

②方向性。动机是个体进入活动状态之后，还能引导个体的行为指向一定方向。

③强度。动机还能决定行为的强度，动机越强，行为越强烈。

④持久性。个体行为的持久性在很大程度上由动机决定，在没有达到目标之前，行为会一直存在，这是由于行为背后有动机在起作用，动机不消失，则行为便会持久存在。

⑤隐蔽性。动机难以观察到，隐蔽性是其主要特征。

（2）动机的功能

①激活功能。中等程度的动机有利于任务的完成。

②指向功能。动机能将行为指向一定的对象或目标。

③维持功能。动机具有维持功能，其表现为行为的坚持性。

3. 动机的种类

（1）生理性动机

生理性动机也叫驱力，它以有机体自身的生物学需要为基础。如饥、渴、缺氧、疼痛、母性、性欲、睡觉、排泄等都属于生理性动机。

（2）社会性动机

社会性动机以人的社会文化需要为基础。如权利动机、交往动机、成就动机和认识性动机等属于社会性动机。

（3）原始动机与习得的动机

根据学习在动机形成和发展中所产生的作用，人的动机可分为原始动机与习得的动机。其中，原始动机是与生俱来的动机，它以人的本能需求为基础，如饥、渴、母性、性欲等都属于原始动机。人受饥、渴的推动而产生觅食、找水的活动，是不需要经过学习的。习得的动机是指后天获得的各种动机，或者说经过学习产生和发展起来的各种动机。例如，初生的婴儿不懂得什么是赞许，也不要求得到父母的赞许，因而他们不具有要求别人给予赞许的动机；儿童在社会活动中懂得了什么是赞许，因而会在这些动机的支配下产生相应行为。

（4）有意识的动机与无意识的动机

根据动机的意识水平，人的动机可分为有意识的动机和无意识的动机。人的动机有一部分发生在意识的水平上，即人能意识到自己的行为动机是什么，能意识到自己的行为在追求什么样的目标。但是，在自我意识没有发展起来的婴幼儿身上，他们的行为动机是无意识的；在成人身上，也有无意识的或没有清楚意识到的动机，在人们的日常交往、处理工作和各种事务中，在言语交际、批评与自我批评时，人的各种无意识的动机也在起作用。

（5）外在的动机和内在的动机

根据动机的来源，人的动机可分为外在动机和内在动机。其中，外在动机是指人在外界的要求与外力的作用下所产生的行为动机。例如，学生为了得到父母或教师的表扬或避免受到父母或教师的责备而学习。内在动机是指由个体内在需要引起的动机。例如，由于儿童认识到学习的意义，对学习有了兴趣，因而积极主动地学习。外在动机与内在动机的划分不是绝对的。由于动机是推动人的活动的内部心理过程，因此，任何外界的要求、力量都必须转化为人的内在需要，才能成为行为的推动力量。

4. 精神分析与无意识的动机

精神分析理论在西方心理学中的发展源远流长，精神分析学说由奥地利的弗洛伊德创立。他从自己的医疗实践中发展出了精神分析的治疗方法，同时创立了精神分析学说。弗洛伊德认为，人的心理包含两个主要部分，即意识和无意识。其中意识是能够觉察得到的心理活动，而无意识则包含人的本能冲动及出生后被压抑的人的欲望。这种欲望因为社会行为规范的不允许，而被压抑到内心深处，意识不能将其唤起。它不同于觉察不到的通常意义上的无意识，为将其与无意识区别，后来经常将其叫作潜意识。

5. 动机冲突的类型与应对方式

动机冲突产生于意志行动过程的第一个阶段，也就是采取决定阶段或准备阶段。在此阶段，个体会经历动机斗争，也就是面临不同的动机冲突。

（1）双趋冲突

双趋冲突，也称接近—接近型冲突，是指同时并存两种能满足需要的目标，具有同等的吸引力，但是只能选择其中之一所产生的动机冲突。例如，“鱼与熊掌不可兼得”就是这种动机冲突的体现。

（2）双避冲突

双避冲突，也称回避—回避型冲突，是指同时遇到两个力图回避的威胁性目标，但是只能回避其一所产生的冲突。例如，“前有狼、后有虎”就属于这种情况。

（3）趋避冲突

趋避冲突，也称接近—回避型冲突，是指同一目标既具有吸引力，又具有排斥力，人既希望接近，又不得不回避，从而引起的冲突。例如，面对美食想吃又怕胖，就是趋避冲突的体现。

（4）多重趋避冲突

多重趋避冲突，也称多重接近—回避型冲突，是指由于面对两个或两个以上既对个体具有吸引力，又遭到个体排斥的目标或情境而引起的心理冲突。例如，大学生面对择业时的内心冲突，就是多重趋避冲突。

动机冲突的应对方式主要包括：一方面，加强世界观和人生观教育，帮助其树立正确的行动目的，让其把个人的价值追求同国家、社会、集体的利益联系起来，在面对多种选择时，能够根据行动目的有所取舍；另一方面，要培养其意志品质的果断性。当面临选择时，个人拿不定主意是缺乏意志果断性的表现，应加强意志果断性的训练，使其在应对冲突时能果断地做出决定。

（二）动机相关理论

1. 本能理论

詹姆斯（William James）提出，人的行为依赖本能的指引，人除了具有像动物一样的生物本能外，还具有社会本能。

本能理论最著名的支持者是美国心理学家麦独孤（Wllliam McDougall），他系统地提出了动机的本能理论，认为人类的所有行为都以本能为基础，本能是人类一切思想和行为的基本源。本能具有能量、行为和目标指向三个成分。此外，个人和民族的性格与意志也是由本能逐渐发展而形成的。

弗洛伊德的精神分析理论也建立在本能理论的基础上，认为人的心理活动的原动力由人类生来具有的本能驱力决定，这种本能驱力使人类产生一种紧张状态，驱使人类采取行动，并通过消除紧张感来获得满足。

20 世纪 50 年代以后，欧洲一批习性学家再度爆发对本能理论的研究热情。他们主要探讨控制本能行为的重要因素，如感觉输入机制、特定刺激、学习的作用和中枢机制等，企图揭示影响动物行为的生理因素与环境因素的关系。

2. 驱力理论

驱力是指个体由生理需要引起的一种紧张状态，它能激发或驱动个体行为以满足需要，消除紧张，从而恢复机体的平衡状态。驱力理论由美国心理学家伍德沃斯（R. S. Woodworth）提出。

美国的心理学家赫尔（C. L. Hull）提出了驱力降低理论。他假定个体要生存就有需要，需要产生驱力，驱力是一种动机结构，它供给机体力量或能量，使其需要得到满足，进而减少驱力。人类的行为主要由习惯支配，而不是由生物驱力支配。有人认为，有的驱力来自内部刺激，不需要习得，称为原始驱力；有的驱力来自外部刺激，通过学习得到，称为获得性驱力。赫尔认为，驱力（D）、习惯强度（H）共同决定了个体的行为潜能（P），可用公式表示为 $P=D\times H$。

3. 唤醒理论

唤醒理论由赫布（D. O. Hebb）和柏林（Daniel Berlyne）等提出，一般来说，人们喜欢中等程度的刺激，它带来最佳的唤醒水平，刺激水平太高或太低，个体都会感觉不舒服。唤醒理论提出以下三个原理。

第一个原理是人们偏好最佳的唤醒水平。研究发现，每一个个体都有自己的最佳唤醒水平，高于这个水平时，就需要减少刺激；低于这个水平时，就需要增加刺激。刺激水平和偏好之间的关系是一条倒“U”形曲线。

第二个原理是简化原理。重复进行刺激会使唤醒水平降低。

第三个原理是个人经验会影响偏好。拥有丰富经验的个体倾向于复杂的刺激。

4. 诱因理论

诱因是指能满足个体需要的外部刺激物，它具有激发个体朝向目标的作用。诱因有积极和消极之分，有吸引力的刺激物称为积极诱因，个体回避的刺激物（如痛苦、贫困）称为消极诱因。诱因理论认为，诱因也是激发人行为的重要因素，该理论提出者主要是赫尔的学生斯彭斯（K. W. Spence），赫尔接受了诱因动机（K）这一变量并改进了他原有的公式：$P=D\times H\times K$。

5. 动机的认知理论

（1）期待价值理论

这是早期的一种动机认知理论，它将达到目标的期待作为决定因素。美国心理学家托尔曼（E. C. Tolman）在动物实验的基础上提出行为的产生不是由于强化，而是由于个体对一个目标的期待。

（2）动机的归因理论

归因是指用因果关系推论的方法，从人们行为的结果中寻求行为的内在动力因素。海德（F. Heider）认为，当人们在工作和学习中体验到成功或失败时，会寻找其中的原因。而行为的原因有内部原因和外部原因两种。海德还提出了“控制点”的概念，并把人分为内控型和外控型。韦纳（Bemard Weiner）系统地说明了动机的归因理论，证明了成功或失败的归因是成就活动过程的中心因素，同时把“稳定性”作为一个新的维度，把行为原因分为稳定的和不稳定的，提出了两维归因模式，即决定一个人行为失败的主要原因有四个：努力、能力、任务难度和运气。

（3）自我功效理论

自我功效理论由班杜拉（Albert Bandura）提出，他认为人对行为决策是主动的，人的期待是行为的决定性因素。班杜拉指出，强化的效果存在于个体对奖赏或惩罚的期待之中，是一种期待强化。同时，他把期待分为结果期待和效果期待两种。

（4）成就目标理论

成就目标理论的代表人物是尼科尔斯（James Nicholls）和德韦克（Carol S. Dweck），认为成就目标可分为掌握目标和成绩目标两种，不同的成就目标对应着不同的动机和行为模式。具有掌握目标的个体往往会采取主动、积极的行动，选择具有挑战性的任务，使用深层次的加工策略；而具有成绩目标的个体往往有较高的焦虑水平，有时不敢接受挑战性的任务，遇到困难时容易退缩。成就目标理论建构了相应的评价标准来评价成功，具体如下。

①任务标准。主要看个体是否达到了活动的要求。

②自我标准。主要看个体现在是否比自己以前做得好。

③他人标准。主要看个体是否比群体中的其他人做得好。

（三）旅游动机的差异性

1. 年龄差异

旅游动机的年龄差异主要体现在不同年龄段对旅游的偏好、预算及旅游目的地的选择上。不同年龄段的生活经历、健康状况、经济能力和对生活的不同追求影响了他们的旅游动机和偏好。

2. 性别差异

在大学生旅游行为的研究中，发现女性大学生比男性大学生有更强烈的旅游动机，更倾向出国旅行，对旅游的热爱程度高于男性大学生。在对城市旅游者行为的研究中，男性游客在“公务差旅”和“参加各类会议”的旅游动机上的占比高于女性，而女性游客在“买东西”的动机上占比高于男性。另外，研究还发现，女性游客更想利用假期来避免日常生活的喧嚣，获得身体和情感的放松，而男性游客更倾向开展运动旅行体验。

3. 个性差异

旅游动机的个性差异是旅游动机文化的一个重要特点，它反映了不同个体在旅游需求和偏好上的不同。这种差异体现在旅游者身体、文化、社会交往、地位和声望等方面的动机上，受到个性心理因素、个人因素以及外部因素的影响。

4. 阶层差异：文化品位和业余爱好

旅游动机的阶层差异主要体现在不同社会阶层成员的旅游行为上，这些差异由他们的受教育程度、收入和社会地位等因素决定。不同社会阶层的成员在旅游动机和行为上表现出明显的差异性。旅游动机的阶层差异是多方面因素共同作用的结果，包括不同社会阶层成员的经济状况、教育背景、个人偏好等。这些差异不仅体现在旅游目的地的选择上，还体现在旅游过程中的各种行为和消费模式上。

5. 地域差异：城乡、国别

旅游动机的地域差异主要体现在不同地域的游客对旅游活动的需求和偏好上，这些差异受到地域、文化、经济条件等多种因素的影响。不同地域的游客的旅游动机存在一定的趋向性和规律性，大多数游客以观光旅游和休闲度假为主。然而，由于游客的地域、文化和经济条件不同，旅游动机也存在一定差异，呈现出多样化趋势。

6. 世代差异

旅游动机的世代差异主要体现在不同世代对旅游动机的关注点和偏好上。对于所有世代而言，“亲近自然，感受山水”是重要的旅游动机，但这一动机在不同世代中的关注程度有所不同，大致呈现年龄越小关注程度越低的特点。这意味着年青一代可能更加注重旅游中的体验和感受，而年长一代可能更加注重自然和山水本身。

7. 个人旅游生涯阶段差异

旅游动机复杂多样，受到个人需求、社会环境、文化背景、年龄、性别、支付能力和闲暇时间等多种因素的影响。在不同的旅游生涯阶段，这些因素的变化会导致旅游动机的差异。因此，理解和分析这些差异对于旅游企业和个人来说非常重要，它有助于更好地满足旅游者的需求，提供更加个性化的旅游服务。

8. 家庭生命周期阶段差异

家庭生命周期对家庭旅游消费的黄金时段有着深远影响。家庭生命周期的不同阶段，如结婚期、生育期、孩子成长期、空巢期和退休期，有其特定的旅游需求和偏好。这些阶段的特点和需求为旅游行业提供了丰富的市场机会。

9. 社会历史发展阶段差异

旅游动机的社会历史发展阶段差异主要体现在不同历史时期，人们的旅游动机受到社会、经济、文化等多方面因素的影响，呈现不同的特点和趋势。旅游动机的社会历史发展阶段差异体现了人类对于旅游的需求从基本生存需求向更高层次的精神和文化需求的转变。这种转变不仅反映了社会经济的发展，也体现了人类对于生活质量和生活方式追求的提升。

二、旅游根本驱动力

（一）旅游动机与旅游根本驱动力的差异

旅游动机是推动人们进行旅游活动，并使人们处于某种积极状态以达到一定目标的心理过程或内部动力。

旅游动机是指直接驱动人们外出旅游的内部驱动力，它是促进一个人有意去旅游及确定到何处去、做何种旅游的内在驱动力；而旅游根本驱动力则侧重探讨旅游行为的根本内驱力，即旅游成为人们行为的动力来源。旅游动机侧重解释人们为什么选择旅游，即心理和生理需求如何转化为旅游行为的动力；而旅游根本驱动力则深入探讨这种行为背后的哲学和心理基础，以及不同驱动力如何共同或单独作用，从而影响人们的旅游决策和行为。

（二）旅游根本驱动力的三种观点

1. 进化论观点：旅游是人类进化过程中一种自然的心理适应

这是探讨旅游根本内驱力的一个独特视角，综合了生物学、心理学和社会科学的思想，该观点以达尔文（Charles Robert Darwin）的进化论和进化心理学为理论依据，认为旅游这种从古代就开始的行为具有深厚的基础。旅游心理承担着适应器的功能，旅游正是对远古人类因生存与繁衍需要而不断探索新世界的原始心理的适应，是人类心灵的回归。由于适应的漫长性，现代人的身心依然具有不断迁移的身体适应性和精神特质。但社会条件的变化使现代人无法像古人那样自由迁移，于是这种身心深处对于移动的需求与倾向以旅游的形式表现出来。由此认为，现代人旅游的本质就是一种非生计性的移动行为，是人类在进化过程中身心留下的印记。

2. 现代化观点：旅游是对现代日常生活的逃离和补偿

当生活节奏日益加快时，人们的时间却越来越少。对于很多人而言，现代生活的现实便是压力、束缚、幻灭及不满的来源，烦恼、压力、紧张、焦虑、单调、厌倦等负面情绪不断增多，旅游成为人们暂时逃避现实、放松身心、寻求情感愉悦和精神慰藉的重要希望。暂时逃离日常生活只是表象，寻找梦想中的美好生活作为对日常生活的补偿，从压抑到释放，这才是激发人们旅游的根本动力。

3. 人本发展观点：旅游是积极主动的自我实现和超越

马克思主义哲学认为，人的自由与全面发展是人内在的本质追求，马克思终其一生致力于关注现实的人的生存、自由和发展，实现每个人的自由而全面发展是马克思主义追求的根本价值目标。人的自由而全面发展是一个极其宏大的历史叙事，包含人的诸多方面规定性的全面提高和协调发展。西方人本心理学派的主要代表人物马斯洛也认为，驱使人类行动的是若干始终不变的、本能的良好需要。马斯洛需求层次理论就是对人格积极倾向的充分肯定，人追求自我实现不是一蹴而就的，而是有一个从低级到高级的过程。人类在满足了基本的生理需求和安全需求以后，开始追求爱与归属需求、尊重需求、自我实现需求。这些需求是人类最基本的、与生俱来的，构成不同的等级或水平，并成为指引个体行为的力量。旅游是一种关乎人类存在或生存与发展的生活方式，是提升人类生命价值与实现自由全面发展的重要途径。

（三）旅游根本驱动力的最终指向

推动人类旅游行为的内在力量不一定是单一的，日常生活中的人性压抑和个人发展进步的自觉愿望都可能是推动旅游行为的内在根本力量，针对不同的人、不同的时间，可能是多种力量的同时爆发，或某一种力量的主导作用。不同的历史发展时期，主流旅游群体的驱动力会存在差异。

三、旅游者动机的激发方式

（一）旅游动机的产生条件

旅游动机的产生需要一定内部条件和外部条件。内部条件是指旅游者本身的旅游需要；外部条件通常是指客观需要，客观需要是一定的旅游条件和旅游刺激（心理紧张）。只有具备这些条件，人们潜在的旅游需要才能转化为旅游动机，有了旅游动机，才有旅游决策，采取旅游行为（需要满足），并把行为指向一定的旅游目标，进一步保持和发展旅游行为，使之达成既定目标（心理紧张消除）。旅游动机的过程如图 5-2 所示。

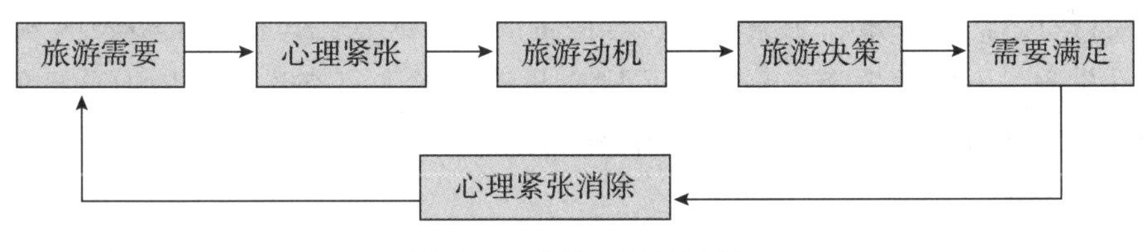

图 5-2　旅游动机的过程

1. 旅游动机产生的内部条件

旅游动机产生的内部条件是人们对旅游的愿望，如果没有愿望，即使客观条件再充分，也不能产生旅游动机。影响人们旅游愿望产生的内部条件主要有以下几个：安全感、个性条件、身体条件。

2. 旅游动机产生的外部条件

旅游动机产生的外部条件主要包括：可自由支配的时间、可供支配的资金、完备的旅游设施、鼓励旅游的社会风气。

（二）旅游动机的影响因素

1. 个人背景条件

个人背景条件是旅游动机的决定性因素之一。从研究结果来看，个人的年龄、职业和家庭人均收入直接影响个人的旅游动机水平。不同年龄的人所处的生活环境不同，所扮演的生活角色不同，社会化程度也有差异，因而在心理和行为层面有很多区别。青年人的心理正在发展成熟过程中，可变性强，乐于接受新思想、新事物，希望能够全身心地体验丰富多彩的世界，具有较强的旅游动机，对任何类型的旅游充满渴望。人到中年，对安定舒适生活的要求日益强烈，他们往往具有稳定的社会地位、较高的经济收入、丰富的人生阅历。但是，中年人也要承受较大的社会压力，容易产生严重的焦虑。为了更好地扮演职业和家庭角色，减轻身心的疲劳，他们非常愿意选择与自己身份地位相匹配的旅游方式，外出旅游度假，并希望在旅游过程中寻找机会巩固社会地位，或彻底放松自己，增进身心健康。

2. 个人心理类型

三种主要个人心理类型如下。

（1）依赖型

这种心理类型为“自我中心型”。属于这种心理类型的人所共有的人格特征主要包括：思想保守、谨小慎微、多忧多虑、缺乏自信、不爱冒险；行为上喜欢循规蹈矩的生活方式，愿意听从公众人物的建议或效仿他们的行为，偏好购买流行品牌的消费品，喜欢熟悉的氛围和活动。

（2）冒险型

这种心理类型为“多中心型”。属于这种心理类型的人所共有的人格特征主要包括：天生好奇、热爱探索、充满自信、对待生活有个人主见；行为上多表现为喜欢冒险、活动量大，不愿随大溜，喜欢与不同文化背景的人打交道；为增加自己的阅历，他们经常外出旅游，每年都会寻找新的旅游目的地，而不是故地重游。

（3）中间型

这种心理类型为“中心体”。这种心理类型的旅游消费者在人格特征和思想行为特点等方面的表现介于上述两种类型之间。

3. 文化水平与受教育程度

受教育程度在很大程度上影响着一个人的知识水平和对外界信息的获取兴趣，从而影响其追求、需要和动机。一方面，文化知识面的扩大和认识能力的提高有助于增加一个人对外部世界的了解，从而容易诱发其对外部世界的兴趣和好奇心；另一方面，文化知识的积累有助于克服对异乡陌生环境的心理恐慌。

4. 年龄

年龄对旅游消费者购买动机的影响主要有两个方面：一方面，年龄的不同往往决定了人们所处的家庭生命周期阶段不尽相同，从而制约着人们的需要和动机。以青年已婚的双职工家庭为例，虽然夫妻二人具备外出旅游的经济条件和主观意愿，但由于家中有婴幼儿须照顾，因而有可能决定不外出旅游。另一方面，年龄的不同往往会影响人们在体能上的差异，从而制约人们的需要和动机。以有些老年人为例，虽然他们在人格上有可能为冒险型个人心理类型，但由于体能条件的制约，大多决定不参与冒险程度较高或体能消耗较大的旅游活动。

5. 微社会环境

微社会环境也称参照群体，是指一个人在日常生活和工作中经常接触的人际环境或熟识人群。通常为一个人所经常接触的家人、亲友、同学、同事、街坊邻居等人群。个人所处微社会环境会影响其个人的需要和行为动机。一个原本无意外出旅游的人在朋友的怂恿下可能改变主意，从而决定外出旅游。

（三）常见旅游动机的激发方式

由于旅游消费者所处社会环境和旅游消费者心理活动的复杂性，影响旅游动机的因素主要有旅游消费者对外界刺激物或情境的心理反应、旅游消费者的价值观和期望，以及旅游产品和服务等。因此，我们从以下几个方面激发旅游消费者的旅游动机。

1. 加强目的地度假旅游危机管理

多样化的休闲度假旅游时代的来临使旅游者的活动范围不再局限在观光景区，这在无形中加大了旅游行业管理部门的安全监管压力。强化流量管理，引导游客保持用餐、排队、乘车秩序，严格控制聚集性桌餐，避免交叉感染，保障游客生命安全；开展非法客运打击行动，组织专项打击“黑车”行动，有效保障旅游消费者出行安全；对开放景区的疏散通道、安全出口、消防设备、电气线路等方面进行拉网式排查，做好应急预案，保障旅游活动安全有序开展。所以，旅游行业管理部门应当加强城市度假旅游危机管理，建立旅游公共安全救援基地，以减少休闲度假旅游者的安全顾虑。

2. 丰富旅游产品与服务形式

为了满足旅游主体消费的多元化需求，旅游产品和服务形式上要体现多样化。旅游市场也应做出相应反应，进行市场细分。如将大众旅游市场细分为度假旅游、商务旅游、探险旅游、蜜月旅游、家庭旅游等市场类型。

3. 加强旅游宣传，积极引导旅游消费者消费

做好宣传和推广工作，激发旅游者的动机。让旅游消费者掌握充分的旅游信息，做到有计划，不盲从，科学地进行旅游决策。安全防疫、爱护环境、不文明行为劝导等服务让游客在畅游的同时也更加感受到文明旅游带来的舒心。此外，做好营销策划，塑造良好的品牌和口碑，这样会让更多对旅游感兴趣的人慕名而来。

4. **提高产品和服务的质量**

开发特色旅游产品和服务内容。有特色才会有吸引力，从而激发旅游者的动机。不断完善旅游景区的基础设施，丰富服务的方式，拓展服务的领域，为旅游消费者提供高质量的休闲环境。同时，对导游人员进行培训，提高其服务水平和素质水平，增强其服务意识，确保服务质量。在为旅游消费者服务的过程中，要体现出对旅游消费者应有的尊重。此外，基础设施的舒适程度、景观的美感度、服务质量等方面的提升，能够提高旅游消费者的目的地重游率，满足旅游消费者不断提高的体验需求，从而更好地激发旅游消费者的旅游动机。

复习与实践

一、判断题

1. 人们进行行为决策的第一步是寻找信息。 (　　)
2. 复杂性的生活环境容易造成人心理上的“恐惧”。 (　　)
3. 旅游需要构成了旅游行为的首要动力因素，是产生旅游行为的内部源泉。 (　　)
4. 做好宣传和推广工作，不能激发旅游者的动机 (　　)
5. 单一性需要是人们期望在生活领域中力求保持平衡、和谐、少变化。 (　　)

二、不定项选择题

1. 在马斯洛的需求层次构成中，不属于爱与归属需要的是（　　）。

A. 自我实现的需要　　B. 友谊的需求

C. 尊重的需求　　D. 安全需求

2. 旅游需要的显著特征包括（　　）。

A. 暂时的异地休闲性　　B. 伸缩性

C. 多层次性　　D. 季节性

3. 旅游需要产生的客观条件不包括（　　）。

A. 经济因素　　B. 好奇心驱动

C. 时间因素　　D. 社会因素

4. 旅游动机产生的外部条件为（　　）。

A. 可自由支配的时间　　B. 可供支配的资金

C. 完备的旅游设施　　D. 鼓励旅游的社会风气

5. 三种主要个人心理类型包括（　　）。

A. 依赖型　　B. 冒险型

C. 中间型　　D. 积极型

三、简答题

1. 什么是旅游需要？旅游需要有哪些特性？
2. 影响旅游需要产生的因素有哪些？
3. 旅游动机产生受到哪些条件制约？
4. 旅游动机的差异性体现在哪些方面？
5. 常见的旅游动机的激发方式有哪些？

四、案例分析

乡村旅游的核心是乡村文化，围绕大型度假区、大饭店、高尔夫球场、滑雪场的旅游活动是不能与乡村旅游融为一体的。乡村旅游产品的突出特点是，让旅游者亲身体验乡村的自然环境与人文环境，深入体会当地居民的传统生活方式。

乡村旅游的目标群体主要是：家庭旅游者和空巢家庭/富裕的老年游客。带着5~11岁孩子的家庭主要去那些能够亲近动物的农场，50~65岁的老年夫妇则通过乡村度假感受人生，体验不同的生活。乡村旅游者停留时间不长，一般是大周末，顶多一周，对当地居民的生活方式、民间艺术、民间手工艺及其制作过程或制作工艺有浓厚的兴趣。

问题：试分析乡村旅游产品开发过程中，应考虑旅游消费者的哪些需求。

五、实训题

朱熹为建立庞大的理学体系，需要接受世上万物的洗礼。朱熹说：“那个满山清黄碧绿，无非这太极”；“鸢飞鱼跃，道体随处发见”。所以，他非常重视“山水之教”或“天地之教”。他说：“天有四时，春秋冬夏，风雨霜露，无非教也；地载神气，风霆流行，庶物露生，无非教也。”大自然既然蕴含造化之心，只有接近大自然才能即物穷理。朱熹说：“洗心泳太素，讯景窥灵诠。”“洗心”就是洗尽自我的繁杂世俗之心，抛弃俗世名缰利索，在超凡脱俗的审美中，返璞归真。“麋鹿之姿，林野之性”，“自作山中人，即与云为友”，都是他融入大自然的方法和遨游于大自然的切身感受。在此基础上，需要发挥人的主观能动性，从自然景物的信息中格物穷理，就能窥得宇宙万事万物的真理，实现脱尘氛而与造化俱游的自由精神境界。试分析朱熹一生优游林泉，是出于哪些方面的旅游动机？

第六章　感知与旅游消费

案例导入

秦淮河里的船，比北京万甡园、颐和园的船好，比西湖的船好，比扬州瘦西湖的船也好。这几处的船不是觉着笨，就是觉着简陋、局促；都不能引起乘客们的情韵，如秦淮河的船一样。秦淮河的船约略可分为两种：一是大船；二是小船，就是所谓“七板子”。大船舱口阔大，可容二三十人。里面陈设着字画和光洁的红木家具，桌上一律嵌着冰凉的大理石面。窗格雕镂颇细，使人起柔腻之感。窗格里映着红色蓝色的玻璃；玻璃上有精致的花纹，也颇悦人目。

大中桥外，顿然空阔，和桥内两岸排着密密的人家的大异了。一眼望去，疏疏的林，淡淡的月，衬着蔚蓝的天，颇像荒江野渡光景；那边呢，郁丛丛的，阴森森的，又似乎藏着无边的黑暗：令人几乎不信那是繁华的秦淮河了。但是河中眩晕着的灯光，纵横着的画舫，悠扬着的笛韵，夹着那吱吱的胡琴声，终于使我们认识绿如茵陈酒的秦淮水了。此地天裸露着的多些，故觉夜来的独迟些；从清清的水影里，我们感到的只是薄薄的夜——这正是秦淮河的夜。

思考：这段文章选自朱自清的《桨声灯影里的秦淮河》，请指出作者在文章中描述了哪些感官刺激？同时思考为什么秦淮河的夜给作者留下了如此深刻的印象。

学习目标

一、知识目标

1. 了解感觉和知觉的定义、分类。
2. 掌握感觉和知觉的特征，理解感知觉类型在旅游中的应用。
3. 理解知觉过程与常见的知觉错误。
4. 了解旅游感知定义、影响因素，掌握常见的旅游感知类型。

二、能力目标

1. 能够将感觉和知觉的规律应用到旅游景点设计中。
2. 能够利用常见的旅游感知类型，制定个性的营销和服务策略。

三、思政目标

1. 引导学生形成正确的消费感知和价值取向，做理性的消费者。

2. 通过分析知觉错误产生的原因，使学生能够理性地看待和分析身边的现象和问题。

本章重难点

1. 感觉、知觉的特征及其在旅游营销中的应用。

2. 影响旅游消费者感知的主观因素和客观因素。

3. 旅游感知在旅游营销中的实践。

重点概念

1. 感觉：是人脑对直接作用于感觉器官的客观事物的个别属性的反映。它是知觉、记忆、思维等复杂的认识活动的基础。旅游消费者的感觉是指旅游消费者在整个旅游过程中对外界的各类客观刺激所产生感官反应的综合。

2. 知觉：是人脑对直接作用于感觉器官的客观事物的整体反映。旅游消费者知觉是指对直接作用于旅游消费者感觉器官的旅游刺激环境的整体属性的反映。

3. 旅游感知：是旅游消费者感觉和知觉的合称。旅游消费者的感知是其做出旅游相关决策、决定旅游过程整体感受、对旅游目的地评价好坏的决定性因素。

行为科学研究表明，人的行为始于心理活动，这些心理活动复杂而微妙，决定了我们如何应对周围的世界。而感知作为认知活动的开始，是我们接收和解释外部世界信息的首要步骤。在旅游消费的背景下，感知尤为重要，因为它是游客与旅游目的地、服务和体验初次接触的基础。人们的感知不仅决定了他们对旅游产品的第一印象，而且在很大程度上塑造了他们的期望和满意度。重要的是，人们的行为在很大程度上并不依据客观事实，而是依据自己的感知进行决策。这意味着即使两个游客面对相同的旅游条件和环境，他们的行为和反应也可能截然不同，这完全取决于他们个人如何感知这些条件和环境，旅游消费者所感知的事实才能真正影响他们的旅游消费行为。

第一节　感觉与旅游消费

在研究旅游消费的内容时，首先我们必须认识到一个关键的起点——感觉。感觉作为人类体验世界的直接门户，是我们与旅游目的地相遇、相知、相融的第一触点。

一、感觉

旅游消费者的感觉是一种多维度的体验，涵盖了旅游者在旅游过程中对环境的全方位感知。这种感觉不仅包括基本的感官体验，还涉及情感、心理乃至精神层面的深层次反应。

（一）感觉的定义

心理学家普遍认为，感觉是人类大脑对那些直接作用于感觉器官的客观事物的个别属性的反映。我们对周遭世界的认识始于感觉，它是人生之初首次接触并响应外部环境刺激的方式。作为最基础的认知过程，感觉标志着我们对外界信息的初步接收和处理。

感觉不仅是认知的起点，还是构成知觉、记忆、思维等更高级认知功能的根本。它是一种直接而本质的心理活动，为我们提供了对世界的初步理解。没有感觉，我们的知觉将无法形成，记忆将无法存储，思维也将失去其依据。因此，感觉是我们认识世界、与之互动并做出反应的基石，是我们所有心理活动中最直接和最基础的部分。

在旅游过程中，消费者的每一种感官都在不断接收外界的刺激，并产生相应的感觉。比如在张家界景区旅游过程中，旅游者的感觉体验丰富而复杂。当旅游者走进这片神奇的自然景观时，首先映入眼帘的是那些壮观的山峰和奇特的岩石，它们以各种形态和姿态展现在面前，激发了旅游者的视觉。同时，张家界的空气也给旅游者带来了不同寻常的嗅觉体验。清新的空气富含负氧离子，给人一种爽朗、纯净的感觉。在听觉上，张家界的溪流和瀑布提供了自然的交响乐，潺潺的溪水声、瀑布的轰鸣声以及其他自然声音都是由声波振动作用于耳朵，让旅游者听到了大自然的和谐与活力。此外，旅游者在张家界还会体验到触觉上的惊喜，如轻柔的山风拂过皮肤，或触摸到冰凉清澈的溪水。大脑接收到这些来自不同感官的信息后，会对其进行整合和加工。通过这一过程，旅游者不仅能够认识和感受张家界的自然景观，还能够形成对这一旅游目的地的综合印象和情感记忆。

（二）感觉的类型

不同属性的客观事物作用于人的器官，就会产生不同感觉。这些感觉是与世界互动的基础，帮助我们理解周围环境并做出反应。随着心理学和神经科学的发展，一般根据刺激物的来源，可以把感觉分为两大类：内部感觉和外部感觉。

1. 内部感觉

内部感觉是人体感觉系统的重要组成部分，是指机体本身接受的刺激，反应机体的位置、运动和内部器官不同状态的感觉，即位置感觉、运动感觉与机体感觉。

第一，位置感觉是指机体对自身各部位位置、运动状态的感知能力。这种感觉使人能够在没有视觉输入的情况下，感知身体的相对位置和运动。位置感觉使人能够执行复杂的动作任务，如跳舞、写字或打字。

第二，运动感觉与位置感觉密切相关，但它侧重感知身体的运动过程，包括速度、方向和加速度。运动感觉的感知有助于人体协调动作和维持平衡。

第三，机体感觉是指对内部器官状态的感知，包括对消化、循环、呼吸等系统内部变化的感知。饥觉和饱觉感知饥饿和饱足状态，调节食物摄入；渴觉感知体内水分状态；痛觉感知身体内部的损伤或疾病等。

2. 外部感觉

外部感觉是指机体接受外界的刺激，是与外界环境互动的直接方式，它使人能够感知和理解周围世界。

第一，视觉是接收外界信息的主要方式，它通过眼睛捕捉光线并将其转化为神经信号，使我们能够看到颜色、形状、大小和距离。视觉不仅帮助我们识别物体和导航空间，而且对艺术欣赏、阅读和面部表情的理解至关重要。旅游者通过视觉欣赏风景、建筑和艺术作品。

第二，听觉即通过耳朵感知声音，使人们能够交流、欣赏音乐和感知环境中的动态变化。声音的方向和强度为人们提供了空间定位的能力，而声音的质量则可以传达情感和氛围。自然环境中的声音，如鸟鸣、水流声，或城市中的喧嚣，都是旅游体验的一部分。

第三，味觉即通过舌头上的味蕾感知食物的味道。味觉与嗅觉紧密相连，共同构成了对食物的感知和享受。尝试当地美食是旅游的重要组成部分，味觉体验可以加深旅游消费者对当地文化的理解。

第四，嗅觉即通过鼻腔中的感受器感知气味，它与记忆和情绪有紧密联系。气味可以唤起遥远的记忆，影响人的情绪状态，并增强对环境的感知。李白诗句中的“山花拂面香”就是嗅觉的体现，让人仿佛置身花海之中。

第五，触觉即通过皮肤感知压力、温度、疼痛和振动等刺激。它使人能够感受到物体的质地、温度和重量；使人感受不同的气候条件，阳光的温暖、微风的凉爽或沙滩的柔软等都是触觉在起作用。

有研究证明，人们从外界接收的各种信息中有 80% 以上是通过视觉获得的。虽然单纯的视觉体验重要，但并不足以构成完整的旅游体验。旅游者通过各种感觉的相互作用，形成了对旅游目的地的多维度感知。这种综合的感觉体验使旅游消费者能够更深刻地理解和记忆旅游经历，从而获得更丰富的情感和认知收获。

（三）感觉的特征

1. 感受性

感受性是指个体的感觉器官对刺激物的主观感受能力。对于旅游消费者而言，感受性不仅决定了其对旅游产品价格、广告宣传等外部因素的敏感度，也深刻影响着其旅游体验。感受性并非对所有刺激一视同仁，只有当刺激达到一定的阈限值和持续时间，才能触发个体的感知机制。这种能够激发感觉的最小刺激量被定义为感觉阈限值。

在旅游消费领域，旅游消费者对旅游产品的感受性强弱在很大程度上取决于他们对特定刺激物的感觉阈限值。通常感觉阈限值越高，意味着消费者对刺激的感知能力越弱，即感受性较低；而感觉阈限值越低，表明消费者对细微刺激的感知能力越强，感受性相应较高，二者之间存在一种反比关系。

旅游消费者的感知能力可以进一步细分为绝对感受性和差别感受性，以及与之对应的绝对感觉阈限值和差别感觉阈限值。

心理学上把绝对感觉阈限值定义为刚好能引起感觉的最小刺激量，而绝对感受性是指个体对绝对感觉阈限值或最小刺激量的感觉能力。例如，人眼对 400 纳米以下的光波长不敏感，因为它们低于绝对感觉阈限值。在旅游消费领域中，凡是没有达到绝对感觉阈限值的刺激物，都无法引起旅游消费者的感觉。

差别感受性则涉及对两个刺激之间微小差异的感知能力，差别感觉阈限值定义为刚好能够察觉到的刺激物的最小差别量。在不同的环境条件下，这种差别感受阈限值会有所变化，如在嘈杂环境中，人们需要较大的声音才能相互听见，而在安静的环境中，即使是细微的声响也能被察觉。这表明，在不同的旅游环境中，旅游消费者对声音、光线、气味等刺激的感受性可能有显著差异，进而影响他们的旅游选择和满意度。

2. **适应性**

适应性是生物体为了更好地适应环境变化而发展出的一种生理现象。当刺激物持续作用于感觉器官时，个体的感觉系统会逐渐调整其敏感度，以适应这种持续的刺激。这种适应性变化既可能是积极的，也可能是消极的，具体取决于刺激的性质和持续时间。

在日常生活中经常遇到各种适应性的例子。其中视觉适应是最为常见的一种，包括暗适应和明适应。暗适应是指在光线较弱的环境中，视觉系统逐渐提高对弱光的敏感度，使人能够逐渐看清周围环境。例如，当从阳光明媚的户外走进昏暗的电影院时，最初可能感到一片漆黑，但随着时间的推移，我们的眼睛会逐渐适应这种光线条件，辨认出物体的轮廓；相反，当从电影院走出来，面对强烈的阳光时，视觉感受性会暂时降低，需要一段时间来适应这种强光环境，这被称为明适应。

除了视觉适应，嗅觉、触觉和味觉也存在适应现象。嗅觉适应是指人长时间处于某种气味环境中，逐渐对这种气味不再敏感。例如，当我们进入一个充满花香的房间，最初可能感到香气扑鼻，但随着时间的推移，对这种香气的感知会逐渐减弱。触觉适应是指人长时间接触某种触觉刺激后，对这种刺激的感知能力下降。比如，长时间佩戴眼镜后，可能忘记它们的存在，甚至会出现戴着眼镜找眼镜的情况。味觉适应则是指人对某种味道的敏感度随着时间的延长而降低。

在旅游领域，感觉适应性的例子可以是游客对新环境的适应。例如，当游客第一次到达一个具有强烈文化特色的国家或地区时，他们可能对那里的食物、语言和生活节奏感到新奇和兴奋。这种新鲜感会激发他们的好奇心和探索欲望，使他们更加积极地参与旅游活动。

然而，随着时间的推移和对环境的逐渐熟悉，游客可能开始经历一种感觉适应现象。他们对周围环境的敏感度可能降低，对新奇事物的兴趣可能逐渐减少。在心理学上，这种现象被称为“新奇性递减”或“习惯化”，通常包括以下内容。

第一，文化适应。游客初到一个国家时，可能对当地的文化活动和节日感到非常兴奋。但随着时间的推移，这些活动可能变得不再那么吸引人，游客可能开始寻找新的刺激或体验。

第二，味觉适应。对于尝试新食物的游客来说，一开始可能对异国料理的风味感到好奇和兴奋。但随着不断尝试，他们可能逐渐习惯这些味道，甚至可能开始想念家乡的食物。

第三，环境适应。对于气候和环境的适应可以用同一个例子来说明。比如，一个习惯了寒冷气候的游客可能对热带气候感到不适应，但经过一段时间，他们可能开始适应并享受温暖的阳光。

第四，社交适应。在旅游过程中，游客可能遇到来自不同文化背景的人。最初，这种跨文化交流可能非常吸引人，但随着时间的流逝，他们可能逐渐习惯这种多样性，并且可能开始寻找更深层次的交流或体验。

第五，审美适应。对于艺术和建筑的欣赏也存在适应性。游客在参观了许多历史遗迹和博物馆后，可能对美的事物产生一定的审美疲劳，需要寻找新的视角或体验来重新激发兴趣。

3. 对比性

感觉的对比性是一种心理现象，它揭示了当不同刺激物作用于同一感觉器官时，人的感觉系统对这些刺激的感知能力发生变化的现象。这种变化不仅体现在人如何感知外部世界，还影响对信息的加工和解释。感觉的对比性又包括同时对比和继时对比。

第一，同时对比。它是指当多个刺激物同时作用于感觉器官时，它们之间的相互作用导致感受性发生变化。这种对比效应可以发生在视觉、听觉等多个感官领域。在视觉领域，同时对比的一个典型例子是颜色对比。如图 6-1 所示，一个灰色的方块在白色背景下看起来会比在黑色背景下更暗。这是因为我们的视觉系统会自动调整对颜色的感知，以适应周围环境的颜色对比。在听觉领域，同时对比可以表现为音乐中的和声效果。当不同的音符同时响起时，它们之间和谐或不和谐的关系会影响我们对音乐的整体感受。

第二，继时对比。它是指当刺激物按顺序作用于感觉器官时，先前的刺激会影响对后续刺激的感知。这种对比效应同样可以发生在多个感官领域。在味觉领域，继时对比的一个常见例子是食物的味道。如果我们先吃了甜食，再吃酸食，会感觉酸味更加明显。在嗅觉领域，继时对比可能体现在人对不同气味的感知上。例如，我们先闻到一种强烈的香味，再闻到一种较淡的香味，后者几乎无法被察觉。在触觉领域，如

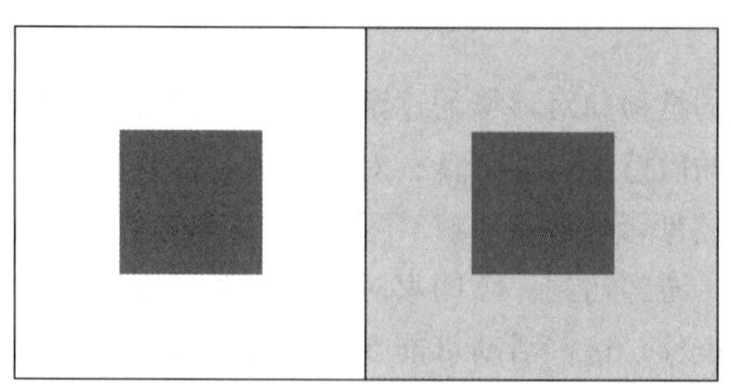

图 6-1　不同背景下的灰色方块

果我们的手先接触了一个非常冷的物体，再接触一个常温物体，会感觉后者异常温暖。

4. **联觉性**

联觉性是一种跨感官的感知现象，其中一种感觉通道的刺激能够引发另一种感觉通道的体验。这种现象在旅游消费领域尤为常见，因为它涉及多种感官的整合体验。例如，在中式风格的酒店中，红色通常与喜庆和温暖相关，黑色和棕色则给人以稳重和古典的感觉；在自然景区播放的缓和优雅的音乐与周围的山水景观相得益彰，音乐的节奏和旋律与自然的声音形成和谐的联觉体验，让游客仿佛置身一幅生动的山水画中。

二、感觉营销与旅游中的感觉营销应用

（一）常见的感觉营销

感觉营销是一种以人的感官体验为核心的营销策略，它通过激发消费者的感官反应，创造一种愉悦的心理状态和深层次的精神满足，从而增强消费者对品牌或产品的认同感和忠诚度。常见的感觉营销包括听觉营销（如高端酒店和商店里柔和的背景音乐）、视觉营销（如时尚品牌的色彩搭配和独特设计）、嗅觉营销（如咖啡馆和面包店里特定的香味）、味觉营销（如口味独特的地方特色美食）和触觉营销（如宜家鼓励消费者触摸和试用某些家居产品）。

（二）旅游中的感觉营销应用（餐馆环境与网红景点）

在旅游领域，感觉营销通过创造沉浸式体验来增强游客的感官享受和情感联系。以餐馆环境为例，餐厅会通过精心设计的室内装潢、舒适的座椅、恰当的照明和装饰性元素来刺激游客的视觉感受；通过播放轻松的背景音乐或现场演奏来满足游客的听觉享受；通过提供各种香气四溢的菜肴来激发游客的嗅觉体验；通过食物的质地和口感来满足游客的味觉需求。这种全方位的感官体验不仅增加了游客用餐的愉悦感，也加深了游客对餐馆品牌的记忆和忠诚度。

同样，在网红景点的营销中，感觉营销的应用也十分广泛。例如，一些自然景区

可能通过展示其壮丽的景色来吸引游客，让游客在视觉上得到享受；通过鸟鸣和水流声等自然声音为游客提供听觉上的愉悦；通过清新的空气来刺激游客的嗅觉；通过互动体验来满足游客的触觉需求；通过当地特色美食来满足游客的味觉探索。通过这些感觉上的综合体验，网红景点能够创造出独特的旅游价值，吸引游客前来体验并产生情感上的共鸣，从而在社交媒体上分享自己的体验，进一步扩大景点的影响力和吸引力。

第二节　知觉与旅游消费

一、知觉

与感觉相比，知觉更注重对各种刺激进行综合处理，从而形成对事物的整体认知。这表明，知觉不仅是外界信息的简单接收，还是大脑对这些信息进行整合和加工后构建的整体印象。以诗人韦应物的《滁州西涧》为例：独怜幽草涧边生，上有黄鹂深树鸣。春潮带雨晚来急，野渡无人舟自横。诗中不仅捕捉到了视觉元素如“幽草涧边生”和“舟自横”，也记录了听觉元素“黄鹂深树鸣”，以及触觉元素“春潮带雨”。作者利用这些刺激共同构成了一幅幽静而又充满情感色彩的春日景象，给人营造了一种荒凉而又宁静的氛围。

（一）知觉的定义

知觉是人脑对直接作用于感觉器官的客观事物的整体反映。旅游消费者知觉的形成是一个动态的构建过程，是指对直接作用于旅游消费者感觉器官的环境的整体属性的反映。当旅游者置身一个全新的旅游环境中时，他们的感觉器官会接收到各种各样的信息。这些信息并非孤立存在，而是相互交织、相互作用，共同构成了旅游者对旅游地的初步印象。而随着旅游体验的深入，旅游消费者会通过知觉对这些分散的感官信息进行整合，形成一个更为丰富和立体的心理图像。

此外，旅游消费者的知觉还会受到个人经验、文化背景、情绪状态等因素的影响。不同的旅游者可能对同一旅游刺激产生不同的知觉和反应。例如，对于海滩的体验，一些旅游者可能更喜欢宁静的海滩，享受阳光和海浪带来的放松和愉悦；而另一些旅游者可能热衷海滩上的活动和娱乐项目，喜欢寻求刺激和冒险。总之，旅游消费者知觉是一个涉及多种感官、多个层面、多个因素的综合性心理过程，决定了旅游者对旅游地的初步印象和整体评价。

（二）知觉的类型

1. 根据知觉反映的事物特征进行划分

第一，空间知觉。空间知觉使人能够感知并理解物体的空间属性，它不仅依赖视觉，还可能结合触觉、动觉和经验等信息进行感知。例如，当我们观看远处的山脉和近处的建筑物时，尽管山脉在视网膜上的投影较小，但我们依然能够感知到它们实际上比建筑物大。这是由于人具有空间知觉能力，它综合了视觉线索和以往经验。

第二，时间知觉。时间知觉是人们对周围世界连续性和顺序性的认知。它不限于对时间流逝的感知，还包括对事件发生顺序的记忆和对时间间隔的估计。时间知觉对于规划活动、遵守日程等至关重要。例如，舞者依赖时间知觉来同步他们的动作与音乐节奏，而演讲者使用时间知觉来控制他们的演讲节奏和停顿，以增强表达效果。

第三，运动知觉。运动知觉是人们对物体运动状态的感知能力，包括对物体运动方向、速度和加速度的判断。这种知觉在我们的日常生活中发挥着至关重要的作用，如在体育比赛中，运动员需要准确判断球的运动轨迹和速度，以便做出快速反应。

2. 根据起主导作用的分析器进行划分

第一，视知觉。视知觉依赖眼睛接收的光信息，使人能够感知颜色、形状、大小、距离和运动。例如，建筑师利用视知觉来评估设计的视觉影响，而艺术家则用它来创作视觉艺术作品。

第二，听知觉。听知觉通过耳朵捕捉声音，进而能够感知声音的方向、频率、音量和节奏。例如，音乐家通过听知觉来协调旋律和和声，而听众则通过它来体验音乐的情感和美感。

第三，味知觉。味知觉通过舌头上的味蕾感知食物和饮料的味道。例如，厨师利用味知觉来平衡食物的味道，而品酒师则通过它来评价葡萄酒的复杂性和品质。

第四，嗅知觉。嗅知觉通过鼻子感知气味，与味知觉紧密相连，共同影响对食物的感知。例如，香水师利用嗅知觉来调配香水。

第五，触知觉。触知觉通过皮肤感知压力、温度、疼痛和纹理等。例如，通过触知觉来感受布料的质地或朋友的拥抱。

（三）知觉的特征

知觉作为旅游消费者对旅游对象的主观反应过程，是一个复杂而多维的心理活动。它不仅涉及对旅游目的地的直接感知，还包括对文化、历史、社会习俗等深层次的认知和情感反应。

1. 知觉的选择性

在当今信息爆炸的时代，每天人们都被无数信息包围，这些信息如同海浪一般汹涌而来，冲击着人们的感官。在这个过程中，人脑必须对海量信息进行筛选和处理，这种筛选过程就是知觉的选择性，它体现了人类认知系统的一种自我保护机制。

在日常生活中，这种知觉的选择性无处不在，心理学上的双岐图形是经典的知觉的选择性的例子。如图 6-2 所示，双岐图形既可以看作一个正在演奏乐器的人，也可以看作一位女士的脸庞。不同的观察者可能看到不同的图像，这取决于他们对知觉对象的选择。

图 6-2　双岐图形

在选择旅游目的地时，旅游消费者知觉的选择性受到多方面因素的影响。一方面，个人的需求、价值观、情绪和个性特征等内在因素会对知觉的选择性产生显著影响。例如，小李喜欢安静与自然，在选择旅游目的地的时候就会倾向周边游、露营等放松休闲的旅游方式；而小张喜欢热闹与文化，倾向选择一些历史文化浓厚的热门城市。另一方面，知觉对象的客观特点也对知觉的选择性起着决定性作用。只有当刺激达到一定强度时，才能引起旅游消费者的注意和感知。

2. **知觉的整体性**

与单纯的感官体验不同，知觉是一个更为复杂和综合的过程，它涉及人们如何将感官接收到的零散信息通过自身的知识背景和经验进行加工和整合，形成一个完整的认知框架。这种整体知觉的构建并非随意，而是依据特定的组织原则，如接近原则、相似原则、连续原则和闭合原则等，这些原则指导着人们如何将分散的感官信息组织成有意义的整体。

（1）接近原则

接近原则描述了人们在知觉过程中会将空间或时间上紧密相连的物体视为一个整体。接近原则如图 6-3 所示，A 图和 B 图都由 20 个黑色圆点组成，如果单独观察每个圆点，两幅图似乎没有区别。然而，当把两幅图作为一个整体来观察时，我们会自然地将 A 图感知为由四列组成，而 B 图则被感知为由四行组成。这种感知差异的原因在于 A 图中圆点的横向间隔大于纵向间隔，而 B 图中圆点的纵向间隔大于横向间隔。因此，我们的大脑会根据圆点之间的距离，自动将它们组织成不同结构，将距离较近的点归为一组，形成不同的知觉整体。在设计旅游线路过程中，旅行社常把地理位置相近的旅游目的地组合成一条旅游线路，比如华东五日游、昆大丽六日游、新马泰七日游等。

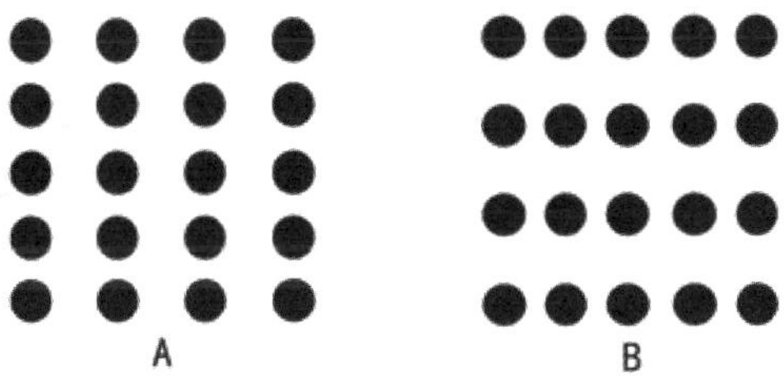

图 6-3　接近原则

（2）相似原则

相似原则揭示了人们在知觉过程中会将具有共同特征的物体视为一个整体。相似原则如图 6-4 所示，尽管整个图案由独立的元素组成，但观察者往往会忽略这些元素的独立性，自然而然地将这些元素感知为由叉号组成的菱形，而其中心则被由圆点构成的方形所占据。这种知觉上的整合反映了大脑如何利用相似性原则来简化视觉信息，将复杂的图案简化为易于识别和理解的结构，从而帮助我们更有效地处理和记忆视觉场景。

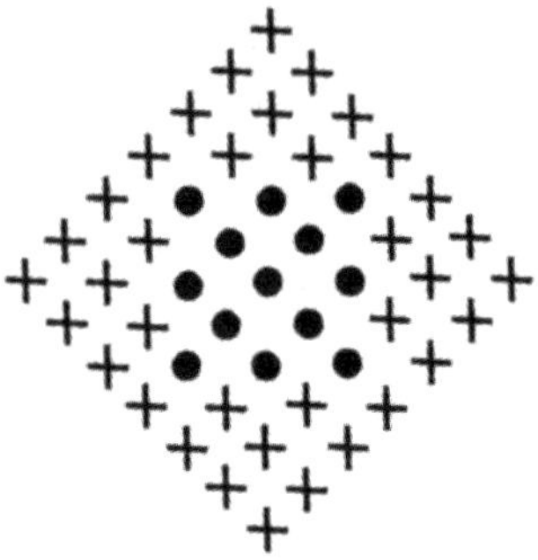

图 6-4　相似原则

在旅游体验中，游客往往会根据景观的相似性，将不同的旅游目的地归类。例如，尽管巴厘岛、马尔代夫和圣托里尼在地理位置、历史文化等方面存在差异，但因为它们拥有相似的海滨风光和休闲氛围，常常被旅游者统一视为世界知名的海滨度假胜地。旅游者在选择目的地时，往往会考虑这些海滨地区中的佼佼者，这种选择过程体现了旅游者对相似旅游体验的偏好，同时揭示了同类景区之间的竞争关系。

（3）连续原则

连续原则体现了人们在知觉过程中对连续元素的整合倾向。连续原则如图 6-5 所示，观察者倾向将曲线与直线视为连续的线条，而不是一系列孤立的线条。这种知觉上的连贯性在景观设计中尤为重要，尤其在城市街景的规划上。为了维护街景的连续性和统一性，旅游胜地在进行街区规划时会注重建筑风格、高度、屋顶设计乃至窗户样式的协调。

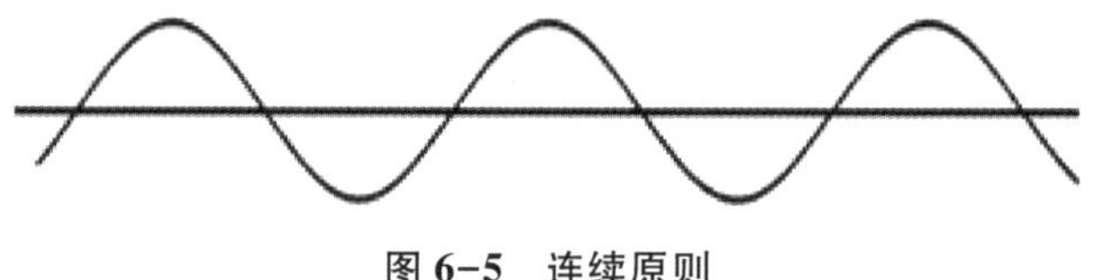

图 6-5　连续原则

（4）闭合原则

闭合原则描述了人们在知觉过程中对不完整信息的自然倾向，即利用个人经验和认知模式来补全缺失的部分，从而形成一个完整的、有意义的知觉图像。闭合原则如图 6-6 所示，尽管图中的黑色圆点和线段在视觉上是分散的，但观察者会不自觉地感知到一个完整的白色三角形，这个三角形的轮廓由黑色元素间的空白区域隐性地勾勒出来。这种心理现象揭示了大脑如何主动填补视觉信息中的空缺，以实现对场景的全面理解。

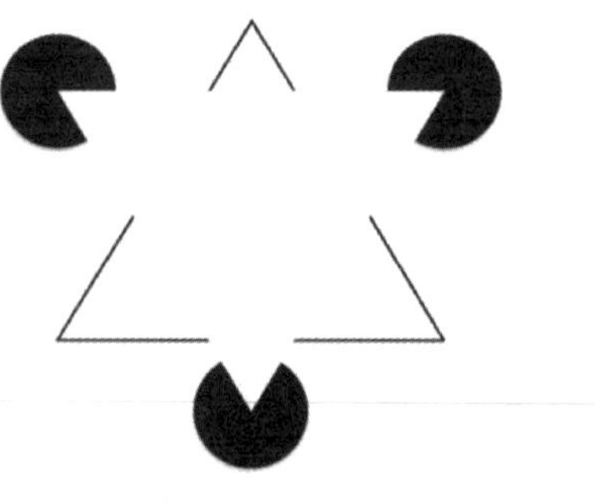

图 6-6　闭合原则

在大多数情况下，旅游者在游览旅游目的地时往往只能得到局部体验，如特定季节的风光或某一时刻的服务。然而，即便面对这些有限的片段信息，旅游者也会依据自己的经验和认知对其进行整合，构建起对整个旅游目的地的全面印象。因此，旅游目的地规划需要采取适宜的策略，确保每位游客都能获得丰富而真实的体验。包括在不同时间段提供一致的服务质量，从而让旅游者即使在短暂的访问中也能对目的地形成一个全面而深刻的认识。

3. 知觉的理解性

知觉的理解性表明，人们在感知事物时，不仅捕捉其表面特征，还会借助个人的知识与经验来对其进行深入理解，并赋予事物更深层的意义。这种理解过程往往通过语言得以实现，因为语言能够唤起相关经验，促进理解。在旅游活动中，知觉的理解性尤为重要，因此，对导游的讲解词进行丰富和完善变得尤为关键。例如，在游览“中国四大名园”之一的拙政园时，旅游者可能只能看到独立的亭台山石，但通过导游对“北寺塔借景”和“廊桥小飞虹”等园林中的有趣名景的介绍，旅游者就能更深入地理解园林美学设计的匠心独到之处及其背后深刻的文化内涵。

4. 知觉的恒常性

世界万物的变化无穷无尽，它们以不同的方式和节奏向人的知觉系统传递着信息。尽管这些信息随着时间的推移而变化，但我们对这些信息的理解和感知能够保持一定的稳定性和连贯性，这种现象被称为知觉的恒常性。这种恒常性帮助我们在不断变化的环境中维持对事物的稳定认识。在旅游消费领域，知觉的恒常性同样发挥着重要作用。旅游消费者在购买商品时，往往受到自己以往经验和认知的影响，表现出对熟悉品牌的偏好和忠诚。这种偏好和忠诚基于对品牌品质的认可和信任，各种旅游产品老字号就是最为明显的实例。

（四）知觉与感觉的区别与联系

感觉作为知觉的基石，通过感官对客体的单独属性进行接收和响应，为知觉的构建提供了原始素材。没有感觉，我们就无法捕捉外界事物的信息；而知觉则是在感觉的基础上，通过大脑对这些信息进行整合和加工，从而形成对事物整体的认识和理解。这一过程不仅依赖我们对感觉的直接接收，还涉及知识和生活经验。也就是说，知觉的产生是一个主动的、动态的心理活动，它不仅是被动接收外界刺激，还包含了个体的主观解释和加工。个人的兴趣爱好、性格特点和生理需求等都会影响知觉的倾向性和选择性。在旅游活动中，这种个体差异性使每个旅游者对同一景点的体验和评价截然不同，从而丰富了旅游的多样性。

（五）知觉的过程

知觉的过程是人们理解周围世界的一种复杂心理活动，包括多个阶段：展露、注意、理解、想象。

1. 展露

这是知觉过程的起始阶段，指的是外部刺激物（如物体、声音、光线等）作用于人的感官，使其接收到这些刺激。在这个阶段，信息尚未被大脑加工处理，仅仅被感官所接收。

2. 注意

在展露之后，个体的大脑会对接收到的大量感觉信息进行筛选，只关注那些被认为重要的信息。注意是心理活动对一定对象的指向和集中，它帮助我们将信息从大量的感觉输入中进行筛选，从而使我们能够更好地理解和处理这些信息。

3. 理解

在注意的基础上，个体开始对信息进行解释和理解，形成对事物的整体认识。这个过程涉及将接收到的信息与已有的知识和经验相结合，以构建对外部世界的认知模型。

4. 想象

知觉过程的最后阶段是想象，人们利用已有的认知模型和记忆，对感知到的信息进行进一步加工和创新，形成新的心理图像或概念。想象是知觉的延伸，它允许人们超越当前的感知，探索可能的情境或创造新的想法。

二、常见知觉错误及其在旅游中的体现

常见知觉错误是指人们在感知外部世界时由于各种原因而产生的误解或偏差。这些错误可能源于心理因素、生理因素或环境因素。

（一）首因效应

在旅游活动中，首因效应具有不可忽视的作用，它强调了第一印象对旅游者感知过程的重要影响。例如，导游在初次接待客人时的专业形象和热情态度不仅能够给旅游者留下良好的第一印象，而且有助于确保后续行程的顺利进行。此外，旅游服务人员在与旅游者的初次接触中，应避免仅凭第一印象对其进行判断，因为这种评价很可能不准确。

（二）近因效应

近因效应描述了在一系列信息呈现后，最近获得的信息对人们印象形成的影响往往比早期信息更大。在旅游体验中，近因效应扮演着重要角色，特别是在旅游者结束旅程时的最后体验，这些体验往往在他们的记忆中占据着重要位置，并且可能影响他们对整个旅游经历的评价。例如，旅游者在结束旅游行程时，能够得到优质的服务和良好的体验，这种积极的最终印象可以提升他们对整个旅游过程的满意度；相反，如果在旅游的最后阶段遇到不愉快的经历，如在酒店遇到退房困难或服务态度差，这可

能对旅游者的整体感知产生负面影响，甚至抵消之前的积极体验。

（三）光环效应

光环效应，也称晕轮效应，由美国心理学家爱德华·桑代克于20世纪20年代提出。这种效应描述了人们基于对某人或某物的某一特质的强烈印象，而对其他特质做出推断，导致以偏概全，出现认知偏差。在旅游行业中，旅游从业者需要意识到提供优质的服务能够增强游客的整体感知，从而产生积极的光环效应，提升游客对旅游产品或服务的整体评价；相反，如果服务中存在不足，即使是小问题，也可能因为光环效应的负面影响而放大，导致游客对整个旅游体验的满意度下降。

（四）刻板效应

刻板效应描述了人们对某一群体或事物持有的固定的、笼统的看法。这种看法可能基于性别、年龄、地域、职业等多种社会属性。一方面，服务人员可以通过对这些刻板印象的了解，更好地预测和满足不同客户的需求。例如，服务人员了解到某些文化背景的游客可能更注重礼貌和尊重，那么他们就可以在服务过程中更加注重礼节和尊重客户需求。另一方面，刻板印象也存在明显的局限性，它们往往基于有限的信息和个体经验，而忽略了群体内部的多样性和个体差异，这可能导致对某些人或事物的误解和偏见。

（五）投射效应

投射效应指的是个体将自己的情感、想法、态度等心理特征归咎于他人，认为他人也具有同样的特征。在人际交往和认知过程中，这种心理现象十分常见，但在服务行业，特别是旅游服务领域，导游和从业人员需要特别注意避免投射效应的负面影响。在旅游服务过程中，导游与游客的互动非常频繁，如果导游受到投射效应的影响，可能错误地假设游客的兴趣、偏好和价值观与自己相同，从而提供不符合游客期望的服务。

第三节　常见的旅游感知类型及其应用

旅游消费者的感觉和知觉统称为旅游消费者的感知。旅游消费者的感知是决策和评价旅游消费者旅游体验的核心要素。旅游感知的过程不仅贯穿旅游消费者的整个行为，而且对旅游消费者的满意度和忠诚度有着深远影响。

一、常见的旅游感知类型

常见的旅游感知类型包括旅游目的地形象感知、旅游目的地要素感知、旅游条件感知、旅游价值感知、旅游质量感知和旅游信息感知。

（一）旅游目的地形象感知

1. 旅游目的地形象定义与意向

旅游目的地形象是指旅游者对旅游目的地持有的观念和印象的总和，包括对目的地的自然环境、文化特色、社会背景、经济状况等多方面的理解和感知。旅游目的地形象可以分为初始形象、诱导形象和复合形象。其中，初始形象通过教育或非商业营销性质的信息源形成的，诱导形象受目的地有意识的广告、促销、宣传影响而产生，而复合形象是旅游者实地旅行后，结合以往知识所形成的更加综合的目的地形象。

2. 旅游目的地形象感知识别方法——网络文本分析

网络文本分析是一种新兴的旅游目的地形象感知识别方法，在大数据环境下，这种方法尤为重要。网络文本分析依赖用户生成内容，如在线旅游平台上的评论、游记、攻略等，这些文本数据为研究者提供了丰富的信息来源，利用数据挖掘技术，可以深入分析和理解旅游者对旅游目的地的感知和看法。

在具体操作上，研究者会使用网络爬虫软件来收集相关文本数据，然后运用网络文本分析法，借助软件工具如 ROST CM6 进行文本分析。在这一过程中，会采用分词、高频词汇统计、情感分析等技术手段，以识别旅游者对旅游目的地的认知形象和情感形象。

此外，网络文本分析还能揭示旅游目的地的官方投射形象与旅游者感知形象之间的差异，为旅游目的地形象的优化提供策略。这种方法不仅为旅游目的地的营销和管理提供了新的研究视角，还为旅游者决策过程的深入理解提供了可能。随着技术的发展和应用，网络文本分析在旅游研究和实践中发挥着越来越重要的作用。

3. 旅游目的地形象设计方法

旅游目的地形象设计是一个综合性的创意过程，涉及对旅游目的地的深入了解和对其特色的挖掘，以构建一个鲜明、独特且吸引人的旅游形象。一般旅游目的地的形象设计可分为以下步骤：首先，需要对目的地的自然资源、文化遗产、社会经济状况等进行全面的分析和评估，以确定其独特卖点和潜在的旅游吸引力；其次，需要通过市场调研了解目标游客的偏好、需求及旅游市场的趋势；再次，根据市场调研的结果，确定旅游目的地的主题形象，确保主题能够反映旅游目的地的独特性，并与游客的期望相契合；最后，制订全面的市场营销计划，涉及目标客户定位、推广渠道选择和宣传活动安排，同时与旅游业界和媒体加强合作，以扩大目的地的曝光度。

（二）旅游目的地要素感知

旅游消费者对目的地要素的感知涉及对目的地各种有形和无形要素的综合体验和评价。这种感知不仅决定了游客的满意度和忠诚度，还影响着他们对目的地的推荐意愿和重游率。旅游目的地要素主要包括以下几个方面。

第一，旅游吸引物。旅游吸引物作为旅游地的核心资源，是吸引游客前来的首要因素。它们既可以是自然景观，也可以是历史遗迹、文化地标或现代人造景点。这些吸引物不仅需要具有独特的吸引力，还需要能够提供高质量的游览体验，满足游客的期望和需求。例如，自然景观的保护状态、历史遗迹的保存完整性、文化活动的丰富性，以及人造景点的创新性和娱乐性。

第二，进入通道。进入通道的便捷性和效率是游客对目的地的第一印象。它不仅包括到达目的地的长途交通工具，还包括目的地内部的交通网络。游客对交通的感知涉及多个方面，包括购票的便利性、交通工具的准时性及旅途的舒适度等。

第三，接待设施与服务。接待设施与服务是游客在目的地停留期间直接体验的服务，包括酒店、餐厅、购物中心和娱乐场所等。这些设施的服务质量、环境设计、位置便利性及价格合理性会影响游客的整体满意度。

第四，辅助性服务。辅助性服务通常由政府机构、旅游协会或私营企业提供，包括旅游咨询服务、预订服务、紧急救援服务等。这些服务的可获取性、专业性和响应速度对游客的满意度有着直接影响。

第五，文化因子。文化因子反映了目的地的社会文化特征和居民的生活方式。文化因子包括当地的语言、节庆活动、饮食习惯等。游客对文化因子的感知不仅可能影响他们对目的地的认知，还可能激发他们对当地文化的好奇心和探索欲。

（三）旅游条件感知

旅游消费者对旅游条件的感知主要包括旅游距离感知、旅游成本感知、旅游风险感知三个部分。

1. 旅游距离感知

对旅游消费者来说，旅游距离不仅是地图上的直线距离，还包含他们对目的地的心理感知距离。这种心理感知距离是主观的，它基于个人的信息获取、知识储备和经验积累，形成了对实际距离的一种心理估计。例如，对于习惯乘坐飞机的人来说，跨国旅行可能在心理感知距离上并不遥远，而对于习惯乘坐普通列车的人，即使是跨省旅行也可能心理感知距离遥远。

旅游行为的核心在于空间的跨越，旅游消费者必须离开自己的居住地，前往不同的旅游目的地。因此，旅游消费者的旅游距离感知对旅游决策具有以下较大影响。

为了到达向往的目的地，旅游消费者必须投入相应的金钱、时间与精力。这种投入与跨越的实际距离成正比，形成了所谓的旅游行为的摩擦力。当摩擦力增大时，意味着旅游者需要付出更多代价，这可能降低他们的旅游意愿，增加对旅游行为的阻碍。

然而，正如人们常说的，“距离产生美”，人类天生具有探索未知的渴望和冲动，这种内在的驱动力使远方的神秘和陌生成为旅游的吸引力。对于那些寻求新奇体验和满足好奇心的旅游消费者来说，遥远的地方往往充满了未知的魅力，能够激发他们去探索和发现。在这种情况下，距离不再是障碍，而是一种激励，激发旅游者去体验不同的文化、欣赏独特的风景、享受非日常的生活，从而丰富他们的人生体验。

2. 旅游成本感知

旅游成本感知是旅游消费者在进行旅游决策时对所需花费的各种成本的主观评价和认知。这些成本不仅包括直接的经济成本，还包括时间成本、精力成本及可能遇到的其他潜在成本。旅游消费者在评估旅游成本时，首先会根据旅游活动的性质和个人偏好，对旅游的总体成本进行评估。例如，一些旅游消费者可能更注重旅游的文化和精神价值，对成本的感知较低；而另一些旅游消费者可能更关注经济实惠，对成本的感知较高。

在旅游决策过程中，旅游成本感知与旅游消费者对旅游收益的感知相互关联。如果旅游消费者认为旅游带来的收益（如文化体验、放松休闲等）远超成本，他们可能更愿意进行旅游消费；相反，如果旅游成本感知过高，可能抑制旅游消费者的旅游动机，降低旅游行为的发生概率。

3. 旅游风险感知

旅游风险感知是旅游消费者在旅游过程中对潜在不确定性和可能遭受的不利后果的认知评估。旅游消费者在评估旅游风险时，会考虑包括功能风险、经济风险、社会心理风险和安全风险在内的多个维度。其中，功能风险涉及旅游产品或服务可能无法满足旅游消费者的期望或需求，这可能导致旅游消费者对目的地的整体印象和满意度下降；经济风险与旅游消费的成本效益比有关，旅游消费者担心投资的金钱可能无法获得相应的价值回报；社会心理风险包括语言障碍、文化差异等，可能导致旅游消费者在异地感到不适应或遭遇尴尬；安全风险主要是指旅游消费者对目的地治安状况、自然灾害等安全因素的担忧，这直接关系旅游消费者的人身和财产安全。

（四）旅游价值感知

旅游价值感知是旅游消费者对旅游体验价值的主观评价，它涵盖了实体价值、经济价值和学习价值等多个维度，这种评估不仅基于经济收益，还包括对文化、历史和教育意义的认同。在旅游实践中，游客价值感知的过程是一个动态演变的过程，它始于旅游者获取目的地信息，并通过与目的地信息的互动形成旅游前印象。在旅游过程中，旅游消费者根据目的地的特征、环境、服务等进一步丰富他们的感知体验。旅游消费者的正负面感知因素之间的比较和调整是感知体验结果的关键，这些感知因素的动态变化最终塑造了旅游消费者对旅游目的地价值的认知与情感。

（五）旅游质量感知

旅游质量感知是游客对旅游服务的整体评价，涵盖了对服务质量、设施完善度、服务人员态度、目的地的人文氛围、资源吸引力、环境和卫生质量、新奇度及便利性等多个方面的综合考量。为了提升旅游服务质量，文化和旅游部提出了加强旅游服务质量监管、提升旅游服务质量的指导意见，包括坚持以人民为中心，加强系统观念，坚持创新发展和深化改革，旨在解决影响旅游服务质量的突出问题，提升高质量旅游服务供给，增强人民群众的满意度。

（六）旅游信息感知

旅游信息感知是旅游消费者对旅游目的地相关信息获取和处理的心理过程。旅游消费者通过各种渠道接收旅游信息，包括社交媒体、在线旅游平台、朋友和家人的推荐等，形成对目的地的初步印象和预期。在旅游过程中，旅游消费者与目的地的互动进一步丰富了他们的感知体验。这种互动涉及对目的地环境的亲身体验、对服务和管理的直接感受，以及对当地社会文化的深入理解。此外，旅游信息感知不仅可能影响旅游消费者的旅游体验，还可能影响他们的游后行为。

二、旅游感知影响因素

旅游消费者对同一旅游目的地的感知印象之所以存在差异，主要存在主观和客观两种因素。主观因素包括旅游者的兴趣、动机、知识经验、年龄和职业等。这些因素深刻影响着旅游消费者对旅游目的地的选择、对旅游活动的参与及对旅游经历的评价。例如，一个对历史文化有浓厚兴趣的旅游者可能对古迹有更深刻的感知，而一个寻求刺激和冒险的旅游者可能对极限运动项目有更高的感知评价。客观因素则涵盖了旅游目的地的独特性、组合形式、差异对比、活动变化等。此外，旅游目的地的物理特征、文化背景、服务质量和安全状况等也是客观因素的重要组成部分，同样直接作用于旅游消费者的感知体验。

此外，错觉和社会知觉偏差也会对旅游消费者感知的形成产生影响。社会知觉偏差如首因效应、晕轮效应、近因效应、刻板效应和投射效应会影响旅游消费者对人、环境或服务的第一印象和整体评价。

三、旅游感知对旅游景区营销的实践启示

旅游营销对旅游消费者旅游意愿的形成、旅游目的地形象的建立和知名度的提升均有显著作用。结合前几节对旅游消费者感觉、知觉与旅游消费的相关分析，本节主要介绍三种营销策略。

第一，旅游体验营销侧重满足旅游消费者的情感需求，通过策划具有特定氛围的营销活动，让旅游消费者在参与中获得深刻而美好的体验。在旅游消费的前、中、后阶段，旅游体验过程对旅游感知的影响都非常显著。旅游消费者不仅追求产品功能，还渴望获得感官上的满足和自我实现，这使旅游体验对他们的出游决策和后续行为产

生重要影响。

例如，位于河南省郑州市中牟县的“只有河南·戏剧幻城”通过其旅游体验式营销，借助沉浸式戏剧艺术手法，结合中原文化和黄河文明，为游客提供了一个深度体验和情感共鸣的平台。在这里，游客不仅能享受到戏剧带来的视听盛宴，还能通过互动体验和数字化服务，全方位感受河南历史文化的魅力。

第二，广告营销在旅游营销中扮演着至关重要的角色，它不仅是企业向旅游消费者宣传产品的渠道，还是旅游企业和旅游消费者之间沟通的桥梁。在广告营销的助力下，旅游产品的特色得以强调，品牌知名度得以提升，同时能够引导旅游消费行为，促进购买频率的增加。

随着技术的发展，新型的广告营销策略应运而生，尤其网络广告营销，成为重要的营销方式之一。网络广告具有覆盖面广、形式多样、信息量大、高效传播和互动性强的优势。例如，近几年，山东省的淄博市因特色烧烤而在网络上迅速走红，吸引了大量游客前往体验。淄博市文化和旅游局抓住这一机遇，通过加强网络宣传和提升服务，成功地将淄博烧烤的“流量”转化为城市文旅的“留量”，提升了淄博的知名度和影响力。

第三，品牌营销对于企业而言是塑造独特市场地位和提升品牌知名度的关键策略。在旅游业这一多元化的行业中，品牌营销尤为关键，它不仅涵盖了对单一旅游产品或服务的宣传，还扩展到了旅游企业和旅游目的地品牌的全方位推广。通过有效的品牌营销，旅游业能够将吃、住、行、游、购、娱等各个旅游元素相融合，形成一个统一且具有辨识度的整体形象，进而在消费者心中建立起深刻的品牌印象。

例如，新加坡的热门亲子活动，精准定位亲子游市场，倡导寓教于乐的旅游体验，成功塑造了新加坡作为亲子游首选目的地的品牌形象。这种结构性的品牌营销策略不仅提升了单一旅游产品的吸引力，还增强了旅游企业乃至整个旅游目的地的市场竞争力，使旅游品牌形象深入人心，从激烈的市场竞争中脱颖而出。

复习与实践

一、判断题

1. 旅游中的“声音景观”可以增强旅游消费者对目的地文化氛围的感知。（　　）
2. 旅游目的地的自然风光能够直接影响旅游消费者的触觉感知。（　　）
3. 旅游中的文化体验可以增强旅游消费者对当地历史和传统的理解。（　　）
4. 旅游规划中考虑的“最佳旅游时间”通常与旅游消费者的时间知觉无关。（　　）
5. 旅游中的“文化冲击”现象是由于旅游消费者对新环境的知觉适应过程。（　　）

6. 旅游中的“晕车”现象与个体的空间知觉有关。（　　）

7. 知觉是人类大脑对客观事物的个别属性的反映。（　　）

8. 旅游信息感知是旅游消费者对旅游服务的整体评价，涵盖了对服务质量、设施完善度、服务人员态度等多个方面的综合考量。（　　）

9. 刚好能够察觉到的刺激物的最小差别量指的是差别感觉阈限。（　　）

10. 旅游目的地的服务质量是影响旅游消费者感知的客观因素。（　　）

二、不定项选择题

1. “济泰曲”是山东精准定位“一山一水一圣人”主题，从而提出的高品质旅游线路之一。这种组合旅游线路的设计利用了旅游消费者知觉的（　　）。

A. 相似原则　　B. 接近原则

C. 连续原则　　D. 闭合原则

2. 影响旅游消费者感知的主观因素有（　　）。

A. 他人的言语指导　　B. 感知对象的特点

C. 本人的兴趣　　D. 知识和经验

3. 人脑对直接作用于感觉器官的客观事物的个别属性的反应是（　　）。

A. 感觉　　B. 知觉

C. 直觉　　D. 错觉

4. （　　）是指当多个刺激物同时作用于感觉器官时，它们之间的相互作用导致感受性发生变化。

A. 同时对比　　B. 继时对比

C. 整体性　　D. 选择性

5. 在旅游体验中，以下（　　）因素可以增强旅游消费者的空间知觉。

A. 景观布局　　B. 导览系统的设计

C. 空间的开放性　　D. 视觉引导元素的使用

6. 旅游消费者对旅游目的地的第一印象通常由（　　）的直接感受形成。

A. 视觉　　B. 触觉

C. 嗅觉　　D. 听觉

7. 自然景区的垃圾桶形状很多是仿木桩式，与景色相得益彰。这是因为感觉具有（　　）特征。

A. 感受性　　B. 对比性

C. 适应性　　D. 联觉性

8. （　　）强调了第一印象对旅游消费者感知过程的重要影响。

A. 近因效应　　B. 首因效应

C. 光环效应　　D. 刻板效应

9. 旅游消费者在选择出国游时，会担心两国之间的文化差异给自己带来不便，这是（　　）旅游风险感知。

A. 功能　　B. 经济

C. 社会心理　　D. 安全

10. （　　）是旅游消费者对旅游条件的感知。

A. 旅游距离　　B. 旅游成本

C. 旅游风险　　D. 旅游价值

三、简答题

1. 感觉的特征有哪些？
2. 什么是知觉和旅游消费者知觉？
3. 常见的知觉错误有哪些？
4. 知觉过程中的注意步骤有哪些？
5. 旅游感知的影响因素有哪些？

四、案例分析

杭州西湖乐园的魅力所在并非局限于亲民的价格策略，更在于它巧妙地将世界级的娱乐体验与深厚的中华文化底蕴相结合，创造出一系列独一无二、令人叹为观止的特色项目。

“梦回西湖”主题区是乐园内的一大亮点，它首次将西湖的古典美与现代游乐设施完美融合，专为热爱自然美景与文化探索的游客量身打造。游客步入该区，仿佛穿越千年，置身一幅流动的山水画卷之中。中央的“映月湖”不仅再现了西湖十景之一的“平湖秋月”，还通过高科技光影技术，让夜晚的湖面绽放梦幻般的光彩，这是在其他任何乐园都难得一见的景致。

而“云水谣”餐厅则是乐园内另一处展现中国饮食文化的瑰宝。餐厅的设计灵感源自江南水乡的古朴与雅致，内部装饰以水墨画、竹编、青花瓷等元素为主，营造出一种宁静致远的氛围。菜单上不仅汇聚了地道的杭帮菜，还创新性地融入了西式烹饪技巧，让传统美食焕发新生。游客在这里用餐，不仅是一场味蕾的盛宴，还是一次心灵的洗礼。

杭州西湖乐园以独特的文化魅力、创新的游乐项目以及贴心的服务，逐步成为国内外游客心中的首要旅行选择。

问题：案例中的“云水谣”餐厅为游客提供了怎样的感知体验？

五、实训题

请你根据所在地区一家历史博物馆的特点，针对 10 岁以上的学生设计一套活动方案，使他们既获得启发性的教育体验，又获得娱乐体验。

第七章 情感与旅游消费

案例导入

红色旅游中的历史记忆与现代体验

王先生是一位在上海工作的年轻白领，工作之余喜欢旅行。他去过许多国内外的热门旅游景点，但始终觉得缺少一种独特的旅行体验。在一次公司组织的历史学习活动中，王先生了解到红色旅游，特别是延安作为中国革命圣地的历史意义，这引起了他的兴趣。尽管延安不在他的原定旅行计划中，但他觉得这是一个值得探索的地方，可以通过亲身体验来感受中国革命的历史。

于是，王先生决定在“十一”期间前往延安，开始他的红色旅游。抵达延安后，他首先参观了革命纪念馆，观看了大量历史文物和影像资料。这些展品生动地展示了中国共产党领导的革命历程，尤其在延安时期的艰苦奋斗。在参观中，王先生看到许多历史照片和实物，内心不禁对那段历史产生了敬畏之情。

随后，王先生还参加了当地导游带领的延安革命旧址游览，包括枣园、杨家岭和宝塔山等重要地点。在这些地方，他亲眼看到了老一辈革命家们生活和工作过的简陋环境，进一步加深了他对那段历史的理解和尊重。在参观宝塔山时，导游讲解了这座山在革命时期的重要象征意义，这让王先生对中国共产党人的革命精神有了更深的感悟。

旅行的最后一天，王先生参与了延安当地的一场红色主题表演，这场表演通过歌舞和话剧的形式，生动地再现了当年革命先辈们的奋斗故事。现场的感染力极强，观众们都被深深打动，王先生也不例外，他感受到了与之前任何旅游体验都不同的情感冲击。

这次延安之行让王先生对红色旅游有了全新的认识。他发现，红色旅游不仅是对历史的简单参观，还是一种情感和精神的体验。在这次旅行中，他不但了解了革命历史，而且在内心深处产生了对国家和民族的自豪感。回到上海后，王先生把这次旅行的感受分享给了同事和朋友，这次旅行让王先生在繁忙的工作和生活中找到了心灵的安宁，重新激发了他对工作的动力。

思考：

在这个案例中，红色旅游不仅仅是一种历史文化体验，请问，王先生自身的情感在这次旅途中发挥着什么作用？红色旅游对现代人的精神和价值观有何影响？

虽然王先生并未主动寻求情感上的共鸣，但在参观延安革命旧址和参加红色主题表演的过程中，他不可避免地感受到了一种深刻的情感冲击。这种情感是如何在无形中影响他的旅行体验和态度的？

通过这次延安之行，王先生重新审视了自己对历史的认知，并在情感上产生了对国家和民族的认同感。这反映了红色旅游在现代社会中所具有的教育和启发作用。

学习目标

一、学习目标

1. 掌握情绪与情感的概念。
2. 了解情绪与情感的区别和联系。
3. 了解情绪与情感的理论体系。
4. 理解旅游消费者情绪与情感的影响因素。
5. 掌握旅游情感的激发步骤与方式。
6. 掌握旅游过程中的情感营销与情绪价值。
7. 了解旅游过程中的情感营销策略。

二、能力目标

1. 具备分析当前新型旅游行为产生背后的情感与情绪因素的能力。
2. 具备分辨当前旅游市场出现的情感营销类型的能力。
3. 具备分析旅游消费者的情绪情感如何影响他们的心理和行为的能力。

三、思政目标

1. 树立真诚公道，信誉第一；热情友好，宾客至上；不卑不亢，一视同仁；钻研业务，提高技能；锐意进取，勇于竞争的职业守则。

2. 对职业有愉快的主观体验、稳定的情绪表现、健康的心态、良好的心境，具有强烈的职业认同感、职业荣誉感和敬业感。

本章重难点

1. 情绪与情感的概念。
2. 情绪与情感的理论体系。
3. 情感的激发步骤与方式。
4. 情感营销策略。

重点概念

1. 情绪与情感：情绪作为人类心理活动的重要组成部分，是指伴随认知和意识过程产生的对外界事物态度的体验。情感是个体对客观事物是否满足自身需要而产生的持久性态度体验。

2. 旅游情感激发步骤与方式：需求识别；决策与规划；实践体验与情感共鸣；记忆形成与巩固。

第一节　情绪与情感

一、情绪与情感的概念、区别与联系

（一）情绪与情感的概念

在探讨旅游消费者行为时，情绪与情感作为影响消费者决策和体验的重要因素，不可忽视。本部分将首先明确情绪的概念与定义，进而导出情感的概念与定义，为深入理解旅游消费者行为提供理论基础。

1. 情绪的概念与定义

情绪作为人类心理活动的重要组成部分，是指伴随认知和意识过程产生的对外界事物态度的体验。它是个体对客观事物是否符合自身需要、愿望或观点所产生的即时反应，是人脑对客观外界事物与主体需求之间关系的直接反映。根据这一定义，情绪不仅包含了主观的体验成分，还涉及身体的变化、情绪行为的表达和对外界刺激物的认知评价。简而言之，情绪是个体在特定情境下，基于自身需要与外部环境相互作用而产生的心理与生理的综合反应。

在心理学中，情绪通常被划分为多种基本形式，如快乐、愤怒、悲哀、恐惧等。这些基本情绪具有普遍的跨文化一致性，且每种情绪有其独特的神经生理机制、内部体验、外部表现及适应功能。例如，当旅游者在旅途中遇到美丽的风景时，可能产生愉悦的情绪，这种情绪不仅体现在内心的满足感上，还可能通过微笑、拍照留念等行为表现出来。

2. 情感的概念与定义

与情绪紧密相连但又有所区别的概念是情感。情感是态度这一整体中的一部分，它与态度中的内向感受、意向具有协调一致性，是态度在生理上一种较为复杂而又稳定的生理评价和体验。情感更多地反映了个体对客观事物长期、稳定且深层次的态度体验，它涉及道德感、价值感等多个方面，具体表现为爱情、幸福、仇恨、厌恶、美感等。

从定义上看，情感是个体对客观事物是否满足自身需要而产生的持久性态度体验。与情绪相比，情感更为深刻、持久，且往往与个体的人生观、价值观紧密相连。在旅游消费领域，旅游者对于旅游目的地的情感可能源于多次旅行的积累，如对某地的深厚情感可能源于其独特的自然风光、丰富的文化底蕴或温馨的人文关怀。这种情感不仅影响着旅游者的决策过程，还深刻影响着他们在旅游过程中的体验与满意度。

综上所述，情绪与情感作为旅游消费者行为中的重要因素，二者既相互关联，又有所区别。情绪是即时、短暂且多变的，而情感则更为持久、稳定且深刻。在旅游消费过程中，旅游者的情绪与情感相互交织，共同作用于其决策与体验。因此，深入理解和把握情绪与情感的概念及其相互关系，对于分析旅游消费者行为、提升旅游服务质量具有重要意义。

（二）情绪与情感的区别

在探讨旅游消费者的行为时，深入理解情绪与情感之间的区别至关重要。尽管情绪与情感在旅游体验中紧密相连，共同作用于消费者的心理过程，但它们在性质、稳定性、表现方式及影响深度上存在显著差异。

1. 性质的差异

从性质上看，情绪侧重即时性和短暂性。它是人们对当前环境或事件做出的即时反应，通常伴随强烈的生理唤醒和明显的行为表现。例如，在旅游过程中，当游客看到壮丽的自然景观时，可能立即产生愉悦的情绪，这种情绪是即时的，并且伴随心跳加速、笑容满面等生理和行为反应。相比之下，情感则侧重长期性和稳定性。它是人们对某一事物或情境经过长时间积累后形成的深层次态度体验。情感往往与个人的价值观、信念体系紧密相连，具有更为持久的影响力。在旅游领域，游客对某个旅游目的地的情感可能源于多次旅行经历，是对该地自然风光、文化氛围、人文关怀等多方面因素的综合感受。

2. 稳定性的差异

情绪与情感在稳定性上也存在显著差异。情绪是易变的，它随着外界环境和个体需求的变化而迅速波动。在旅游过程中，游客的情绪可能因为天气变化、行程安排、服务质量等多种因素而起伏不定。而情感则相对稳定，一旦形成，便不易改变。它如同一种深层次的情感纽带，将游客与旅游目的地紧密地联系在一起。即使时间流逝，游客对某个旅游目的地的情感也可能历久弥新，成为他们心中难以忘怀的记忆。

3. 表现方式的差异

在表现方式上，情绪与情感也有所不同。情绪往往通过面部表情、肢体语言、声音语调等外在形式直接表达出来。在旅游过程中，游客的愉悦、兴奋、失望等情绪可以通过他们的笑容、欢呼、叹息等行为清晰地展现出来。而情感则更多地体现在内心的感受和价值判断上。它可能不总是通过外在行为直接表达出来，而是通过游客对旅游目的地的评价、回忆、分享等方式间接地体现出来。例如，游客可能在社交媒体上分享自己的旅行经历，以表达对某个旅游目的地的喜爱和留恋之情。

4. **影响深度的差异**

情绪与情感在影响深度上也存在差异。虽然情绪强烈且即时，但其影响往往较为表面和短暂。它主要影响游客在当前情境下的行为和体验感受。而情感则具有更为深远的影响力。它不仅影响游客的当前体验，还可能成为他们未来决策和行动的重要参考因素。在旅游领域，游客对某个旅游目的地的积极情感可能促使他们再次光顾或向他人推荐该地；相反，消极情感则可能导致他们对该地产生抵触情绪，甚至影响他们对整个旅游行业的看法。

综上所述，情绪与情感在旅游消费者行为中扮演着不同的角色。其中，情绪侧重即时性和短暂性，而情感则侧重长期性和稳定性。深入理解情绪与情感之间的区别有助于我们更准确地把握旅游消费者的心理需求和行为规律，为提升旅游服务质量提供有力支持。

（三）情绪与情感的联系

人的情绪和情感之间存在着紧密而复杂的联系，虽然它们属于同一类，但又是不同层次的心理体验。首先，情绪依赖情感。情绪的各种变化一般受制于已经形成的情感及其特点。这意味着人的情绪反应往往在其内在情感框架的基础上展开，情感为情绪提供了基本的色调和方向。其次，情感依赖情绪。人的情感总是在各种不断变动着的情绪中得以表现，离开了具体的情绪表现过程，人的情感及其特点就不可能现实地存在，所以，情感需要通过情绪的具体表现得以体现和认知。

不难看出，情绪和情感是相辅相成、相互依托的存在，在旅游过程中，旅游消费者的情感与情绪对旅游行为产生着重要影响。情绪与情感是两种紧密相连而又各有侧重的心理现象。它们相互依存、相互影响，共同构成了旅游消费者复杂的心理体验。情绪与情感之间的联系主要体现在以下几点。

1. **相互依赖**

情感作为情绪的基础。旅游消费者的情感是对旅游目的地、旅游产品及整个旅游过程所持有的长期、稳定的心理态度。这种情感状态构成了旅游消费者对旅游活动的基本评价和预期。当旅游消费者面临具体的旅游情境时，其情绪反应往往在其内在情感框架的基础上展开。例如，一个对自然风光有深厚情感的旅游消费者在面对壮丽的山川湖海时，更容易产生愉悦、兴奋等积极情绪。

情绪反映情感的状态。情绪是情感在特定情境下的具体表现，具有短暂性、易变性和情境性的特点。旅游消费者在旅游过程中所经历的各种情绪反应，如兴奋、满足、失望等，都是其内在情感状态的外显。这些情绪反应不仅帮助旅游消费者表达内心感受，还向外界传递了他们的情感状态，进而影响着他们对旅游产品和服务的评价及后续的旅游决策。

2. **相互转化**

情绪与情感之间的转化表现为情绪的累积与情感的深化。在旅游过程中，旅游消费者经历的一系列情绪反应会逐渐累积并影响其对旅游目的地和产品的整体情感评价。例如，多次愉快的旅游经历会增强旅游消费者对旅游活动的积极情感，使其对旅游目的地产生更深厚的情感依恋。这种情感的深化不仅会影响旅游消费者的重游意愿和推荐意愿，还会在更广泛的层面上塑造其旅游偏好和消费行为。

旅游消费者的整体行为是情感的激发与情绪的即时反应。在旅游过程中，某些特定的情境或事件可能激发旅游消费者的强烈情感，进而引发即时的情绪反应。例如，在旅游目的地遇到令人感动的文化表演或自然风光时，旅游消费者可能产生强烈的情感共鸣，并表现出兴奋、感动等积极情绪。这些即时的情绪反应不仅增强了旅游消费者的旅游体验，还可能促使他们通过社交媒体等渠道分享自己的感受，进一步影响他人的旅游决策。

3. **情绪情感与旅游消费者行为**

以“旅行潮”现象为例，这一现象背后蕴含着情绪与情感的紧密联系。随着疫情防控措施的解除，人们经历了长时间的社交隔离和情感压抑，为了释放这种压抑已久的情绪并寻求心理补偿，许多人选择通过旅行来重新获得自由感和归属感。这种消费行为在很大程度上受情绪所驱动，体现了情绪在旅游决策中的重要作用。在旅行过程中，旅游消费者可能因为遇到美好的风景、感受到当地文化的魅力或体验到优质的服务而产生强烈的情感共鸣。这种共鸣不仅提升了他们的旅游体验满意度，还可能促使他们在社交媒体上分享自己的经历和感受。这些正面的情感表达和推荐行为进一步激发了潜在旅游消费者的兴趣和购买意愿。

二、情绪与情感的类型与分类

情绪和情感作为对事物的反映形式，构成了人与客观世界之间关系的丰富多样性。根据不同的划分标准，可作三种不同的分类。

（一）按照情绪发生的强度、速度和持续时间的长短划分

按照情绪发生的强度、速度和持续时间的长短划分，可以将情绪划分为心境、激情、应激和挫折四种基本类型。

1. **心境**

心境是一种微弱、平静且持续时间较长的情绪状态，具有弥散的特点，也就是人们常说的心情。心境大致上可以分为暂时心境和主导心境两种。其中，暂时心境是由当前的情绪所诱发和产生的心境，而主导心境则是由个人的生活经历和早期经验所塑造的相对稳定和独特的个人心境。

2. **激情**

激情是指个体强烈的而短暂的情绪爆发。通常有以下几个特点：其一，激情具有激动性和冲动性。在某些突如其来的外界刺激下，旅游消费者可能产生勃然大怒、暴跳如雷等激烈的情绪反应。其二，激情的发作一般比较短促，冲动一过，激情立即减弱或消失。其三，激情一般由特定对象引起，指向性较为明显。其四，激情一般会有明显的外部表现，如表情狰狞、咬牙切齿、眉开眼笑、哭泣等。

3. **应激**

应激是个体在面临突发的、出乎意料的紧张或危险情境时产生的适应性情绪状态。这种状态会改变生理激活水平，引发肌肉紧张、心率加快、呼吸急促、血压升高等反应。人在应激时一般会出现两种极端的外在表现：一种是抑制型反应，表现为精神呆滞、手足无措，甚至行动受阻；另一种则是激活性反应，表现为瞳孔放大、精神极度活跃、思维敏捷、反应迅速、判断精准。当人们长期处于应激状态时，会对人的身心健康造成损害，导致适应性疾病的发生，例如创伤后应激障碍就是一种典型的由应激反应所造成的伤害。创伤后应激障碍由突发性灾难事件或自然灾害等引发的强烈的精神应激引起，可引发患者的创伤再体验、警觉性增高及回避或麻木等症状，常见于自然灾害受灾者等经历过高风险的人群。

4. **挫折**

挫折是当个体在实现预定目标的过程中遭遇阻碍或干扰时产生的一种复合情绪体验。在旅游情境中，挫折感十分常见。理解挫折的来源及其对游客情绪和行为的影响，对于提升旅游服务质量和危机管理能力至关重要。

（二）按照情绪的性质划分

按照情绪的性质分类，可以分为快乐、愤怒、恐惧、悲哀和喜爱五种类型。

1. **快乐**

快乐是旅游者在达成期待目标、解除心理紧张时产生的核心情绪，其强度随愿望满足程度递增。这类情绪常外化为微笑、欢呼、手舞足蹈等行为，并成为旅游记忆的核心锚点。旅游业常通过制造“惊喜时刻”（如免费升级房型等）强化快乐体验，形成口碑传播动力。

2. **愤怒**

愤怒源于旅游目标反复受阻或遭遇不合理对待，其强度从轻微不满到暴怒逐级累积。愤怒情绪常伴随高声争执、肢体冲突或网络差评，对旅游品牌声誉造成持续性伤害。及时道歉、实质性补偿是平息愤怒的关键。

3. **恐惧**

恐惧产生于游客面对陌生威胁时无力应对的失控感，在旅游中呈现多层次表现，如初次潜水者因呼吸器故障产生的窒息恐惧，表现为浑身颤抖、紧抓教练等。景区需明确警示危险区域，并配置多语言应急系统以缓解恐惧。

4. **悲哀**

悲哀是指所失去热爱的事物或者所盼望的东西幻灭时产生的情绪体验。悲哀的强度依存于失去事物的价值。此类情绪常引发哭泣、沉默或提前结束行程，部分游客会通过撰写纪念文字、捐赠修复基金等行为实现情感代偿。旅游业者需建立遗失物品追踪系统和灵活补偿方案，减轻悲哀的衍生伤害。

5. **喜爱**

喜爱表现为对旅游要素的深度好感与主动亲近，其对象多元且具持久影响力。这类情绪驱动重复消费和自发传播，形成目的地忠诚度。旅游业可设计“沉浸式体验”（如住民宿学茶道）深化情感联结，将短暂喜爱转化为长期归属感。

（三）按照情感的社会性质分类

情感是在人类社会历史发展过程中形成的高级社会性情感。人的情感多种多样，其中与人的社会性需要直接相关的主要包括道德感、理智感和美感。

1. **道德感**

道德感是关于人的举止、行为、意图、思想等是否符合社会道德行为标准和客观的社会价值而产生的情绪体验。在社会生活中，人们不断认识、理解、掌握道德规则，并把它内化成个人的道德需要，当体验到情感对象和道德需要间的关系时，才能逐步形成稳定的道德情感。

2. **理智感**

理智感是人在智力活动过程中所产生的情感。它是和人的认识活动、求知欲、认识兴趣的满足以及对真理的探求相联系的。在人认识世界的过程中，理智感的表现形式是多种多样的。

3. **美感**

美感是人对客观事物的美的体验。它是人根据自己的审美标准对外界事物作美的评价时而产生的一种肯定、满意、愉快、爱慕等的情感。美感由一定的对象引起，美感的对象包括自然界的事物和现象、社会生活和社会现象以及各种艺术活动和艺术品。美感是人对对象的一种主观感受，因而随个人需要、立场、观点不同以及客体和主体的关系不同，其体验也就不同。

三、情绪与情感理论：生成

1. **詹姆士-兰格的情绪学说**

詹姆士-兰格的情绪学说是有关情绪的生理机制方面的第一个学说，在心理学上很有名气。詹姆士（William James）是美国人，兰格（Carl Lange）是丹麦人，他们于19世纪80年代不约而同地提出了同一种关于情绪的生理机制的观点。由于这个“不约而同”，这一学说便以两人的名字命名。詹姆士和兰格所说的情绪的体验或情绪的意识只是一团混乱的肌肉感觉和内脏感觉，例如，詹姆士认为愤怒就是心跳的感觉、呼吸的感觉、血压的感觉及肌肉收缩的感觉。这一理论虽未完全解释情绪机制，但推动了后续研究。

我们一般认为人是先害怕后逃跑，詹姆士认为人是先逃跑后害怕；一般人认为人是先怒后斗，詹姆士则认为人是先斗后怒。他认为情绪的主观体验（即主观上感受到的那种心理状态）并非生理变化的原因，反而是生理变化的结果。詹姆士认为，通常的说法把这个因果关系颠倒了，这就是这个学说的要点所在。

兰格是医生，他的情绪理论与詹姆士的说法基本一致，不过兰格特别强调血液循环系统的变化，如心跳等。而詹姆士所说的生理变化则是全部内脏的变化加上肌肉的收缩，比如，眼睛看见老虎，耳闻虎啸，于是，老虎的形象和声音通过我们的眼睛和耳朵这两种感觉器官传到大脑皮层，使我们产生了对老虎的认识，即知道这是老虎，又联想到老虎是野兽、很厉害、可能会吃人，等等（詹姆士认为这时候人还没有情绪，只是认识），由大脑皮层的外导神经通路引起肌肉收缩（一般人见到老虎就逃跑或上树，这些都是肌肉收缩）；另外，还出现心跳和呼吸加快、肾上腺素分泌增加、唾液分泌减少等生理变化，这些变化通过内导神经通路传回大脑皮层，使人产生一种主观体验，这就是情绪。也就是说，由感觉器官到大脑皮层（如看见老虎，知道是老虎，联想到老虎可能吃人，等等），这只是认识，而由此引起的一系列生理变化通过内导神经再传回大脑皮层，这才有了情绪的体验或情绪的意识，这就是所谓的先跑后怕的具体过程。

总结起来，詹姆士-兰格的情绪学说主要有以下三个要点：

（1）情绪是对身体变化的知觉。詹姆士和兰格都认为，情绪并非由外界刺激直接引起，而是个体对身体内部生理变化的感知和解释，即当外界情绪刺激作用于感官时，首先引起身体的生理反应，如心跳加速、呼吸急促等，随后这些生理反应被大脑解释为特定的情绪体验。

（2）生理变化先于情绪体验。这一学说提出“先有生理反应，后有情绪体验”的观点，颠覆了传统观念中“先有情绪体验，后有生理反应”的看法。

（3）情绪体验的主观性。情绪的主观体验被视为对生理变化的知觉和解释，而非独立存在的心理状态。

2. 坎农-巴德的丘脑学说

坎农-巴德的丘脑学说，也被称为“丘脑情绪说”或坎农-巴德情绪理论，由美国生理学家沃尔特·坎农（Walter B. Cannon）在20世纪20年代至30年代提出，随后得到其弟子菲利普·巴德（Philip Bard）的支持和扩充。这一理论主要强调了丘脑在情绪产生中的核心作用。

坎农-巴德的丘脑学说认为，情绪是大脑皮层和自主神经系统共同激活的结果，即情绪体验和生理反应同时发生。具体来说，当外部刺激通过感受器进入神经系统后，神经冲动首先传至丘脑，丘脑对这些刺激进行加工，并将信息同时传送到大脑皮层及肌体的其他部分。其中，传送到大脑皮层的信息会引起情绪体验，而传送到内脏和骨骼肌的信息则激活生理反应。这一理论的核心在于丘脑在情绪产生中扮演着关键角色，它不仅负责处理外部刺激，还通过向大脑皮层和自主神经系统发送信号，使情绪的主观体验和生理反应能够同时发生。

坎农-巴德的丘脑学说揭示了情绪体验和生理反应的同时性，这意味着旅游消费者的情绪状态可能直接影响其决策过程，当旅游消费者制订旅游计划、选择旅游产品和目的地时，情绪作为一个重要的影响因素，被旅游企业和研究学者广泛关注。例如，一种积极的情绪体验可能促使消费者倾向选择具有冒险性或放松属性的旅游项目，而一种消极的情绪体验则可能使其更加谨慎或倾向选择熟悉的旅游目的地。

旅游中的刺激（如美丽的风景、舒适的住宿、优质的服务等）会通过丘脑加工并同时引发情绪体验和生理反应，这种情绪体验和生理反应将对消费者的满意度产生直接影响。因此，旅游企业和相关机构可以通过优化旅游产品和服务，以触发消费者的积极情绪反应，从而提升其满意度和忠诚度。这一研究主题在酒店服务机器人领域得到了广泛关注，以至于越来越多的研究者和产品开发者将注意力放在了服务机器人的“拟人化”层面上，探讨机器人的可爱程度是否会引起消费者的好感或反感。

坎农-巴德的丘脑学说强调情绪的主观性和个体差异，在个性化与定制服务，以及社交媒体与口碑传播过程中有其独特的解释力，这提示旅游企业应当更加关注消费者的个性化需求，通过提供定制化的旅游产品和服务来满足消费者独特的情绪体验需求。坎农-巴德的丘脑学说指出情绪体验的即时性和传播性，这意味着旅游消费者在社交媒体上分享的情绪体验（无论是积极的还是消极的）可能迅速传播并影响其他消费者的决策。因此，旅游企业应当重视社交媒体上的口碑传播效应，通过积极引导和鼓励消费者分享正面情绪体验来提升品牌的形象和知名度。

3. 情绪的认知理论

（1）阿诺德的评定—兴奋学说（认知评估）

阿诺德的评定—兴奋学说作为情绪认知理论的重要组成部分，由美国心理学家阿诺德（M. R. Arnold）在20世纪50年代提出。这一学说详细阐述了情绪产生的过程和机制，对情绪研究产生了深远影响。阿诺德接受了詹姆士与兰格的外周反馈观点，并在此基础上提出了评定—兴奋学说，认为情绪并非直接由刺激情景本身产生，而是经过了一个复杂的“刺激情景—评估—情绪”的过程。具体来说，情绪的产生取决于个体对刺激情景的评估结果，这一评估过程涉及个体的信仰、价值观和经验等因素。

评定—兴奋学说认为情绪产生的具体过程主要分为以下五个阶段。

第一阶段是刺激情景的接收阶段。外界刺激首先作用于个体的感受器，如眼睛、耳朵等，产生神经冲动。第二阶段是神经冲动的传导阶段。这些神经冲动通过内导神经上传至丘脑，在丘脑处进行初步的加工，再传送到大脑皮层。第三阶段是刺激情景评估阶段。在大脑皮层上，刺激情景得到详细评估，形成一种特殊的态度或情感倾向。这种评估过程基于个体的信仰、价值观和经验进行，因此不同的个体对同一刺激情景的评估结果可能不同。第四阶段是生理反应的激活阶段。在这一阶段，评估结果通过外导神经将皮层的冲动传至丘脑的交感神经，进而将兴奋发送到血管和内脏等生理部位，产生相应的生理变化。这些生理变化包括心跳加快、呼吸急促、出汗等，是情绪体验的重要组成部分。第五阶段是情绪体验的形成阶段。从外周传来的反馈信息在大脑皮层中被进一步评估和整合，使纯粹的认识经验转化为被感受到的情绪。这一过程不仅涉及生理反应的反馈，还包括个体对情绪体验的认知和解释。

根据阿诺德的评定—兴奋学说，可以对情绪进行性质层面的分类，情绪的性质取决于个体对刺激情景的评估结果。如果评估结果为“有利”，则会引起肯定的情绪体验，如高兴、愉快等；如果评估结果为“有害”，则会引起否定的情绪体验，如恐惧、愤怒等。此外，如果评估结果为“无关”，则个体可能对刺激情景予以忽视，不产生明显的情绪反应。

阿诺德的评定—兴奋学说为情绪研究提供了新的视角和方法论。它强调了评估在情绪产生中的重要作用，揭示了情绪产生的内部机制和生理基础。同时，该学说也为情绪管理、心理咨询等实践领域提供了理论依据和指导。在教育、企业管理等领域中，了解和应用该学说有助于更好地理解个体情绪的产生和变化过程，从而采取更加有效的措施来调控和管理情绪。

综上所述，阿诺德的评定—兴奋学说是情绪认知理论中的重要学说之一，它详细阐述了情绪产生的过程和机制，对情绪研究和实践应用产生了深远影响。

（2）拉扎勒斯的认知—评价理论

理查德·拉扎勒斯（Richard Lazarus）是情绪认知理论的集大成者，他提出的认知—评价理论在情绪心理学领域具有重要地位。该理论主张情绪的产生是人与环境相互作用的产物，强调在情绪活动中，人不仅接受环境中的刺激事件的影响，还要调节自己对这些刺激的反应。这种调节过程必须有认知活动的指导，使人们能够理解刺激事件的意义，并据此选择适当的反应。拉扎勒斯认为，情绪是个体对环境事件知觉到有害或有益的反应。在情绪活动中，人们需要不断评价刺激事件与自身的关系，这一评价过程分为三个层次：初评价、次评价和再评价。

①初评价（Primary Appraisal）。初评价是指人确认刺激事件与自己是否有利害关系，以及这种关系的程度。这种评价随时随地都在发生，是人对环境刺激进行初步筛选和判断的过程。

②次评价（Secondary Appraisal）。次评价涉及人对自己反应行为的调节和控制，即能否控制刺激事件及控制的程度。这一过程更多是一种控制判断，帮助个体评估自身的应对能力和策略。

③再评价（Reappraisal）。再评价是指人对自己的情绪和行为反应的有效性和适宜性的评价，实际上是一种反馈性行为。再评价不仅关注刺激事件本身，还关注个体自身的情绪反应和应对行为是否得当。

拉扎勒斯认知—评价理论的核心观点在于情绪是认知评价的功能或结果，即认知先于情绪出现，情绪的产生与个体的认知评价紧密相关。情绪的产生不仅是对环境刺激的简单反应，还是经过个体认知加工和评估后的复杂反应。

通过认知—评价理论的三个层次，可以帮助我们解释旅游消费者的决策过程。

①旅游决策过程中的认知评价。在旅游消费决策过程中，旅游者会不断对旅游信息进行收集、加工和评价。这些信息包括旅游目的地的吸引力、交通方式、住宿条件、费用预算等。旅游者会根据自身的需求和偏好，对这些信息进行初评价，判断其是否与自己的旅游目标相匹配。随后，旅游者会进行次评价，考虑自身的经济状况、时间安排、身体状况等因素，评估自己是否有能力实现这一旅游计划。最后，旅游者会进行再评价，反思自己的决策是否合理、是否有可能出现意外情况，以及如何应对。

②旅游体验中的情绪反应。在旅游过程中，旅游者会不断遇到新的刺激事件，如美丽的风景、有趣的活动、不愉快的遭遇等。这些刺激事件会引发旅游者的情绪反应，而这些反应又受到旅游者认知评价的影响。例如，当旅游者遇到令人愉悦的景点时，他们会感到兴奋和满足；而当遇到服务不佳或意外情况时，他们可能感到沮丧和愤怒。这些情绪反应不仅可能影响旅游者的旅游体验，还可能影响他们对旅游目的地的整体评价和未来旅游决策。

③应对策略与情绪调节。在旅游过程中，旅游者会根据自身的认知评价，采取不同的应对策略来应对各种情况。例如，当遇到交通拥堵或天气变化等不利因素时，旅游者可能选择调整行程、寻求帮助等策略来应对。这些应对策略的选择和实施过程也受到旅游者情绪反应的影响。同时，旅游者还会通过再评价来反思自己的应对策略是否有效，以便在未来的旅游过程中做出更好的决策。

（3）沙赫特-辛格：激活归因情绪理论

20 世纪 60 年代，沙赫特（S. Schachter）和辛格（J. E. Singer）提出了激活归因情绪理论，也被称为情绪二因素理论或情绪归因理论。该理论主张情绪的产生并非仅仅由生理唤醒决定，而是由生理唤醒和对这一唤醒状态的认知解释共同作用的结果。他们认为，个体在经历生理变化时，会尝试解释这些变化的原因，并将它们归类为特定情绪。该理论体系的核心观点如下。

①生理唤醒与认知解释的结合。沙赫特和辛格认为，情绪的产生依赖两个因素：一是生理唤醒，如心跳加速、出汗等；二是对这种唤醒状态的认知解释，即个体如何理解这些生理变化。单独的生理唤醒不足以产生特定情绪，必须结合认知解释才能确定情绪的性质。

②认知解释的多样性。个体对同一生理唤醒状态可以做出不同归因，从而产生不

同的情绪体验。这种归因取决于个体对情境信息的获取和理解。

③情绪的二因素模型。该理论也被称为情绪二因素理论，因为它强调了生理唤醒和认知解释在情绪产生中的共同作用。两者缺一不可，共同决定了情绪的性质和强度。

在旅游过程中，消费者可能经历各种生理唤醒状态，如兴奋、紧张、疲惫等。这些生理唤醒状态本身并不足以产生特定的情绪体验，而是需要消费者结合旅游情境进行认知解释。例如，在游览壮丽风景时的心跳加速可能被解释为兴奋和愉悦；而在遭遇交通拥堵时的紧张则可能被解释为焦虑或不耐烦。

在旅游决策过程中，消费者会收集各种信息来评估旅游产品的价值和风险。这些信息包括旅游目的地的吸引力、价格、服务质量等。消费者会根据自身的认知框架对这些信息进行解释和归因，从而形成对旅游产品的整体评价和决策。例如，对于价格较高的旅游产品，消费者可能将其归因为高品质和独特体验的象征；而对于服务质量的负面评价，则可能引发消费者的不满和投诉。

根据激活归因情绪理论，情绪在旅游决策和体验中起着重要作用。积极的情绪体验可以增强消费者的满意度和忠诚度，促进旅游目的地的口碑传播，增强消费者的重游意愿；而消极的情绪体验则可能导致消费者的不满和投诉，甚至影响整个旅游行业的声誉。因此，旅游企业和从业人员需要关注消费者的情绪变化，通过提供优质的旅游产品和服务来激发积极情绪，减少消极情绪的产生。

4. 集体情感理论

（1）柯林斯：互动仪式链理论

互动仪式链理论由美国著名社会学家兰德尔·柯林斯（Randall Collins）提出，该理论主要探讨的是人们在互动过程中如何通过共同的情感体验和关注焦点来形成社会团结、产生情感能量及构建符号意义。柯林斯认为，互动仪式是人们日常生活中最基本的活动之一，是社会结构的基础，而互动仪式链则是由这些互动仪式所构成的链状结构，它连接了微观的互动行为与宏观的社会结构。

互动仪式的核心机制包括高度的相互关注、情感连带及共享的情感体验。当两个或两个以上的人聚集在同一场所，通过身体在场相互影响，对局外人设定界限，将注意力集中在共同的对象或活动上，并分享共同的情绪或情感体验时，便形成了一种互动仪式。这种仪式不仅促进了群体内部的团结，还激发了参与者的情感能量，使他们更有信心、热情和愿望去从事他们认为道德上容许的活动。

互动仪式链理论可以解释旅游者的群体归属感是如何形成的。在旅游活动中，游客往往以群体为单位进行互动，如家庭游、朋友游或跟团游等。根据互动仪式链理论，这些群体在旅游过程中通过共同参与活动、分享体验，形成了高度的相互关注和情感连带。这种共同的经历和情感体验增强了旅游者的群体归属感，使他们更加认同自己所属的旅游群体，进而产生更强烈的旅游意愿和忠诚度。

旅游是一种情感密集型的活动，旅游者在旅游过程中会经历各种情绪体验，如兴奋、愉悦、满足等。根据互动仪式链理论，这些情感体验通过互动仪式得到强化和传递，形成了情感能量的流动。当旅游者在旅游过程中获得积极的情感体验时，他们会更加积极地投入旅游活动，产生更多的探索欲望和消费行为。这种激发或引导游客积极情感产生的过程即激发旅游者情感能量的过程。

同时，互动仪式链理论还可以解释游客如何通过旅游来构建自己的旅游符号意义。旅游活动往往伴随特定的符号和象征意义，如旅游目的地的标志性建筑、文化习俗、美食等。这些符号在互动仪式中得到了强化和传承，形成了代表旅游群体的象征性标志。根据互动仪式链理论，这些符号不仅代表了旅游者的身份和归属感，还激发了他们的文化认同和自豪感，从而进一步促进了旅游消费行为的产生，并在这个过程中影响旅游者的行为意向。旅游者的行为意向是指他们未来可能采取的旅游行动或决策。根据互动仪式链理论，旅游者在旅游过程中的互动仪式会影响他们的行为意向。例如，通过参与旅游团的活动、与导游和其他游客的互动，旅游者会获得关于旅游目的地的信息、感受和体验，这些都会对他们的未来旅游决策产生影响。同时，旅游者在互动仪式中形成的情感能量和群体归属感也会促使他们更加积极地推荐和分享旅游体验，从而吸引更多潜在的旅游者。

（2）巴赫金：狂欢理论

巴赫金的狂欢理论由著名文艺学家、理论家米哈伊尔·巴赫金（Mikhail Bakhtin）在其著作中提出。这一理论主要探讨了中世纪和文艺复兴时期狂欢节的文化现象，并从中提炼出一系列关于狂欢节、狂欢式和狂欢化的核心范畴。

巴赫金的狂欢理论强调全民性、仪式性、平等性和颠覆性。其中，全民性是指狂欢节是全民性的一种演出，没有表演者和观赏者之分；仪式性体现在狂欢节作为一种充满喜庆气氛的节日庆典，有着特定的仪式；平等性体现在狂欢节期间，人们暂时摆脱现实生活中的等级束缚，实现了一种平等的对话和交流；颠覆性则在于狂欢节期间的生活是脱离了常规的“第二种生活”，许多现实生活中的规矩和秩序被暂时性地“悬置”。

巴赫金狂欢理论与旅游消费者行为之间主要存在以下四个方面的联系。

①促进旅游消费者的情感释放与情感共鸣。在旅游过程中，旅游者往往希望摆脱日常生活的压力和束缚，寻找一种放松和愉悦的体验。巴赫金的狂欢理论为这种需求提供了理论支持。旅游中的某些活动，如音乐节、狂欢节等，正是通过营造一种狂欢的氛围，让旅游者能够暂时忘却烦恼，尽情释放情感。这种情感的释放不仅有助于旅游者缓解压力，还能促进他们之间的情感共鸣，增强旅游体验的深度和广度。

②强化旅游消费者的群体归属感和身份认同。在狂欢节中，人们通过共同的庆祝活动和仪式，形成了一种强烈的群体归属感和身份认同。同样，在旅游过程中，旅游者通过参与各种集体活动，如团队游戏、共同观赏演出等，也能产生类似感受。这种群体归属感和身份认同不仅有助于旅游者之间建立更紧密的联系，还能增强他们对旅

游目的地的认同感和忠诚度。

③激发旅游消费者的探索欲望和消费行为。巴赫金的狂欢理论强调狂欢节的颠覆性和未完成性，这种特性在旅游中同样具有吸引力。旅游者往往对未知的事物充满好奇和探索的欲望，而旅游目的地的狂欢节等活动正是通过提供新奇、独特的体验来满足这种需求。同时，狂欢节期间的各种消费活动，如购买特色商品、品尝当地美食等，也能激发旅游者的消费欲望，促进旅游经济的发展。

④提升旅游目的地的文化吸引力和品牌形象。狂欢节等具有狂欢性质的活动往往具有浓厚的文化特色和地域特色，这些特色正是旅游目的地吸引游客的重要因素之一。通过举办狂欢节等活动，旅游目的地可以展示自己的文化魅力和品牌形象，吸引更多游客前来体验。同时，这些活动还能促进当地文化的传承和发展，为旅游目的地的可持续发展提供有力支持。

第二节　旅游情感应用与情感营销

一、旅游消费者情绪和情感的影响因素

（一）旅游消费者的需要与动机

旅游消费者情绪和情感的首要影响因素是旅游消费者的需要是否得到满足。由于需要是情绪和情感产生的重要基础，旅游消费者的需要是否获得满足决定着旅游消费者的情绪和情感的性质是积极的还是消极的。旅游消费者的需要是多样化的，包括生理需要（如休息放松等）、安全需要（如旅行安全等）、社交需要（如与亲友共度时光等）、尊重需要（如通过旅游提升自我形象等）及自我实现需要（如追求个人成长和体验等）。

这些需要的满足程度直接影响旅游消费者的情绪状态。当旅游消费者的需要得到满足时，他们往往会感到愉悦、满足和幸福；反之，若旅游消费者的需要未得到满足，他们则可能产生不满、失望和沮丧等负面情绪。此外，旅游消费者的动机也是推动其旅游行为的重要因素，如探索未知、寻求刺激、逃避现实等动机，这些动机的强度和实现程度同样会影响旅游消费者的情绪和情感。

（二）旅游消费者的认知

旅游消费者的认知对其情绪和情感有着深远影响。在旅游过程中，旅游消费者通过视觉、听觉、嗅觉、味觉和触觉等多种感官接收外部信息，形成对旅游目的地的整体印象和感受。这些认知信息经过大脑的加工和处理，转化为旅游消费者的情绪和情感。例如，美丽的自然风光、独特的文化体验、优质的服务质量等都会激发旅游消费

者的积极情绪；而环境脏乱、服务差劣等则可能引发旅游消费者的不满和抱怨。此外，旅游消费者的认知还受其个人经验、文化背景、价值观念等因素的影响，这些因素会进一步塑造旅游消费者的情绪和情感。

（三）旅游消费者的归因方式

旅游消费者的归因方式也是影响其情绪和情感的重要因素。归因方式是指个体对事件发生原因的解释和推断方式。在旅游过程中，旅游消费者可能遇到各种积极或消极的事件，如天气突变、行程延误、景点关闭等。这些事件发生后，旅游消费者会根据自己的归因方式，对事件的原因进行解释和推断。如果旅游消费者倾向将积极事件归因于内部因素（如自己的努力和选择），将消极事件归因于外部因素（如不可控的天气和交通状况），那么他们更可能保持积极、乐观的情绪；反之，如果旅游消费者将积极事件归因于外部因素，将消极事件归因于内部因素，那么他们可能感到沮丧和自责。因此，旅游消费者的归因方式对其情绪和情感具有重要的调节作用。

二、旅游情感的激发步骤

（一）分类探讨

旅游情感的激发大致可以分为需求识别、决策与规划、实践体验与情感共鸣、记忆形成与巩固共四个步骤。

1. 需求识别

这是旅游者在旅游前的信息收集与兴趣激发的过程。在决定出行前，旅游消费者通常会通过互联网、社交媒体、旅游指南等多种渠道收集目的地的信息。在这一过程中，精美的图片、生动的描述、有趣的旅游故事等都能激发旅游消费者的兴趣和好奇心，为后续的旅游决策打下基础。

2. 决策与规划

这是旅游消费者对需求识别的后续行为，是为了满足自身需求，将所收集到的信息进行整合筛选，最终做出选择的阶段。在对多个目的地（信息源）进行比较后，旅游消费者会根据自己的兴趣、时间、预算等因素做出决策。决策后，旅游者就会开始规划行程，包括选择交通方式、预订住宿、制定游览路线等。在这一过程中，旅游消费者对即将到来的旅行充满期待，这种期待本身就是一种积极的情感状态。

3. 实践体验与情感共鸣

这是旅游消费者进行的决策实践过程，即进入真实的旅游活动实践过程中，参与当地的文化与活动体验。当旅游消费者到达目的地后，通过亲身体验目的地的自然风光、人文景观、文化氛围等，会进一步加深与目的地的情感联系。特别是当旅游消费者遇到一些触动人心的场景或事件时，如壮丽的自然景观、感人的文化表演、友善的当地居民等，都能引发强烈的情感共鸣，使旅游消费者的情感体验达到高潮。

4. 记忆形成与巩固

这也可以称为旅游消费者在旅游后对整个旅游过程的反思与情感的延续阶段。这一阶段通常发生在旅游结束后，旅游消费者会带着满满的回忆返回家园。他们会反思这次旅行的经历，回味那些美好的瞬间和深刻的情感体验。这些回忆和情感不仅丰富了旅游消费者的内心世界，还可能成为他们日后与他人分享的话题和谈资。同时，这些情感也会以一种特殊方式延续下去，影响着旅游消费者的生活方式和价值观。

（二）生理机制

旅游情感激发的生理机制是一个涉及神经科学、心理学和生理学等多个领域的复杂过程。虽然直接针对“旅游情感激发”的生理机制的高权威性详细研究可能较为有限，但可以从更广泛的角度结合旅行中的情感体验和生理反应来探讨其背后的生理机制。

1. 神经递质与激素的作用

首先是多巴胺。多巴胺是一种与愉悦、满足感和奖赏机制密切相关的神经递质。在旅行中，当旅游消费者遇到令人兴奋或满足的情境时（如美丽的风景、文化体验等），大脑中的多巴胺水平可能上升，从而产生积极的情感体验。

其次是内啡肽。内啡肽是另一种能够引发愉悦感和放松感的神经递质。在旅行过程中，身体活动和新鲜环境的刺激可能促使内啡肽的释放，帮助旅游消费者缓解压力，改善心情。

最后是血清素。血清素与情绪稳定、幸福感和社交联系有关。在旅行中，与他人的互动、社交活动的增加，以及对新环境的探索都可能促进血清素的分泌，进而提升旅游消费者的情感状态。

2. 旅游实践中的情感激发机制

在旅游实践中，我们很难对这些生物学指标进行实时的追踪和分析，所以，在旅游消费者行为的研究中，研究者常常通过人的感官进行分析，从而解析出旅游情感的激发机制。

在旅游消费者行为中，感官刺激与情感反应紧密相连，共同塑造着旅游体验的深度与丰富性。我们从视觉、听觉、嗅觉、味觉和触觉五种感官系统出发，简要梳理一下旅游消费者的感官系统与情绪情感之间的联系，具体如下。

（1）视觉系统。在旅游过程中，视觉刺激是最直接、最强烈的感官体验之一。旅游消费者通过眼睛捕捉到的美景、建筑、人文景观等视觉元素能够迅速激发其内心的情感反应，壮丽的山川湖海、独特的建筑风格、丰富的色彩搭配等视觉刺激不仅让旅游者感受到美的享受，还能引发其对旅游目的地的兴趣与好奇，进而促进旅游消费行为的产生。

（2）听觉系统。听觉刺激在旅游中同样扮演着重要角色。旅游消费者通过耳朵接收到的声音信息，如自然声（海浪声、鸟鸣声）、音乐及人声等，能够营造出独特的旅游氛围，并引发相应的情感反应。例如，轻柔的音乐可以带来宁静与放松，而当地的传统音乐则能让旅游者更深入地了解当地文化，增强旅游体验的深度与广度。

（3）嗅觉系统。嗅觉刺激在旅游中往往被忽视，但它对情感反应的影响不可忽视。旅游消费者通过鼻子接收到的气味信息，如花香、食物香等，能够直接触动其情感神经。熟悉或独特的气味能够唤起旅游消费者的记忆与情感共鸣，使其对旅游目的地产生更加深刻的印象与情感连接。

（4）味觉系统。在旅游中，品尝当地美食是不可或缺的一部分。味觉刺激通过舌头上的味蕾接收到的食物味道信息能够直接满足旅游消费者的口腹之欲，并引发其愉悦与满足的情感反应。同时，美食也是了解当地文化的重要途径之一，通过品尝不同地域的美食，旅游消费者能够更深入地了解当地的风土人情与饮食习惯。

（5）触觉系统。触觉刺激在旅游中同样重要。旅游消费者通过皮肤接收到的接触信息，如温度、湿度、触感等，能够带来直接的身体感受与情感反应。例如，在海滩上感受细软的沙粒、在温泉中享受温暖的水流等触觉刺激都能让旅游消费者感受到身心的放松与愉悦。此外，触摸当地的手工艺品或历史遗迹等也能让旅游消费者更加亲近当地文化，增强旅游体验的真实感与互动性。

（三）情感唤醒

情感唤醒指的是旅游消费者在旅游过程中，由于外部环境的刺激和内部心理需求的共同作用，而产生的强烈情感反应。这种反应可能表现为兴奋、愉悦、平静、怀旧、感动等多种情绪状态，是旅游体验的重要组成部分。

在旅游活动的过程中，由于与旅游环境、文化、人群等多重因素的互动，旅游消费者的内心深处被激发出一系列情感反应和体验。这种唤醒不仅是表面上的情绪波动，还是深刻触及旅游消费者内在的情感世界，包括但不限于愉悦、兴奋、宁静、感动、怀旧、敬畏、放松等多种复杂的情感状态。旅游消费者情感唤醒的过程是一个动态且多维度的心理过程，它涉及旅游消费者对旅游目的地的感知、理解、评价和反应等多个环节。在这个过程中，旅游消费者通过视觉、听觉、嗅觉、味觉、触觉等多种感官渠道接收来自旅游环境的刺激，这些刺激经过大脑的加工处理，与旅游消费者的个人经历、文化背景、心理需求等因素相互作用，最终引发一系列独特的情感反应。旅游消费者情感唤醒的强度和深度也受到多种因素的影响，如旅游目的地的吸引力、旅游活动的质量、旅游者的个人特质和心理状态等。一种成功的旅游体验往往能够深刻唤醒旅游消费者的情感，使其对旅游目的地产生强烈的认同感和归属感，进而形成持久的记忆和深刻的情感连接。这种情感连接不仅有助于提升旅游消费者的满意度，还能够促进旅游目的地的口碑传播和形象塑造。

因此，对于旅游行业而言，了解和掌握旅游消费者情感唤醒的机制和规律具有重要意义。旅游从业者可以通过设计更具吸引力的旅游产品、提供更高质量的旅游服务、营造更加和谐的旅游氛围等方式，来激发旅游消费者的情感共鸣和积极反应，从而提升旅游体验的整体质量和效果。

三、旅游情感营销

在熟知情绪情感的定义、特征和类型，以及旅游消费者情绪情感的激发方式的基础上，旅游目的地和旅游企业的营销与服务人员可以开展有针对性的活动，以便更好地激发、调控旅游消费者的情绪和情感。从市场营销的角度来讲，基于旅游消费者情绪情感的营销策略就是我们常说的旅游情感营销。从旅游服务的角度来讲，基于旅游消费者情绪情感的服务策略主要有调控旅游消费者消极的情绪情感和激发旅游消费者积极的情绪情感两种。需要明确的是，情感营销策略与旅游消费者情绪情感的调控及激发策略一脉相承、互相促进。

（一）情感营销与情绪价值

情感营销指的是把旅游消费者个人情感差异和需求作为旅游企业、旅游目的地品牌营销战略的核心，借助情感包装、情感促销、情感广告、情感口碑、情感设计等策略来实现旅游企业、旅游目的地目标。在体验经济时代，旅游消费者购买的产品不再执着于物质商品的购买，当下，旅游消费者倾向购买有情感、有回忆、有意义的符号化商品，通过这种符号化的消费，来获取一种感情上的满足，或者购买一种心理上、身份上的认同。情感营销从旅游消费者的情感需要出发，唤起和激起消费者的情感需求，引起消费者心灵上的共鸣，有情感的营销、有情感的消费成为当下旅游市场的新机遇，也是旅游企业面临的新的市场竞争。

情绪价值则是情感营销产品所必须具备的核心价值。情绪价值是指旅游者在目的地互动中，基于自身认知解释系统对体验进行情感赋义所形成的心理效用。其本质是游客将生理唤醒（如心跳加速）与文化符号（如历史遗迹）、服务情境（如酒店欢迎礼）等线索关联后生成的主观意义，表现为从短暂愉悦到精神升华的连续情感谱系，并能转化为目的地忠诚度或分享行为等消费结果。具体来说，情绪价值包括两个方面：一是情感收益，是指旅游消费者在购买旅游产品、使用旅游服务或参与旅游活动过程中所获得的正面情绪体验，如愉悦、满足、安心、自豪等，这些积极情绪能够提升旅游消费者的满意度和忠诚度；二是情感成本，是指旅游消费者在旅游过程中可能承受的负面情绪体验，如失望、焦虑、困扰、不满等，低的情感成本意味着旅游消费者能够轻松获得积极的情感体验，从而增加其对旅游产品或服务的整体评价。

（二）旅游中的情感营销策略

从营销的角度来看，做好旅游目的地的情感营销主要有如下三种策略。

1. 以旅游消费者的情感为主要诉求，注重旅游产品的情感属性开发

旅游产品具有无形性、生产和消费同步性的特点。这就决定了情感营销在旅游目的地、旅游企业的整个营销过程中占有举足轻重的地位。正面的情感能促进旅游产品的销售，提升游客满意度，从而带来良好的口碑效应，有利于培养旅游者的忠诚度，以及树立目的地形象、企业形象。旅游产品本身没有思想和情感，如何以情动人，发挥情感的影响力、心灵的感召力，使旅游消费者在购买产品、消费产品过程中，得到正面的情感满足并形成情感共鸣。对此，应从旅游消费者的心理需求角度出发，进行深层次的产品设计，也就是产品概念的设计，对潜在的消费需求和消费心理的迎合和挖掘，以旅游消费者的心理特征、生活方式、生活态度和行为模式为基础，去设计符合旅游消费者的精神和心理需求的旅游产品，重视产品所体现的品位、形象、情感和情调的塑造，营造符合目标旅游者需要的求新、求异、求知等心理属性，提供情感体验舞台，将潜在的需求转化为实在的消费行为。

2. 激发旅游消费者的潜在情感，体现互动性与参与性

旅游是一种情感体验，旅游是旅游者与景区、产品的互动。在快节奏的生活压力下，人性中的很多需求往往被压制，对旅游消费者而言，旅游是一个寻求释放的过程和体验。旅游目的地可以利用旅游消费者的这种心理特点，充分发挥“编剧”角色的作用，引导旅游消费者主动参与旅游活动，尽情表演，成为旅游活动的主角。曾经的“开心农场”为什么如此受欢迎？因为它给网友提供了一种全新的角色体验，给他们提供了参与的机会，所以，即使是种菜、偷菜这种简单的体验，也会令网友跃跃欲试。北京、上海、广州等大城市郊区的一些生态农场还将网络“开心农场”搬到线下，从而使旅游消费者获得了丰富的情感体验，大大提高了旅游消费者的重游率。

3. 挖掘旅游产品的魅力，迎合旅游消费者的审美情趣

体验旅游是观光旅游的深层次发展，强调以人们感受外界事物的五种感官——眼、耳、鼻、舌、身为主要体验渠道，而这五种感官的综合体验离不开“美”的基础，按照美的规律去开发旅游资源，建设和利用旅游景观，配以美的主题，提供美的服务，增加美的魅力，以迎合旅游消费者的审美情趣，引发旅游消费者的购买兴趣并增加产品的附加值，使旅游消费者在旅游中获得美的享受，留下美好的体验。旅游体验就是一种特定的心理体验活动，它是在一个特定旅游地游览参观所形成的，带有浓厚的旅游者个人情感色彩。这就让旅游企业很难把握旅游消费者的需求，很难用固定标准来衡量服务质量的高低，在这种情况下，尊重旅游消费者的情感，为他们提供人情化、个性化的服务就显得非常重要。

复习与实践

一、判断题

1. 情绪是个体对客观事物是否符合自身需要、愿望或观点所产生的即时反应。 ( )

2. 情感是个体对客观事物是否满足自身需要而产生的持久性态度体验，通常不涉及道德感、价值感等方面。 ( )

3. 情绪通常具有即时性、短暂性和易变性，而情感则侧重长期性和稳定性。 ( )

4. 情绪与情感在表现方式上完全相同，都通过面部表情、肢体语言等方式直接表达出来。 ( )

5. 在旅游过程中，游客的情绪与情感相互独立，互不影响。 ( )

6. 心境是一种强烈、激动而短暂的情绪状态。 ( )

7. 激情通常由特定对象引起，指向性较为明显，且一般会有明显的外部表现。 ( )

8. 应激状态是个体对出乎意料的紧张与危险情境的一种适应性反应，通常不会对身心健康造成损害。 ( )

9. 创伤后应激障碍是一种由突发性灾难事件或自然灾害等强烈的精神应激引起的伤害，患者通常会出现创伤再体验、警觉性增高及回避或麻木等症状。 ( )

10. 旅游消费者的情绪与情感对其旅游行为没有重要影响。 ( )

二、单项选择题

1. 旅游情感的激发步骤中，( ) 阶段是旅游消费者在旅游前的信息收集与兴趣激发的过程。

A. 实践体验与情感共鸣　　B. 需求识别

C. 决策与规划　　D. 记忆形成与巩固

2. 旅游决策与规划阶段，旅游消费者主要 ( )。

A. 收集旅游目的地的信息　　B. 对多个目的地进行比较后做出选择

C. 亲身参与当地的文化活动　　D. 反思旅游经历

3. 下列 ( ) 神经递质与愉悦、满足感和奖赏机制密切相关。

A. 内啡肽　　B. 血清素

C. 多巴胺　　D. 肾上腺素

4. 在旅游过程中，( ) 能够直接触动旅游消费者的情感神经，唤起其记忆与情感共鸣。

A. 视觉系统　　B. 听觉系统

C. 嗅觉系统　　D. 味觉系统

5. 旅游消费者情感唤醒的过程中，（　　）对其强度和深度有重要影响。

A. 旅游目的地的天气

B. 旅游消费者的个人特质和心理状态

C. 旅游目的地的海拔高度

D. 旅游消费者的饮食习惯

6. 旅游情感营销的核心是（　　）。

A. 旅游产品的价格　　B. 旅游消费者的情感差异和需求

C. 旅游目的地的知名度　　D. 旅游企业的营销策略

7. 根据旅游消费场景中情绪价值的定义，下列表述正确的是（　　）。

A. 情绪价值仅由情感收益构成，即旅游者在体验中获得的愉悦、自豪等积极情绪

B. 情感成本指旅游者为获得积极情绪而付出的经济代价，如高昂的门票费用

C. 情绪价值的本质是生理唤醒（如心跳加速）直接引发的本能反应，与文化认知无关

D. 情绪价值是情感收益（正面体验）与情感成本（负面体验）共同构成的复合心理效用

8. 旅游目的地在进行情感营销时，应（　　）。

A. 只注重产品的物质属性

B. 迎合和挖掘旅游消费者的潜在消费需求和心理

C. 只提供标准化的旅游产品

D. 忽视旅游消费者的情感需求

三、多项选择题

1. 情绪的定义包括（　　）。

A. 主观的体验成分　　B. 身体的变化

C. 情绪行为的表达　　D. 对外界刺激物的认知评价

E. 长期的情感积累

2. 情感与情绪相比，具有（　　）特点。

A. 即时性　　B. 长期性

C. 稳定性　　D. 短暂性

E. 深刻性

3. 在旅游过程中，（　　）因素可能导致游客的情绪起伏不定。

A. 天气变化　　B. 行程安排

C. 服务质量　　D. 游客的价值观

E. 旅游目的地的自然风光

4. 情绪与情感之间的区别主要体现在（　　）方面。

A. 性质　　B. 稳定性

C. 表现方式　　D. 影响因素

E. 影响深度

5. 情感对情绪的影响主要体现在（　　）方面。

A. 提供基本的情绪色调和方向

B. 决定情绪的即时反应

C. 通过情绪的具体表现来体现和认知

D. 激发即时的情绪反应

E. 累积并影响整体情感评价

6. 以下（　　）属于情绪的类型。

A. 心境　　B. 激情

C. 应激　　D. 挫折

E. 情感

7. 心境的特点包括（　　）。

A. 强烈而短暂　　B. 微弱而平静

C. 持续时间较长　　D. 由当前情绪诱发

E. 弥散性

8. 激情的特点有（　　）。

A. 激动性和冲动性　　B. 发作短促，易消失

C. 由特定对象引起　　D. 有明显的外部表现

E. 长期且稳定

9. 应激状态可能引发的外在表现有（　　）。

A. 精神呆滞，手足无措　　B. 瞳孔放大，精神极度活跃

C. 思维敏捷，判断快速精准　　D. 肌肉紧张，心率加快

E. 创伤再体验，警觉性增高

10. 以下（　　）因素可能影响旅游消费者的情绪与情感。

A. 旅游目的地的自然风光　　B. 旅游产品的服务质量

C. 游客的价值观和生活经验　　D. 旅游过程中的社交互动

E. 游客的生理健康状况

四、简答题

1. 简述詹姆士-兰格的情绪学说的主要观点。

2. 简述坎农-巴德的丘脑学说如何解释情绪的产生，并举例说明其在旅游消费中的应用。

3. 简述拉扎勒斯的认知—评价理论及其三个评价层次。

4. 如何利用拉扎勒斯的认知—评价理论解释旅游消费者的决策过程?

5. 简述旅游消费者情绪和情感的主要影响因素，并说明这些因素如何影响旅游消费者的情绪状态。

五、案例分析

某旅行社组织了一次为期一周的海岛度假游。在旅游前，游客李先生充满了期待，他希望通过这次旅游放松身心，享受美丽的自然风光，并与家人共度美好时光。然而，在旅游过程中，李先生遇到了一系列不如意的事情。首先，由于天气原因，原定的海滩活动被取消，这让李先生感到有些失望。其次，在住宿方面，李先生发现房间设施陈旧，且卫生状况不佳，这与他之前通过旅行社了解到的信息大相径庭。此外，在餐饮方面，李先生认为提供的餐食口味一般，且种类不够丰富，无法满足他的饮食需求。这一系列问题让李先生的情绪逐渐低落，他对这次旅行感到不满和沮丧。

问题:

1. 请结合上述案例，分析李先生在旅游过程中情绪变化的原因，并基于旅游消费者情绪和情感影响因素的理论，提出旅行社应如何改进服务以提升游客满意度。

2. 基于旅游消费者情绪和情感影响因素的理论，旅行社应如何改进服务以提升游客满意度?

六、实训题

阅读章首案例《红色旅游中的历史记忆与现代体验》(王先生的延安之行)，结合本章知识点完成以下任务:

任务 1：情感驱动分析

(1) 王先生在旅程中经历了哪些典型情绪与情感? 请通过小组讨论、查阅文献等方式，举例说明其差异，并以思维导图的方式罗列出情绪与情感的对应关系。

(2) 用“詹姆士-兰格理论”或“认知评价理论”分析他参观革命旧址时“情感冲击”的产生机制。并试图绘制机制影响图，以便可以直观反映影响机制的路径。

任务 2：情感激发设计

若你负责延安某红色景区的体验优化，请基于“感官刺激”(视觉、听觉、触觉等) 设计三项增强游客情感共鸣的具体措施，并说明理论依据 (参考“旅游情感激发步骤”)。在设计具体措施时，可以借用现实旅游案例进行示例。

任务 3：情感营销方案

针对“Z 世代”游客 (18~25 岁)，设计一项红色旅游情感营销活动。要求:

(1) 活动主题需突出情感价值 (如归属感、使命感);

(2) 运用“互动仪式链理论”或“狂欢理论”增强群体情感联结;

(3) 说明如何通过社交媒体扩大情感传播。

第八章　态度与旅游消费

案例导入

在蔚蓝无垠的南太平洋上隐藏着一座被誉为“人间仙境”的梦幻海岛度假村。这座度假村以绝美的自然风光、奢华的住宿体验以及无微不至的个性化服务在旅游界迅速走红，成为无数旅游爱好者心中的梦幻之地。然而，一场突如其来的舆论风波却让这座曾经光芒四射的度假村陷入了前所未有的危机之中。

故事始于去年夏天，李小姐和家人通过网络预订了梦幻海岛度假村的一周假期。从踏上岛屿的那一刻起，他们就被这里的美景深深吸引。碧海蓝天、细软白沙、郁郁葱葱的热带雨林，还有那精心设计的别墅，每一处都透露着奢华与舒适。度假村的工作人员更是以他们的热情和专业，为李小姐一家提供了无微不至的服务，从定制餐饮到海滩活动，无一不让人满意。然而，就在假期的第四天，一场突如其来的台风打破了这份宁静。虽然度假村提前发布了预警并采取了相应的安全措施，但台风过后，度假村的供电系统受损严重，导致部分区域停电长达数小时。更让李小姐一家不满的是，由于备用发电机未能及时启动，在一段时间内，她们的别墅也陷入了黑暗之中。此外，由于供电中断，度假村的餐厅无法正常运营，游客们只能依靠有限的储备食物充饥。

李小姐在社交媒体上分享了这段不愉快的经历，并配上了停电期间拍摄的昏暗照片和视频。她的帖子迅速引起了人们的广泛关注，不少到访过梦幻海岛度假村的游客也纷纷留言并分享了自己在度假村遇到的各种问题，如服务态度下降、设施维护不善等。一时间，梦幻海岛度假村成为舆论的焦点，负面评价如潮水般涌来。

面对舆论的压力，梦幻海岛度假村迅速启动了危机公关。首先，度假村通过官方渠道发布了致歉声明，对游客们遇到的问题表示诚挚的歉意，并承诺将全力修复受损设施，提升服务质量。同时，度假村还邀请了第三方机构对度假村进行全面检查，确保类似问题不再发生。此外，度假村还针对李小姐等受影响的游客，采取了额外的补偿措施，如免费延长住宿时间、赠送高端旅游体验等，以表达诚意和决心。

思考:

1. 在梦幻海岛度假村的案例中，旅游者的认知是如何受到影响的？台风事件和随后的停电情况如何改变了他们对度假村的初步印象和判断？

2. 从李小姐的经历来看，旅游者的情感成分如何从积极转向消极？这种情感转变对旅游者的行为意向有何影响？

3. 在经历负面事件后，旅游者的行为意向会如何变化？他们是否会选择再次前往该度假村或将其推荐给他人？

4. 在应对舆论危机时，度假村的危机公关措施是否有效？它们如何影响旅游者的态度和行为意向？

5. 经历此次舆论风波后，旅游者对梦幻海岛度假村的态度将如何演变？这对度假村未来的经营和发展有何启示？

学习目标

一、学习目标

1. 掌握态度的基本概念。
2. 掌握态度的基本理论。
3. 掌握态度的构成及其形成阶段理论。
4. 了解态度的改变类型。
5. 了解态度改变的原则和相关态度的模型。

二、能力目标

1. 具备提升旅游消费者的活动参与度的能力。
2. 具备制定和实施灵活的价格策略的能力。
3. 具备更新旅游产品与服务、提升旅游产品与服务质量的知识应用能力。

三、思政目标

1. 通过学习态度的基本概念和理论，使学生认识到个人态度对个人行为的重要性。

2. 通过分析不同文化背景下游客的态度差异，使学生尊重不同文化及生活习惯，增强自身的文化自信和对其他文化的包容。

本章重难点

1. 态度的概念。
2. 态度的构成要素。
3. 态度的基本理论。
4. 态度的改变。
5. 态度的测量。

重点概念

1. 态度：是指个体对某一特定事物、观念或他人由认知、情感和行为倾向三个成分组成的稳定、持久的心理倾向。

2. 态度的构成：认知、情感、行为倾向。

3. 态度的形成过程：依从、认同、内化。

第一节 态度及其测量

一、态度

（一）态度的概念

态度是社会心理学中一个非常核心的概念，诸多学者都对态度给出了自己的定义。目前，学术界普遍认可的是由弗里德曼（J. L. Freedman）等学者提出的认知、情感、行为倾向三成分组织系统，即态度是指个体对某一特定事物、观念或他人由认知、情感和行为倾向三个成分组成的稳定、持久的心理倾向。可见，这种心理倾向蕴含着个体的主观评价及由此产生的行为倾向性。它反映了个体的内心状态和价值取向，并会对个体的行为、决策和人际交往产生重要影响。

在旅游消费者行为的研究领域，我们需要聚焦的则是旅游消费者在进行旅游消费过程中，态度是如何影响旅游消费者的行为过程和行为决策的。

根据社会心理学对态度的定义，可以在旅游消费者行为的具体领域，对旅游消费者态度做出如下定义：旅游消费者在了解、接触、享受旅游产品和服务的过程中，对旅游本身、旅游产品和服务及旅游相关因素所持有的较为稳定和持久的肯定或否定、接近或回避、支持或反对的心理反应与行为倾向。

（二）态度的构成要素

从对态度的定义，其实已经剥离出态度的构成要素，即认知、情感和行为倾向三个组成部分。

1. 认知

认知是指个体对态度对象所持有的信念、知识和理解。在旅游消费者行为中，这包括对旅游目的地、旅游产品、旅游服务等方面的了解、认识和评价。首先是知识积累，旅游消费者通过各种渠道（如互联网、社交媒体等）获取关于旅游目的地的信息，包括地理位置、文化背景、旅游设施、交通状况等。这些信息构成了他们对旅游目的地的初步认知。其次是价值评价，在获取足够信息的基础上，旅游消费者会对旅游目的地、旅游产品等进行价值评价。他们会考虑这些产品或服务是否满足自己的需求、是否符合自己的期望、是否物有所值等。最后是决策，认知过程直接影响旅游消费者的决策行为。他们会根据自己对旅游目的地的了解和评价，选择适合自己的旅游产品和服务。

2. 情感

情感是指个体对态度对象所持有的情感体验，如喜欢、厌恶、满意、不满等。首先，在旅游消费过程中，消费者对旅游产品和服务的满意度、愉悦感等情感反应，是态度情感成分的重要体现。旅游消费者在与旅游产品或服务接触的过程中，会产生各种情感体验。这些体验可能是积极的（如兴奋、愉悦、满足等），也可能是消极的（如失望、不满、愤怒等），我们称之为情感反应。其次是情感影响，情感反应会直接影响旅游消费者的行为意向和忠诚度。积极的情感体验会增强他们对旅游产品或服务的信任和好感，促进他们对旅游产品或服务进行再次购买和口碑传播；而消极的情感体验则可能导致他们放弃购买或进行负面评价。最后是情感调节，情感在态度中还具有调节作用。当旅游消费者的认知与情感发生冲突时，情感可能会占据主导地位，影响他们的决策行为。

3. 行为倾向

行为倾向是指个体对态度对象所持有的行为倾向或准备状态。在旅游消费决策中，这表现为消费者是否愿意选择某个旅游目的地、购买某种旅游产品或接受某项旅游服务等。行为倾向是态度的外在表现，也是行为的先导。旅游消费者会根据自己的认知和情感评价，形成对旅游产品或服务的意向倾向。这种意向倾向会促使他们采取相应的行动，如预订机票、预订酒店、购买门票等。另外，行为倾向还可以作为预测旅游消费者行为的重要指标。通过了解旅游消费者的意向倾向，旅游企业可以预测他们的行为模式和市场需求，从而制定更有针对性的营销策略。

当然，人的行为倾向性并非一成不变，它会随着旅游消费者的认知和情感变化而发生变化。例如，当旅游消费者对某个旅游目的地的认知发生变化时，他们的行为倾向也可能会随之改变。

（三）态度的阶段与层次

根据态度的形成过程，可以将其划分为依从、认同、内化三个阶段。

（1）依从阶段：这是态度形成的初始阶段，个体为了获得奖励或逃避惩罚而采取的与他人表面上一致的行为。这种态度并非自愿，而是迫于外界的压力，因此是暂时性的。

（2）认同阶段：在这一阶段，个体开始自愿地让自己的态度和行为与心目中榜样的态度和行为一致。这反映了社会角色和群体规范对个体态度的影响。

（3）内化阶段：这是态度形成的最终阶段，个体真正从内心相信并接受他人的观点，将其纳入自己的态度体系，成为有机组成部分。内化后的态度更为稳定，能够持久地影响个体的行为。

同样地，从态度的构成成分来看，也可以将态度划分为三个层次。

首先是认知层次：指个体对态度对象所具有的知觉、理解、信念和评价。这一层次涉及个体对态度对象的认知加工过程，包括信息的收集、整理和评价。

其次是情感层次：指个体对态度对象所持有的一种情绪体验。这种情绪体验可能是积极的（如喜欢、尊敬），也可能是消极的（如厌恶、鄙视）。情感成分是态度的核心，对个体的行为具有重要影响。

最后是行为意向层次：又称意志层次，指个体对态度对象所持有的一种内在反应倾向，是个体做出行为之前所保持的一种准备状态。这一层次反映了态度对个体行为的潜在影响，即个体在面临特定情境时可能采取的行动方向。

（四）态度的特征

从态度的定义和结构层次可以看出，态度的特征可以从多个维度进行归纳和阐述，以下是态度的主要特征。

1. 社会性

人是社会的人，人的态度也产生于社会，并指向和作用于社会。这意味着态度不是孤立存在的心理现象，而是个体在社会化过程中形成和发展的。个体在社会环境中与他人交往、互动，不断接收和处理来自社会的各种信息，这些信息对个体的态度产生重要影响。同时，个体的态度也会反过来影响其行为，进而作用于社会。例如，一个人对环保的态度可能受到社会舆论、政府政策、家庭教育等多方面的影响，而他的环保行为又会为社会环境带来积极的影响。

2. 对象性

对象性，也被称为针对性，任何一种态度都有其相对应的特定对象，即“态度对象”。这意味着态度不是泛泛而谈的，而是具体指向某个或某些事物、人物或观念。态度的对象性使个体能够对不同的事物持有不同的态度。

3. 协调性

态度的协调性是指构成一种态度的各个因素是协调一致的。这包括认知、情感和行为倾向三个成分之间的协调统一。当个体对某个事物持有某种态度时，他的认知、情感和行为意向应该是一致的。例如，如果一个人认为某个品牌的产品质量很好（认知），他就会对这个品牌产生好感（情感），并倾向于购买这个品牌的产品（行为倾向）。这种协调性使态度更加稳定和持久。若三者间难以形成统一，则会出现态度模糊、言行不一等行为表现。

4. 稳定性

态度一旦形成，将持续一段时间而不轻易改变，因此也有学者称之为态度的抗变性。在一定时期内，态度会保持相对稳定，但这并不意味着态度是永恒不变的。态度的稳定性使个体在面对相同或类似的事物时能够保持一致的反应和行为。例如，一个人如果长期对某种运动持有积极态度，那么他在面对与这种运动相关的各种信息时都会表现出积极的反应和行为。当然，态度的稳定性并不是绝对的，它可能会受到新的信息、情境变化或个体经历等因素的影响而发生改变。

5. 两极性

态度的两极性是指人对事物往往有两种相互对立的极端态度。这种两极性体现了态度的极端性和对立性。态度的两极性使个体在面对同一事物时可能产生截然不同的态度。例如，对于同一部电影，有人可能认为它非常精彩（积极态度），而有人则可能认为它非常糟糕（消极态度）。这种两极性反映了态度的多样性和复杂性。

6. 间接性

态度的间接性是指态度不是指行为本身，而是行为表现前的心理状态或心理倾向，即行为准备状态，也被称为内隐性。这意味着态度是隐藏在行为背后的心理倾向和准备状态。态度的间接性使我们无法直接观察到个体的态度本身，而只能通过观察个体的行为和言语来推断其真实态度。例如，一个人虽然嘴上说喜欢某个明星，但在实际生活中却很少关注该明星的动态或购买与其相关的产品，这表明他的态度可能并不如他所说的那样积极。因此，我们需要通过多种途径来全面了解和评估个体的态度。

（五）态度的功能

1. 态度的调节功能

态度具有调节个体行为的作用，通过改变态度来调整行为。在旅游消费中，消费者会根据对旅游目的地、旅游产品或服务的态度来调节自己的旅游决策和行为。例如，对某个旅游目的地持有积极态度的消费者更可能选择前往该地旅游，而对其他服务质量持消极态度的消费者则可能避免选择相关服务。

2. 自我防卫功能

态度有时可以作为一种自我保护机制，帮助个体避免潜在的心理、身体或物质伤害。在旅游消费中，消费者可能会因为对某种旅游方式或产品的负面评价（如存在安全隐患、服务质量差等）而形成消极态度，从而避免选择这些可能带来不良体验的旅游项目，以此保护自己的权益和体验。

3. 价值表现功能

态度能够反映个体的价值观和自我形象，是个体价值观的外在表现。旅游消费者的态度往往反映了其个人的价值观和生活方式。例如，追求冒险和刺激的消费者可能倾向于选择具有挑战性的旅游项目，而注重休闲和放松的消费者则可能偏爱度假型旅游产品。这种态度差异直接影响到他们的旅游选择和行为。

4. 知识功能

在知识不足的情况下，态度可以作为行为的决策依据，发挥类似知识的指引功能。游客在面对众多旅游信息和选择时，可能无法全面掌握所有相关信息。此时，他们往往会根据自己的态度做出决策。例如，对某个旅游品牌持有信任态度的消费者可能倾向于选择该品牌的产品和服务，即使他们对该产品的具体细节了解不多。

二、态度测量方法

态度是人脑对事物的一种认知、情感的组合，最后表现为具体的行为或行为倾向。然而，又因为态度的内隐性，我们一般难以从行为去准确判定人的认知和情感到底是怎么样的。因此，研究者为了更好地理解态度对行为的预测作用，结合社会心理学的研究方法，研究了一套针对态度的测量工具和测量方法，目的就是让隐性的态度可以被尽可能多地观察到，并加以分析。

在现实生活中，消费者对某类商品或服务的态度在形态上表现为一种心理活动和行为的准备状态，无法直接观察到，因此必须采取一定的技术方法进行间接测量。所谓态度的测量，是指运用科学的测量方法和技术手段，广泛调查、汇集有关态度的事实资料，并加以进行定性、定量的分析，以求得关于消费者态度的正确结论。用于测量消费者态度的主要方法为态度测量法。

态度测量法又称问卷法，即通过被测者对预先拟定问卷的回答，了解消费者对某一类商品或服务的态度。运用问卷法的关键在于问卷设计的合理性，问卷一般由反映测量内容的若干陈述性题目构成。各题目按照被测者的反应范围或程度标以分数或量值，最后根据得分状况判定消费者的态度，问卷法涉及的具体方法又有以下三种。

1. 瑟斯顿量表法

瑟斯顿（Thurston William）在《态度的测量》一书中，提出了态度测量的等距离测量表法。该方法的特点是以等间隔方式拟定有关事物的题目，使问题按照强弱程度形成一个均衡分布的连续统一系统，并分别赋予量表值，然后让被测者任意选择自己同意的题目。根据被测者所选题目的量值，来确定其态度的倾向及强弱程度，得分越高表明态度的强度越高。例如，某电视厂商为了了解消费者对发展平板/纯平彩电的意见，设计了一份问卷调查表，瑟斯顿量表如表 8-1 所示。

表 8-1　瑟斯顿量表

题号	题目	量表值与被测者态度
1	今后应大力发展平板彩电，纯平彩电可能被淘汰	6.5（　）
2	应以发展平板彩电为主，可少量生产纯平彩电	5.0（　）
3	平板彩电和纯平彩电各有优点，应共同发展	3.5（　）
4	对彩电行业来说，是平板还是纯平无所谓	2.0（　）
5	纯平彩电价格相对低，符合我国目前的消费水平，应以发展纯平彩电为主	0.5（　）

被测者赞成该题目时，在括号中打“√”，不赞成则打“×”。主测者根据得分情况判断消费者的态度倾向。

瑟斯顿量表法可以较详尽地给出供选择的题目，准确反映态度倾向的细微差异，因而对于复杂态度的测量具有良好的效果。但是该表的测量程序比较复杂，对陈述项目的分类标准难以把握，因而在一定程度上削弱了其实用价值。

2. **李克特量表法**

李克特量表法是美国心理学家李克特（Rensis Likert）提出的。这个量表是在瑟斯顿量表法的基础上设计出的一种更为简便的态度测量表。该表同样使用陈述性语句提出有关态度的题目，但不将题目按内容强弱程度均衡分解为若干个连续系列，而是仅采用肯定或否定两种陈述方式，然后要求被测者按照同意或不同意的程度做出明确的回答。供选择的态度程度在量表中用定性词给出，并分别标出不同的量值。例如，上一案例，采用李克特量表法可做设计，李克特量表如表 8-2 所示。

表 8-2　李克特量表

题目	我愿意使用平板/纯平彩电									
等级	非常愿意		愿意		无所谓		不愿意		非常不愿意	
分类	平板彩电	纯平彩电	平板彩电	纯平彩电	平板彩电	纯平彩电	平板彩电	纯平彩电	平板彩电	纯平彩电
分数	2	2	1	1	0	0	−1	−1	−2	−2
被测者态度										

被测者可按照自己的意愿从中选择任一等级，打上“√”，最后由主测者根据得分情况对被测者的态度倾向进行定量分析。

由于李克特量表法具有容易设计、测量范围广、信度较高、测量深度较精确等优点，所以李克特量表法受到普遍欢迎。

3. **语义差异量表法**

语义差异量表法是一种心理学研究方法，由美国心理学家 C. E. 奥斯古德（Charles Egerton Osgood）和其同事于 1957 年提出，也被称为语义分析（Semantic Differential，SD）法。这种方法通过使用一系列两极性形容词词对，并将这些词对划分为多个评定等级（通常是 7 个等值的评定等级，有时也可以是 5 个或 9 个），来测量人们对特定概念或事物的语义分化。这些评定等级主要包含三个基本维度：评价（如好与坏、美与丑、干净与肮脏）、潜能（如大与小、强与弱、快与慢）和活动（如快与慢、积极与消极、主动与被动）。通过这种方法，研究者可以描述任何概念及其相关问题性质或属性方面的根本意义，从而深入了解人们对特定概念的情感、评价和认知。

语义差异量表法不仅适用于语言符号，如词、句、段和文章，还包括具有情感意义的知觉符号，如图形、色彩和声音。这种方法让被测者对提出的概念在情感意义上的评定等级中选择最适合的等级，最后对得到的资料进行因素分析。研究发现，人们对每一概念的反应大多在评价、潜能和活动三个维度表现出差异，这三个维度构成了一般“语义空间”中最主要的因素。语义差异量表法所获得的结果可以对数据作概念间的分析、量尺间的分析和被试间的分析，也可以用图示以直观的形式表示。

这种方法的应用范围广泛，不仅可以用于检验某些理论、了解人们的态度和对事物的不同理解，还可以用于诊断和评估。通过语义差异量表法，研究者能够更深入地探索和理解人们对于特定概念或事物的心理和情感反应，从而获得对人类行为和态度的更深入的认识。

第二节　态度相关理论与模型

一、态度相关理论

（一）形成阶段理论

在态度相关理论中，形成阶段理论是一个重要的组成部分，其中最具代表性的是凯尔曼提出的三阶段理论。这一理论详细阐述了态度从初步接触到最终内化的过程，包括依从、认同和内化三个阶段。它们共同构成了态度从外部影响到内在稳定的转变路径。

首先，依从阶段是态度形成的起点，它通常发生在个体面对外部压力或社会规范时。在这个阶段，个体可能会采取与他人一致的行为或态度，但这种一致性往往是表面的、暂时的，并非基于个体内心深处的认同或信念。依从可能源于对权威的服从、对群体规范的遵从，或是为了避免惩罚、获得奖励等外部动机。这种态度变化是外在因素驱动的，缺乏内在的稳定性和持久性。

其次，认同阶段标志着态度形成向更深入的层次发展。在这一阶段，个体开始自愿接受他人的观点、态度或行为方式，并试图与之保持一致。这种接受是基于个体对态度对象的认同感和归属感，而非单纯的外在压力。认同阶段的特点是个体在思想、情感和行为上主动向态度对象靠拢，表现出较高的自觉性、主动性和稳定性。个体可能会模仿榜样、参与群体活动，以更好地融入其中并表达自己的认同。

最后，内化阶段是态度形成的最高境界。在这一阶段，个体不仅从表面上接受了他人的观点，还在内心深处产生了共鸣，将这些观点纳入自己的价值体系。内化后的态度具有高度的稳定性和持久性，能够成为个体行为的重要指导原则。个体在内化阶段会主动以这些观点来评判自己的行为和价值，表现出高度的自我一致性和自主性。此时，态度已成为个体不可分割的一部分，难以轻易改变。

（二）诱因论

1. 期望理论

期望理论（Expectancy Theory）于1964年由美国心理学家维克托・弗罗姆（Victor H. Vroom）提出，是管理心理学和行为科学领域的重要理论，其理论源自心理学研究，后广泛应用于管理学领域，并逐渐扩展至消费者行为学等学科。弗罗姆通过整合认知评估与行为结果的关系，揭示了人类决策的理性逻辑，突破了传统激励理论仅关注外部刺激的局限。该理论认为，个体的行为动机取决于对行为结果的预期评估，即人们选择某种行动的动力源于以下三个核心要素的乘积关系。

（1）效价（Valence）：个体对特定结果的主观价值判断，即该结果是否满足其需求（如旅游体验的愉悦性、经济回报等）。

（2）期望（Expectancy）：个体对通过努力能够达成目标的概率判断（如预订某酒店后是否能获得优质服务）。

（3）工具性（Instrumentality）：个体对目标达成后能否获得相应回报的信念（如完成旅行计划是否能提升社交形象）。

用公式表达为：消费动机（Motivation）= 效价×期望×工具性。

期望理论在旅游消费者行为研究中的作用是多维度的。首先，在研究旅游决策形成过程中，游客的决策机制基于对目的地属性（如服务质量、景点吸引力）的信念（期望）及其对自身需求的重要性（效价）的权衡，例如，因“高期望的酒店卫生条件”与“高重视度的舒适需求”而选择某酒店；同时，动态行为调整表现为风险感知（如疫情安全）通过工具性评估来影响决策，若游客认为“旅行安全风险低”（高工具性），则更可能成行。其次，在预测满意度与忠诚度方面，游客满意度由实际体验与预期的匹配程度决定，若体验超出预期（如酒店服务优于事前宣传），满意度显著提升并可能转化为忠诚度，反之则引发负面评价，而高满意度游客通过社交媒体分享体验的行为会进一步塑造潜在游客的预期，形成口碑传播的循环效应。最后，在指导旅游营销策略时，可通过强化效价感知（如广告突出生态旅游的环保价值）、管理期望水平（避免夸大宣传以防止体验落差）以及提升工具性关联（如会员积分兑换优惠）三种路径优化策略，前者增强游客对结果价值的评估，中者平衡承诺与实际体验，后者通过明确“努力-回报”机制来建立信任，从而系统性提升消费者决策动力与品牌黏性。

2. 认知反应理论

认知反应理论，作为一种深入解析态度形成的心理学理论，由美国心理学家格林沃尔德（A. G. Greenwald）在1968年提出。该理论核心观点在于，个体在接收并处理外界信息时，并非简单地被动接受，而是会主动产生一系列复杂的认知反应。这些认知反应，包括了个体对信息的理解、解释、评估及情感上的共鸣或抵触，直接塑造了个体对信息的整体态度。换言之，认知反应理论强调了个体在态度形成过程中的主动性和能动性，认为态度的形成并非孤立于信息本身，而是与信息引发的个体内部心理过程紧密相连。

具体而言，当个体面对外来信息时，会根据自身的知识背景、经验储备、价值观等认知因素，对信息进行解读和评估。这一过程中，个体会产生积极的或消极的认知反应，这些反应不仅反映了信息内容与个体既有认知框架的契合程度，还预示着个体对信息可能采取的态度倾向。若信息内容与个体认知一致，可能引发积极的认知反应，从而增强个体对该信息的接受度和认同感；反之，若信息内容与个体认知相悖，则可能激发消极的认知反应，导致个体对该信息产生抵触或拒绝的态度。

因此，认知反应理论为理解和预测个体态度变化提供了重要的理论框架，也启示我们在信息传播和态度引导过程中，应充分关注个体认知反应的多样性和复杂性，以更加精准和有效的方式影响个体态度的形成和转变。

（三）学习论

1. 刺激—反应论

态度形成理论中的学习论，特别是刺激—反应论，是一种深受行为主义心理学影响的理论框架。该理论主张，态度的形成是一个通过学习与经验积累逐步构建的过程，其中刺激与反应之间的联结是核心要素。具体而言，刺激—反应论认为，环境中的各种刺激物能够引发个体特定的行为反应，而这些反应经过反复强化，最终会形成稳定的态度倾向。在学习过程中，个体不断尝试对刺激进行反应，并通过奖励或惩罚等反馈机制来调整自己的行为模式，直至形成与特定刺激相一致的条件反射。

这一理论强调外部刺激对态度形成的重要作用，认为态度的改变往往源于外部环境的影响。例如，在广告营销中，商家常将产品与积极、愉悦的刺激物相结合，以期望通过条件反射作用使消费者对产品产生积极的情感态度。此外，刺激—反应论还认为，观察和模仿在态度形成过程中扮演着重要角色，个体通过观察他人的行为并模仿其态度，可以间接获得新的行为方式和态度倾向。

然而，值得注意的是，刺激—反应论在解释态度形成时存在一定的局限性。它过于简化了态度形成的复杂过程，忽略了人的主观能动性、认知能力和情感因素在态度形成中的重要作用。因此，在实际应用中，我们需要结合其他理论框架来全面理解和解释态度的形成与改变。态度形成理论中的刺激—反应论，为我们提供了一个从行为主义视角理解态度形成的理论框架。它强调了外部刺激与行为反应之间的联结，以及学习和经验积累在态度形成中的关键作用，同时指出了该理论在解释态度形成时的局限性。

2. 霍夫兰态度学习理论

霍夫兰态度学习理论，作为一种深入解析态度形成与改变机制的重要理论，其核心在于将态度的形成视为一个学习过程，这一过程受到外部刺激与个体内部心理活动的共同作用。

该理论由心理学家卡尔·霍夫兰（Carl Hovland）等提出，并深受行为主义心理学和认知心理学的影响。在霍夫兰看来，态度并非与生俱来的，而是个体在后天环境中，通过不断学习和经验积累逐渐形成的。这一过程涉及个体对外部信息的接收、处理、评价及情感反应等多个环节。具体而言，当个体面对某一对象或事件时，会首先接收到与之相关的各种信息，这些信息作为刺激物，会引发个体的注意和兴趣。随后，个体会根据自身的知识背景、经验储备及价值观等因素，对这些信息进行解读和评估，形成初步的认知判断。在此基础上，个体会产生相应的情感反应，如喜欢、厌恶、赞同或反对等，这些情感反应进一步加深了个体对该对象或事件的态度倾向。

在态度学习的过程中，强化和模仿是两种重要的学习方式。强化是指通过奖励或惩罚等外部手段来加强或削弱个体的某种行为或态度倾向。当个体的态度或行为得到社会的赞许或奖励时，这种态度或行为就会得到强化，从而变得更加稳定和持久；反之，若个体受到惩罚或批评，则可能减弱或改变原有的态度倾向。模仿则是指个体通过观察他人的行为或态度，并尝试模仿其方式来表达自己的情感和态度。榜样人物或群体的示范作用在这一过程中尤为重要，他们的行为方式和态度倾向往往会对个体产生深远的影响。

霍夫兰态度学习理论将态度的形成视为一个复杂的学习过程，强调外部刺激与个体内部心理活动的相互作用，以及强化和模仿在态度学习中的重要作用。这一理论为我们深入理解和解释态度的形成与改变提供了有力的理论支持。

3. 一致性论

（1）海德平衡理论（社会一致性取向）

海德（F. Heider）提出的平衡理论，论述了个体在人际关系和事物态度中，当认知结构出现不平衡时，倾向于通过改变认知阻力最小的一方的态度来获得认知上的平衡。这种理论通常用一个人（主体P）、另一个人（主体认识的另一个体O）及态度对象（X）之间的关系来说明。这三者之间有以下八种关系模型，如图8-1所示。其中（1）（2）（3）（4）为平衡状态，即当P对O持正面态度时，二者对X的态度一致；而当P对O持否定态度时，二者对X的态度不一致，这种情况下，主体P是处于平衡状态的。相反的情况下，主体将处于不平衡状态，如（5）（6）（7）（8），这时主体为了使结构向平衡状态变化，必须改变对O或者X中任一方的态度。现实中，个体对人的态度形成较为复杂，一旦形成就会比较稳定，所以多数情况下，主体会选择改变对事物对象的态度。平衡理论运用在旅游消费者态度上，可以发现消费者身边的人际交往群体对其态度的改变具有很大的作用，消费者对某一旅游产品的态度很有可能与其身边关系亲密的亲友态度相一致。

（2）认知失调理论（认知一致性取向）

认知失调理论是关于态度改变的重要理论，由费斯汀格于1962年正式提出。该理

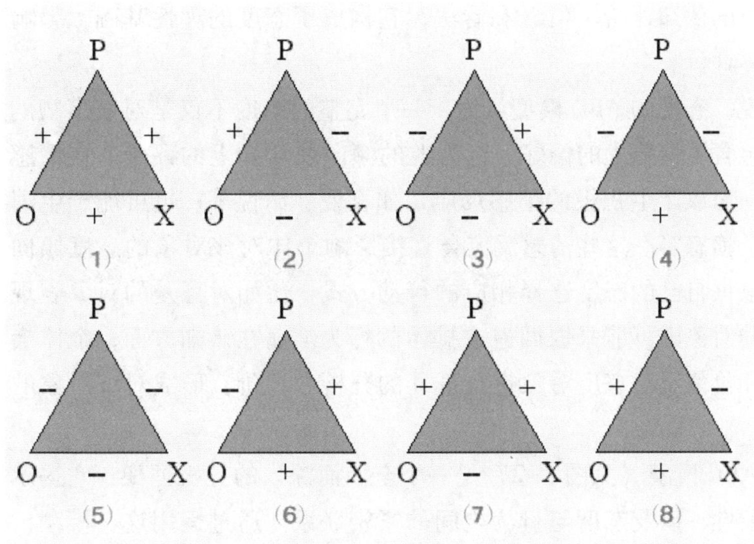

图 8-1　海德平衡理论的八种关系模型

论认为个体有许多认知因素，如关于自我行为、周围环境等的信念和看法，当这些认知因素存在相互冲突矛盾的情况，就会出现认知“失调”状态，这种状态是令人不愉快的。为此，个体为了减少或消除这种失调，就必须采取一些方法使认知相一致。举个例子，一个想要减肥的人告诉自己要节制饮食，但当朋友请吃饭时却又忍不住吃了很多食物，这时候他的要减肥的态度跟他的行为就产生了矛盾，引起了认知失调。为调整这种失调的状态，他可能采取这样一些方法：①调整态度。调整自己对减肥的态度，使其与以前行为认知一致（减肥不如享受美食重要）。②增加认知。两种认知不一致，可以通过增加新的认知来减少失调（品尝美食能令人身心愉快，有助于身体健康）。③调整认知权重。增加其中一种认知的重要性，让另一种认知变得不重要（从美食中获得身心愉悦要比保持身形更重要）。④改变行为。使自己的行为不再与态度有冲突（再也不能无节制地吃喝了，以后一定拒绝别人的邀请）。

二、态度相关模型

（一）ABC 模型

态度的 ABC 模型是一个由情感态度（Affective Attitude）、行为倾向（Behavioral Intention）和认知态度（Cognitive Attitude）三个维度构成的心理学框架，它为我们深入理解和分析态度提供了有力的工具。在这个模型中，情感维度指的是个体对某一对象或事件所持有的情绪体验或情感反应，它反映了态度中的感受性成分，是态度形成和表达的重要驱动力。行为维度则关注个体在态度影响下所采取的行动或行为倾向，它揭示了态度与行为之间的紧密联系，是态度外显化的直接体现。而认知维度则涉及个体对态度对象的认知评价、信念和看法，它构成了态度的理性基础，影响着个体对态度对象的整体评价。

具体来说，态度的 ABC 模型认为，一个完整的态度不仅是对某事物的简单喜欢或不喜欢，还包含了情感上的偏好、行为上的倾向及认知上的评价。在情感方面，个体可能会对某一对象产生积极的情感反应，如喜爱、愉悦等；也可能产生消极的情感反应，如厌恶、愤怒等。这些情感反应会直接影响个体对该对象的态度倾向。在行为方面，个体会根据自己的态度选择相应的行动方式，比如对喜爱的对象表现出亲近和追求，对厌恶的对象则可能采取回避或排斥的行为。而在认知方面，个体会根据自己的知识、经验和价值观对态度对象进行理性的分析和评价，形成对该对象的稳定看法和信念。

态度的 ABC 模型（见图 8-2）是一个全面而深入的分析框架，它揭示了态度形成和表达的复杂性，以及态度与行为之间的紧密联系。通过运用这一模型，我们可以更好地理解个体的态度倾向和行为选择背后的原因和机制，为相关领域的研究和实践提供有力的理论支持。

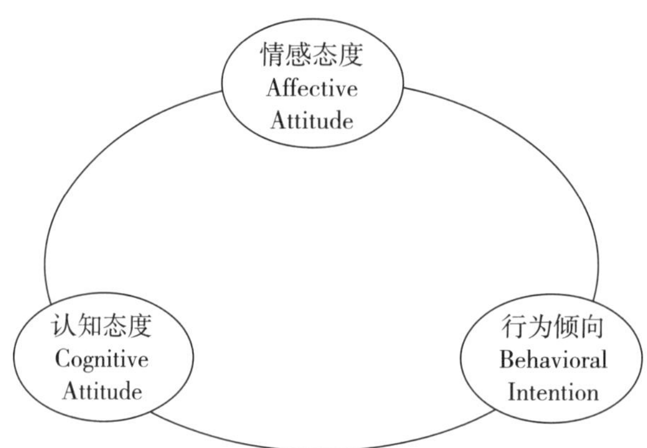

图 8-2 态度的 ABC 模型

（二）多属性态度模型

多属性态度模型，由心理学家菲什拜因（Martin Fishbein）在 1963 年提出，是一个关于态度形成的理论框架，它强调态度是由多个属性或特征共同构成。该模型认为，个体对某一客体（如产品、服务、品牌）的态度并非单一维度的评价，而是基于对该客体多个属性的综合考量。具体来说，这些属性可以是物理属性（如产品的外观）、功能属性（如服务的便利性、效率）或是象征性属性（如品牌形象）等。

在多属性态度模型中，每个属性都被赋予了一定的权重，即该属性在整体态度中的重要性。同时，模型还考虑了消费者对每个属性所持的信念强度（即该属性确实存在的可能性），以及消费者对每个属性的偏好程度（即该属性对消费者的吸引力）。通过对这些因素的加权求和，可以计算出消费者对某一客体的总体态度。

在实际应用方面，多属性态度模型被广泛接受并应用于市场营销、消费者行为预测、品牌管理等领域。它不仅帮助营销人员更深入地理解消费者的态度形成过程，从而制定更有效的营销策略，还在学术研究上促进了态度测量、品牌忠诚度、消费者决策等相关领域的发展。

然而，需要注意的是，由于模型本身具有一定的复杂性和抽象性，其在实际应用过程中可能需要结合具体情境进行调整和完善。此外，随着消费者行为的不断变化和市场竞争的日益激烈，多属性态度模型（见图 8-3）也需要不断适应新的市场环境和消费者需求。

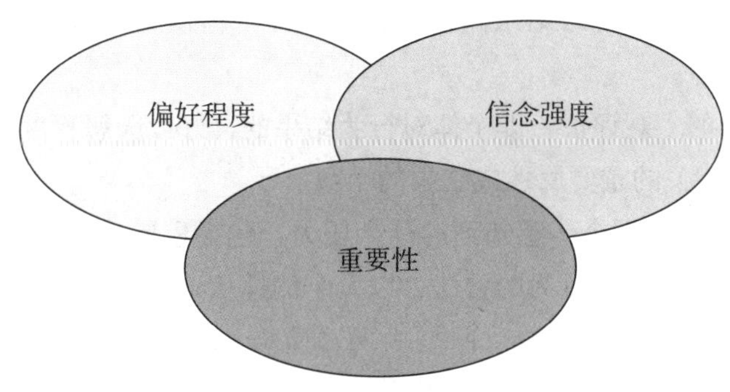

图 8-3　多属性态度模型

（三）理性行为理论模型

理性行为理论模型，是一种在心理学和社会学领域广泛应用的理论框架，它深入探讨了影响个体行为意向的复杂因素。该模型由菲什拜因及其同事在前人研究的基础上共同提出。其核心在于，通过解析个体对某一行为的态度、主观规范，以及这两者如何共同作用形成行为意向，来预测实际行为的发生。

具体而言，理性行为理论模型定义了个体在决定是否执行某项行为时，其内心所经历的心理过程。这一模型认为，行为意向并非孤立存在，而是深深植根于个体对行为本身的态度之中，同时受到来自社会环境的主观规范影响。态度，作为个体对行为结果所持的信念与评价的函数，反映了个人对行为的内在倾向；而主观规范，则是指个体感知到的来自重要他人或群体的社会压力，这种压力促使个体遵循或偏离某种行为模式。两者相互交织，共同塑造了行为意向的强度和方向。

在预测旅游消费者行为的过程中，理性行为理论模型发挥着至关重要的作用。它帮助旅游企业和市场营销人员深入理解旅游消费者在选择旅游目的地、制订旅游计划及进行实际消费等行为背后的心理机制。通过分析旅游消费者对旅游活动的态度（如对旅游产品的兴趣、对旅游体验的预期等），以及他们感受到的主观规范（如亲朋好友的推荐、社交媒体上的旅游潮流等），旅游企业可以更加精准地把握消费者的需求和偏好，从而制定更具针对性的营销策略。此外，该模型还有助于旅游企业评估不同营销策略对消费者行为意向的潜在影响，为优化营销组合、提升市场竞争力提供科学依据。

理性行为理论模型的公式，通常用于预测人们是否将采取某种行动，其核心在于理解个体是否打算采取某种行动的行为意向。这一模型在合理行动理论的基础上发展而来，并引入了主观规范这一变量，以更全面地解释行为意向的形成。

该模型的公式可以表达为：

$$BI=(b_1e_1+b_2e_2+\cdots+b_ne_n)+SN$$

式中：

BI 代表行为意向，即个体计划执行某行为的倾向。

b_n 代表对某种行为会导致结果的信念强度，即个体认为采取该行为会导致特定结果的可能性或确定性。

e_n 代表对结果的主观评价，即个体对行为结果的喜好或厌恶程度。

n 代表与行为相关的重要属性或结果的个数。

SN 代表主观规范，即个体感知到的社会压力，包括重要他人（如家人、朋友、同事等）对其是否应该执行该行为的看法，以及个体遵从这些看法的动机。

这个公式表明，个体的行为意向是由两个主要部分构成的：一是个体对行为会导致不同结果的信念强度与对相应结果主观评价的加权和，这反映了个体对行为本身的内在态度和看法；二是主观规范，这反映了社会因素对个体行为意向的影响。通过综合考虑这两方面的因素，理性行为理论模型能够更准确地预测个体的行为意向。

需要注意的是，虽然理性行为理论模型在预测行为意向方面具有一定的准确性和有效性，但它也存在一些局限性和假设条件。例如，该模型主要适用于自愿行为，对于非自愿或受外部强制力影响的行为可能不太适用。此外，模型中的某些变量（如信念强度和主观评价）可能难以准确测量，需要采用适当的量化方法或工具进行评估。

（四）精细加工可能性模型

精细加工可能性模型是一种描述个体在信息处理过程中，对信息进行精细加工可能性高低如何影响态度形成和改变的理论模型。该模型由社会心理学家佩蒂（Richard E. Petty）和卡乔波（John T. Cacioppo）在 20 世纪 80 年代早期提出，为揭示沟通信息如何影响被说服者态度的形成及其行为变化提供了有效的理论框架。

精细加工可能性模型认为，个体在接触并处理信息时，会根据自身处理信息的动机和能力，选择不同的路径来形成或改变态度。具体来说，当个体处理信息的动机和能力都较高时，他们更可能采用中心化路径（也被称为中枢路径）来处理信息。在这一路径下，个体会对信息内容进行深入的思考、分析和评估，综合考量信息的多个方面，从而做出较为理性的决策。相反，当个体处理信息的动机或能力较低时，他们更可能采用外围性路径（也被称为边缘路径）来处理信息。在这一路径下，个体往往依赖简单的线索或启发式规则来快速形成态度，如信息的数量、信源的可信度、情感反应等，而不进行深入的逻辑分析。

精细加工可能性模型的核心观点在于，不同的说服方法所起到的说服效果取决于消费者对传播信息作精细加工的可能性高低。当精细加工的可能性高时，基于中心化路径的说服方法更为有效，因为消费者能够全面、深入地理解和评估信息内容；而当精细加工的可能性低时，基于外围型路径的说服方法更为有效，因为消费者更容易被简单、直观的线索所影响。

第三节　态度改变及其旅游应用

一、态度改变

（一）改变态度的可能性

旅游消费者的态度是对旅游对象和旅游条件的主观反映，是后天形成的，而不是先天具有的。因此，旅游消费者态度的形成、存在，依赖一定的条件，这些条件的性质发生变化，就会引起态度的变化。例如，从主观心理因素看，人们兴趣和需要的变化，可以引起态度的变化。从态度的构成来看，如果能引起态度主体认识上的变化或情感上的变化，也有改变态度的可能性。只要采取措施使影响态度的因素发生变化，就可以获得改变态度的效果。

（二）态度改变的类型

1. 一致性改变

不改变态度的性质和方向，只改变原有态度的强度，态度的这种改变是一致性改变。比如，由对旅游活动赞成改变为非常赞成旅游活动，这是对旅游活动从一般的积极态度变得更加积极的态度；对某一地方的旅游活动由非常赞成变为赞成，这是非常积极的态度变得一般积极的态度；对旅游活动由反对变为非常反对，这是一般消极态度变为非常消极的态度，由非常反对旅游活动，变得反对，这是由非常消极的态度变为一般消极的态度。上述这些变化，只是原来旅游消费者态度强度的增强或减弱，并未发生质的变化，这就是态度的一致性改变。

2. 非一致性改变

改变态度的性质和方向，以新的态度代替原来的态度，态度的这种变化是非一致性改变。比如，由赞成旅游活动变为反对旅游活动，这是由积极的旅游态度转变为消极的旅游态度；由反对旅游活动变为赞成旅游活动，这是由消极的旅游态度转变为积极的旅游态度。这两个变化中产生了态度方向上的变化，由积极变为消极或由消极变为积极，一种新性质的态度代替了个体原来的态度，即态度的方向和性质发生了根本变化，这是非一致性的改变。态度改变的类型如表 8-3 所示。

表 8-3　　态度改变的类型

类型	原有态度	改变后态度
一致性改变	赞成	非常赞成
	非常赞成	赞成
	反对	非常反对
	非常反对	反对
非一致性改变	赞成	反对
	反对	赞成

态度的改变有一定的内在联系。首先，非一致性改变包含一致性改变。如由赞成改变为反对，它包含赞成程度的降低和反对程度的增加；由反对改变为赞成则包含反对程度的减弱和赞成程度的增强。其次，一致性改变也含有非一致性改变的成分。如态度的积极程度的降低，包含导致消极态度的可能；而态度的消极程度的降低，则包含产生积极态度的可能。因为态度强度的变化在量上的积累会造成质和方向上的变化。

（三）态度改变的原则

1. 一致性原则

一致性原则强调个体在态度改变过程中倾向于保持内部认知、情感和行为之间的一致性。当个体面临新的信息或情境时，他们会努力调整自己的态度，以减少内部的不一致感。这种一致性不仅体现在个体自身的态度系统内部，还体现在个体与外界环境（如社会规范、重要他人）之间的协调上。为了维护一致性，个体可能会调整对某一对象或事件的评价、情感反应或行为倾向，以使其与已有的认知框架或社会期望相符合。

2. 社会影响原则

社会影响原则强调了社会环境在态度改变中的重要作用。个体在社会中生活，不可避免地会受到来自他人、群体或社会规范的影响。这些社会因素可以通过多种途径（如说服、模仿、社会比较等）作用于个体，影响个体态度的形成和改变。特别是当个体感到自己与周围环境或重要他人不一致时，他们可能会调整自己的态度以符合社会期望或群体规范。

3. 情感因素原则

情感因素在态度改变中起着不可忽视的作用。情感往往比理性认知更能直接、迅速地影响个体的态度和行为。因此，在态度改变过程中，积极利用情感因素可以增强说服效果。例如，通过唤起个体的积极情绪（如喜悦、满足）或避免消极情绪（如恐惧、愤怒），可以促使个体更容易接受新的观点或行为方式。同时，情感因素还可以增强个体对态度对象的认同感，从而进一步巩固态度改变的效果。

4. 逐步深入原则

逐步深入原则指的是在态度改变过程中，应该遵循循序渐进的原则，逐步引导个体从浅层次的认知改变深入情感和行为改变。这一原则强调了态度改变过程的复杂性和层次性。在初始阶段，可以通过提供简单、明确的信息来引起个体的注意和兴趣；随后，进一步通过逐步增加信息的复杂性和深度，引导个体进行深入的思考和评估；最后，通过强化个体的积极体验和情感认同，促使其形成稳定、持久的态度改变。这一过程需要耐心和细致的工作，但能够确保态度改变的持久性和有效性。

二、态度改变与旅游舆论危机事件应对

（一）态度改变的过程（霍夫兰态度改变—劝说情境模型）

态度改变是一个复杂的动态过程，涉及认知、情感和行为等多个层面的交互作用。而霍夫兰提出的态度改变—劝说情境模型，则为我们深入理解这一过程提供了重要的理论框架。

1. 说服者与说服信息的特征

在霍夫兰模型中，说服者是态度改变过程的起点，其可靠性、专业性和吸引力等因素直接影响说服效果。可靠性高的说服者往往能够赢得被说服者的信任，从而更容易传递信息并引发态度改变。此外，说服信息的内容、呈现方式和逻辑结构也是至关重要的。清晰、准确、有逻辑性的信息更容易被接受和理解，进而促进态度的转变。

2. 被说服者的特征

被说服者的特征在态度改变过程中同样扮演着重要角色。这包括被说服者的个人需求、动机、价值观、已有的知识结构和经验背景等。例如，当说服信息与被说服者的个人需求或价值观相契合时，更容易引发被说服者内心的共鸣和认同，从而促进其态度的改变。同时，被说服者的信息处理能力、认知偏见和防御机制等也会影响其对说服信息的接受程度和态度改变的效果。

3. 说服情境的影响

说服情境是指说服活动发生的具体环境或背景，包括物理环境、社会环境和心理环境等。物理环境如场所的布置、氛围的营造等都会对被说服者的情绪和心理状态产生影响。社会环境则包括群体规范、社会支持和社会压力等因素，这些因素可以强化或削弱说服效果。心理环境则涉及被说服者当下的心理状态、注意力水平等，它们会直接影响被说服者对说服信息的接收和处理。

4. **一致性机制与心理防御**

在态度改变过程中，一致性机制起着重要作用。当被说服者接收到的信息与原有态度不一致时，会产生心理上的紧张感。为了减轻这种紧张感，被说服者会努力寻求一致性，要么通过调整自己的态度来适应新信息（即态度改变），要么通过贬低或扭曲新信息来维护原有态度（即心理防御）。心理防御机制包括贬低信息源、歪曲信息和掩盖拒绝等方式，在一定程度上能够阻碍态度的改变。

（二）态度改变的影响因素

改变态度通常远比形成态度更为复杂和困难，不过其中也蕴含着一定的规律性。在多种因素的相互作用与影响下，态度会发生相应的变化。综合来看，影响态度改变的因素大致可以归纳为以下三个方面。

1. **旅游者本身的因素**

（1）需要。态度的改变与旅游者当时的需要密切相关，若能最大限度地满足旅游者当时的需要，则容易使其改变态度。

（2）性格。从性格上看，凡是依赖性强、暗示性高或比较随和的人容易相信权威、崇拜他人，因而容易改变态度；反之，独立性强、自信心高的人不容易被他人说服，因而不容易改变态度。

（3）智力水平。一般而言，智力水平高的人，由于具有较强的分析判断能力，能较为全面地审视各种观点，不轻易受他人的影响；反之，智力水平相对低的人，在分析观点时可能会面临更多困难，在面对外界信息时更容易受他人意见左右，因而在某些情况下改变态度的可能性相对较大。

（4）自尊心。自尊心强的人，心理防卫能力较强，不容易接受他人的劝告，因而态度改变也比较难；反之，自尊心较弱的人则敏感易变。

2. **态度形成特征与态度改变因素**

（1）态度形成的强度。人们对不同程度的刺激会产生不同的心理反应，因此形成态度的程度也会有很大的差别，这直接关系到态度的改变。在旅游过程中，旅游消费者受到的刺激越强烈、越深刻，其形成的态度强度往往就越大，相应地，这样的态度也就越难以改变。比如，旅游消费者在杭州购买了一条丝绸披肩，若该旅游产品的质量未达到期望值，便很可能导致该旅游消费者对该产品乃至生产企业形成强烈的不满情绪。这种不满一旦形成，便很难改变。

（2）态度形成因素的复杂程度。态度形成的因素越复杂，则态度的改变就越困难。若态度的形成只依赖一个因素，那么只要证明这一因素有误，态度就会改变。但是，若态度的形成是多种因素共同作用的结果，则态度的改变就十分困难。

（3）态度形成后持续的时间。态度一经形成，持续的时间越长越容易根深蒂固。很多旅游企业非常注重对旅游消费者态度的调查，了解旅游产品在旅游消费者心目中的形象，一旦发现问题立刻着手解决，以防旅游消费者消极或否定态度的固化。

3. 外界因素

（1）信息的作用。个体对信息传达者或输送渠道越信任，所产生的态度变化就越大。比如，乌镇请知名人士刘某作为乌镇旅游的代言人，刘某不但在大众心目中形象良好，而且气质也符合乌镇的旅游形象，因此，作为乌镇旅游信息传达者的刘某，比较有说服力，能获得旅游消费者的认可，从而使旅游消费者对乌镇旅游的态度发生转变。

（2）旅游消费者之间态度的相互影响。态度具有相互影响的特点，在旅游过程中，旅游消费者彼此分享思想、情感和意见，在这种交流互动的过程中，他们对某一旅游对象的态度很可能会受到影响并发生改变。

（3）所属群体规范的影响。个体的态度通常是与个体所属群体的期望和要求相一致的。群体的规范会在无形之中形成一种压力，影响着团体内成员的态度。此外，当个体改变了自己所处的群体时，其态度可能会发生改变，与新的群体规范相适应。

（三）态度改变的思路或策略

1. 更新旅游产品，提高旅游产品质量

从某种意义上讲，更新旅游产品是改变旅游消费者态度的最基本、最有效的方法。只有不断提高旅游产品质量，才能长期占有稳定的市场，保持源源不断的客源。要使旅游消费者改变对某种旅游产品的态度，最简便的方法往往是改变旅游产品本身，然后，以某种方式确保旅游消费者发现这个改变。因此，旅游企业可以从改善旅游基础设施建设、运用先进技术提高服务水平、对旅游从业人员进行业务训练及运用价格策略等方面来更新旅游产品，提高旅游产品质量。

2. 重视旅游宣传

信息是态度形成的一个重要因素，也是态度改变的重要依据，向旅游消费者宣传新的旅游信息会产生改变态度的效果。旅游市场不断变化，新的信息不断产生，旅游消费者掌握的新信息越多，旅游态度改变的可能性就越大。目前，旅游行业非常重视旅游宣传，通过不同的宣传途径，如做广告、举办讲座、开办展览、发行小册子、制作旅游电视节目等，向旅游消费者输送新的旅游知识和信息，从而改变他们的旅游态度。

3. 引导人们参加旅游活动

积极参加实践活动，既可以促进某种态度的形成，也可以促使某种态度的改变，因为实践活动能够促进人们相互了解、认识新事物，吸收有利于某种态度形成或导致原有态度改变的新信息。特别是在旅游活动中，当旅游消费者离开原来的工作、生活环境，融入新的旅游环境，新的环境、新的生活、新的朋友、新的感受使旅游消费者对旅游有了全新的认识和理解，使原有的消极旅游态度发生改变，新的积极旅游态度形成。引导游客积极参加旅游活动、创造机会十分必要，旅游相关部门应积极做好旅游活动策划工作，吸引更多的旅游消费者投身旅游活动。

4. 旅游舆论危机事件应对

面对旅游舆论危机事件，旅游企业需要从旅游消费者态度的角度出发，采取一系列有效的应对策略来消除负面影响、恢复企业形象和声誉，重塑旅游消费者的积极心理状态。

（1）及时监测和预警。旅游企业需要建立完善的舆情监测体系，通过舆情监测工具（如TOOM舆情监测系统）对社交媒体、旅游论坛等渠道上的舆论动态进行及时监测。收集和分析相关信息，及时发现潜在的危机风险并发出预警。TOOM舆情监测系统能够帮助旅游企业及时掌握旅游消费者的态度和情绪变化。当发现负面信息时，旅游企业可以立即启动应急预案，迅速响应并采取有效措施来消除负面影响。同时，舆情监测还可以帮助旅游企业了解旅游消费者的需求和期望，为制定有效的应对策略提供有力支持。

（2）迅速响应和积极沟通。一旦发生旅游舆论危机事件，旅游企业需要迅速响应并积极与旅游消费者进行沟通。通过官方渠道发布真实、透明的信息，澄清误解并消除谣言。同时，旅游企业还需要主动与媒体和利益相关方进行沟通，解释情况并回应质疑。迅速响应和积极沟通是应对旅游舆论危机事件的关键。通过及时发布官方声明和回应质疑，旅游企业可以展现自身的责任感和诚信度，赢得旅游消费者的信任和支持。同时，积极与媒体和利益相关方进行沟通还可以扩大信息的传播范围，引导舆论向积极方向发展。

（3）真诚道歉和积极整改。在应对旅游舆论危机事件时，旅游企业需要真诚地向旅游消费者道歉并承诺积极整改。通过实际行动来弥补旅游者的损失并改善服务质量。同时，旅游企业还需要邀请第三方机构进行独立调查和监督，以确保整改措施的有效实施。真诚道歉和积极整改是恢复旅游者信任和满意度的有效手段。通过真诚道歉并承诺积极整改，旅游企业可以展现自身的诚意和决心，赢得旅游消费者的谅解和支持。同时，邀请第三方机构进行独立调查和监督还可以增强整改措施的可信度和公信力，进一步巩固旅游消费者的信任和支持。

（4）加强危机公关和品牌建设。在应对旅游舆论危机事件的过程中，旅游企业需要加强危机公关和品牌建设。通过有效的危机公关策略来减轻负面影响并提升品牌形象；通过加强品牌建设来增强旅游企业的市场竞争力和品牌忠诚度。危机公关是应对旅游舆论危机事件的重要手段之一。通过制定有效的危机公关策略并付诸实施，旅游企业可以迅速控制事态发展并减轻负面影响。同时，加强品牌建设也是提升旅游企业形象和声誉的重要途径之一。通过加强品牌建设可以提升旅游企业的知名度和美誉度，增强旅游消费者的品牌忠诚度和购买意愿。

（5）持续改进和优化服务。在应对旅游舆论危机事件之后，旅游企业需要持续改进和优化服务以确保类似问题不再发生。通过加强内部管理、提升员工素质、完善服务流程等措施来不断提升服务质量和顾客满意度。加强内部管理可以确保服务质量的稳定性和可靠性；提升员工素质可以提高员工服务水平和专业素养；完善服务流程可以提升服务效率和顾客体验，这些都是应对旅游舆论危机事件、持续改进和优化服务的长期任务。这些措施将有助于旅游企业更好地满足旅游消费者的需求和期望，增强旅游消费者的满意度和忠诚度。

复习与实践

一、判断题

1. 在社会心理学中，态度的定义通常包含认知、情感、感知和行为倾向四个成分。（　　）

2. 根据弗里德曼的理论，态度仅影响个体的行为。（　　）

3. 在态度的形成过程中，个体为了获得奖励或逃避惩罚而采取与他人表面上相一致的行为属于依从阶段。（　　）

4. 在语义差别量表法中，人们对特定概念的反应主要在评价、能量、活动这三个方面表现出差异。（　　）

5. 旅游消费者的态度会直接影响其对旅游目的地、旅游产品及相关服务的选择。（　　）

二、不定项选择题

1. 关于态度的定义，以下（　　）是正确的。

A. 态度是社会心理学中的一个核心概念

B. 态度仅由情感成分构成

C. 态度包含认知、情感和行为倾向三个成分

D. 态度是短暂且不稳定的心理现象

E. 态度可以反映个体的内心状态和价值取向

2. 在旅游消费者行为中，态度的认知成分包括（　　）。

A. 对旅游目的地的文化背景的了解

B. 对旅游产品的满意度评价

C. 对旅游服务的价值评价

D. 对旅游目的地的交通状况的认识

E. 旅游过程中的情感体验

3. 根据认知失调理论，个体在面对认知失调时，可能会采取以下（　　）来减少这种不适感。

A. 增加与当前行为不一致的认知

B. 改变行为以符合原有态度

C. 忽略所有相关认知

D. 减少对原有态度的关注

4. 态度的行为倾向成分体现在（　　）。

A. 是否愿意选择某个旅游目的地　　B. 对旅游产品的价值评价

C. 购买某种旅游产品的意愿　　D. 对旅游服务的满意度

E. 接受某项旅游服务的意愿

5. 当个体处理信息的动机和能力都较高时，他们更可能采用（　　）来处理信息。

A. 中心化路径　　B. 外围性路径

C. 混合路径　　D. 随机路径

6.（　　）属于态度的特征。

A. 社会性　　B. 对象性

C. 协调性　　D. 易变性

E. 两极性

7. 态度的功能包括（　　）。

A. 调节功能　　B. 自我防卫功能

C. 价值表现功能　　D. 预测功能

E. 知识功能

8. 在态度测量法中，（　　）可以用于测量消费者的态度。

A. 瑟斯顿量表法　　B. 李克特量表法

C. 语义差异量表法　　D. 观察法

E. 实验法

9. 关于瑟斯顿量表法，以下说法（　　）是正确的。

A. 该方法使用陈述性题目构成问卷

B. 题目按照强弱程度形成连续统一系统

C. 被测者选择同意的题目，并根据量值确定态度倾向

D. 该方法测量程序简单，易于操作

E. 该方法对于复杂态度的测量具有良好的效果

10. 语义差异量表法主要用于测量（　　）。

A. 人们对特定概念的情感反应

B. 人们对特定事物的认知评价

C. 人们对特定行为的准备状态

D. 人们对特定概念或事物的语义分化

E. 人们对特定刺激的生理反应

三、简答题

1. 期望理论的核心观点是什么？
2. 认知反应理论是如何解释态度形成的？
3. 刺激—反应论在态度形成中是如何起作用的？
4. 霍夫兰态度学习理论的主要观点有哪些？
5. 海德平衡理论和认知失调理论在解释态度改变上有何异同？
6. 态度改变的原则有哪些？

四、案例分析

某知名旅游度假村近期遭遇了严重的舆论危机。起因是一位知名博主在社交媒体上发布了一篇关于该度假村服务质量低下的文章，文章中详细描述了他在度假村遇到的各种问题，如房间设施陈旧、服务态度冷漠、餐饮质量差等。这篇文章迅速在网络上发酵，引发了大量网民的关注和讨论，对度假村的形象和声誉造成了极大的负面影响。

面对这一危机，度假村管理层迅速建立了舆情监测小组，实时跟踪社交媒体和相关论坛上的舆论动态，并收集和分析相关信息。同时通过官方社交媒体账号发布了声明，对博主的文章进行了回应，承认存在的问题，并表示将立即进行整改。度假村负责人也主动联系了博主和其他受到影响的游客，表达了歉意，并承诺提供补偿措施。同时，度假村也与媒体进行了沟通，解释情况并回应质疑。还邀请了第三方机构进行独立调查，并根据调查结果制订了详细的整改计划，包括更新房间设施、提升服务水平、改善餐饮质量等。为了弥补此次事件造成的损失，度假村加强了自己的品牌建设，通过一系列营销活动来改善声誉，同时加强内部管理，提升员工素质，完善服务流程。

问题：

（1）度假村在应对舆论危机时采取了哪些策略，并依据霍夫兰态度改变—劝说情境模型，评估这些策略的有效性。

（2）结合态度改变的影响因素，讨论该旅游度假村在未来如何进一步巩固和提升游客的积极态度。

五、实训题

黔西游船事故后的旅游消费者态度诊断与危机公关策略设计

2025 年 5 月 4 日，贵州毕节黔西市乌江百里画廊景区因突发大风导致 4 艘游船倾覆。经核查，涉事船舶未超载，但事故暴露景区应急管理短板。作为景区公关负责人，请你完成以下任务。

任务 1：态度诊断

旅游安全一直都是游客关注的重点问题，景区出现旅游安全事故会严重消解游客的积极出游动机，此次游船倾覆事件对乌江百里画廊景区造成了极大的负面影响，甚至会对整个贵州省的旅游产业带来负面评价，因此，请以此次危机事件为背景，设计一份李克特量表问卷，测量游客对贵州省和对乌江百里画廊景区的出游态度，问卷需要分别测量危机事件之前，游客对贵州的情感成分和行为倾向，同时，也需要测量事件之后对贵州旅游的情感态度与行为倾向，以便于做出比较，同时解释事件前后态度发生转变的原因。

任务 2：危机应对

基于霍夫兰的“态度改变—劝说情境模型”，结合问卷调查的数据分析，撰写一份 200 字以内的危机回应声明，需包含：

（1）说服者身份设计（谁发声）；

（2）信息内容策略（如何解释/承诺）；

（3）情感补偿措施（如何修复情绪）。

结合数据分析结果，形成科学，可解释，经得住推敲的危机公关声明。

任务 3：效果预测

用认知失调理论分析：通过文献查找，资料收集等多种方式进行，评估危机公关前后的游客态度转变，并尝试深度解读游客在面对公关前后的态度可转变过程，并尽可能给出转变的具体原因，并构建景区公关的有效路径。

第九章　旅游者个性与旅游行为

案例导入

随着人民文化权益和旅游权利的进一步普及，按照中等发达国家的水平，未来十年的国民出游情况为每年 7~8 次，预计人均出游天数每年将会超过 10 天。随着“80后”“90后”逐步成为消费主力，这些在物质条件更优越、文化氛围更浓厚的环境中浸染出来的旅游消费者，对文化、艺术、时尚的追求，对规模化生产、价格战等现象的反思，都让他们的消费需求呈现不同的内涵和表现形式，也将现代的文化旅游生活方式更多指向了具有精神内核的生活美学。

思考：影响当代青年旅游消费者个性形成和发展的因素有哪些?

学习目标

一、知识目标

1. 掌握个性的概念、特征。
2. 明白什么是气质，并掌握气质的类型。
3. 了解个性类型、气质类型与旅游行为的关系。
4. 理解并掌握基于不同旅游个性的营销和服务策略的制定方法。

二、能力目标

1. 能够运用相关理论分析游客的个性特征。
2. 能够根据游客的个性特点和气质特征制定有效的营销策略。
3. 能够通过观察旅游者的行为分析其个性特点，预测其行为倾向，制定合理的应对策略。

三、思政目标

1. 通过对旅游者个性、气质的学习了解，使学生认识到应平等地尊重具有不同个性及气质的个体。
2. 通过案例分析和讨论等教学方式，让学生认识到旅游是人们陶冶情操、彰显个性的有效途径，我们的工作是要更好地为人们创造这种条件。

3. 根据个性及气质的特征，结合旅游活动的特点和要求，帮助学生树立以人为本、因人而异的行事作风，培养学生的职业道德和职业操守，强化学生的服务意识和服务能力培养，引导学生树立正确的职业发展观和就业观。

本章重难点

1. 个性的概念、特征和影响因素。
2. 个性类型的分析。
3. 气质的概念、类型。
4. 不同气质类型旅游者的旅游倾向。
5. 个性营销的概念。

重点概念

1. 个性：个性是个体比较稳定的心理倾向和心理特征的总和。个性倾向性是指人在活动过程中，对事物所持有的看法、态度和意识倾向。个性心理特征是指个体区别于他人，经常而稳定地表现出来的心理特点。

2. 气质：气质是指表现在心理活动的强度、速度、灵活性和指向性等方面的一种稳定的心理特征，气质与性格、能力共同构成了一个人的个性心理特征。

3. 个性营销：是指旅游企业通过深入了解旅游消费者的个性类型和个性心理特征，如气质、兴趣爱好、动机、性格等，分析其购买特征及需求，在旅游核心产品、形式产品或延伸产品层面赋予个性化色彩，并通过调整营销组合，提供个性化、差异化的旅游产品或服务，满足旅游消费者具体的、独特的需要和愿望的营销方式。

每个人都有自己独特的个性。在社会交往中，有的人虽曾见过一面，却给别人留下长久的回忆，而有的人尽管长期与别人相处，却从未在别人心目中掀起波澜。出现这种现象的原因就是个性在起作用。一般来说，鲜明的、独特的个性容易给人以深刻的印象，而平淡的个性则很难给人留下什么印象。学习和研究个性对于旅游工作者具有十分重要的意义。

第一节　个性概述

一、个性的概念与特征

（一）个性的概念

个性一词来自拉丁文“Persona”，原指演员所戴的“面具”，后来泛指人物、角色及其内心的特征或心理面貌。在心理学中，广义的个性与人格是同义词，指个人的一些意识倾向和各种稳定而独特的心理特征的总和。狭义的个性通常指个人心理面貌中与共性相对的个别性，即个人独具的心理特征。在欧洲，也有些心理学家把人格看作性格的同义词。本书采用以下定义：个性是个体比较稳定的心理倾向和心理特征的总和。

1. 个性倾向性

个性倾向性是指人在活动过程中，对事物所持有的看法、观点和意识倾向，是个性结构中最活跃的因素，决定着人对周围世界认识和态度的选择和趋向，具体包括需要、动机、爱好、态度、理想、信仰和价值观。

2. 个性心理特征

个性心理特征是指个体区别于他人，经常而稳定地表现出来的心理特点，是多种心理特征的组合。个性心理特征主要包括能力、气质、性格，比较集中地反映了人的心理面貌的独特性。其中，能力标志着人在完成某种活动时的潜在可能性上的特征；气质标志着人在进行心理活动时，在强度、速度、稳定性、灵活性等动态性质方面的个体差异性；性格则更鲜明地标志着人对现实的态度和与之相适应的行为方式上的个人特征。

（二）个性的特征

1. 独特性

个性具有独特性，比如有的人脾气暴躁，有的人性格温和；有的人喜欢热闹，有的人喜欢安静。即使是同卵双胞胎长大成人也同样具有自己个性的独特性，这是因为个性是遗传、环境、后天学习等多种因素相互作用的结果，由于遗传、环境、后天学习等多种因素在每个人身上的组合和作用方式都会有所差异，所以人与人之间的个性不会完全相同。

2. 整体性

个性是个完整的统一体。一个人的各种个性倾向、心理过程和个性心理特征都不是孤立存在的，而是有机地结合在一起并作为整体来认识世界和改造世界的。正常人的行为并不是某一特定成分（如能力或情感）运作的结果，而是各个成分密切联系、协调一致所进行的活动。

3. 稳定性

人的个性是在一定的社会历史条件下，通过长期社会生活逐渐形成的，并且一旦形成，就具有相对的稳定性。一个人的行为中也会表现出一些偶然的心理特征和倾向，但这些并不能表示他的个性，只有比较稳定的、经常表现出来的心理特征和倾向才能代表一个人的个性。“江山易改，禀性难移”就很形象地说明了这一点。

4. 可塑性

个性的可塑性也可称作发展性，是指个性是随着个体成长，个体心理不断丰富、发展、完善，逐渐形成的，而且随着社会环境和人际关系的变化，人的个性也会发生或多或少的变化。需要强调的是，可塑性与稳定性并不矛盾，个性所体现出来的稳定性是相对的，而不是绝对的。比如，一个平时活泼快乐的人，突遭重大变故，精神受到重大打击，可能会变得沉默寡言，个性发生变化。

5. 社会性

个性的社会性是个性的最本质特征。个性是社会关系的客体，同时它又是一定社会关系的主体。个性是指处于一定社会关系中的个体，以及该个体所具有的独特意识，体现了个体与社会环境的相互作用。

二、个性的形成和影响因素

个性是在一定的历史条件下，由先天遗传、生存环境和社会实践综合作用逐渐形成的，遗传因素、环境因素和社会实践因素也成为影响个性的主要因素。

（一）遗传因素

“个性是天生的”，这句话并不能说完全是错的，因为个性的形成过程中的确有一部分受先天遗传因素的影响，而且遗传因素是最早对人的个性产生影响的因素。遗传因素是指个体生来就具有的生理特征，比如人的形态、运动器官、神经系统，特别是大脑的结构和机能特点。但是，先天遗传因素对个性的形成和发展产生的是基础性作用，并不是决定性影响因素，因此，“个性是天生的”这句话也不能说是完全正确的。

（二）环境因素

影响个性形成和发展的环境因素很广泛，比较重要的因素有家庭环境、学校教育和社会文化等。

1. 家庭环境

在个性形成中，家庭环境的影响是根源。家庭对子女的教育，除了按社会的要求使其发展成为满足社会要求的人，还以自己的家庭特点给子女以影响，对人早期尤其是儿童时期的个性影响是最大的。家庭成员特别是父母是儿童最早的学习对象，他们的生活经验、价值观念、行为方式、教育态度和教育方法等都可以通过直接的或间接的方式影响儿童个性的形成，儿童在家庭中的地位也会在他的个性中留下深刻的烙印。比如，儿童若受家庭的溺爱，会养成任性、娇气、执拗等不良性格。而父母本身的个性特征，也会通过言传身教影响子女的个性，俗语“有其父必有其子”就是如此。

2. **学校教育**

学校教育是有目的、有计划、有组织地培养人的活动，在人的身心发展中起主导作用，给人的影响比较全面、系统和深刻。与其他环境因素相比，学校教育能更好地排除和控制环境中的一些不良因素对人的影响，给人更多正面的引导，从而使人的个性朝着更符合社会规范和价值观的方向发展。比如，小学开展爱国主义思政教育，学生们尊敬国旗和国歌，无论何时何地，当国歌响起时他们都会止步，面向红旗方向敬礼。

3. **社会文化**

每个社会都有自己独特的文化传统，生活在其中的人，其个性不可避免会受到本社会文化的影响。每个社会的文化特质各有特点，在长期的历史发展过程中，这些文化特质依据不同的构成方式形成不同的文化系统或体系，并逐渐演化出独特的文化特征。文化模式一旦形成就会反作用于人的心理，对人的个性产生影响。一个社会通常要求其成员具有大体相同的行为模式，而不同社会在看待问题的视角、解决问题的方式和行为模式等方面往往存在差异。比如，在中国提倡尊老爱幼，年轻人给老年人让座是美德，但在一些西方国家，给老年人让座或提供帮助反而被认为是对其不尊重，甚至是歧视。

（三）社会实践因素

家庭环境、学校教育和社会文化只是学生个性形成和发展的外因，至于个体究竟会形成什么样的个性，主要取决于他们各自经历的社会实践过程。在社会实践中，个体扮演特定社会角色，承担一定的社会责任，必须适应社会环境才能生活和发展，这促使个体形成和发展符合社会要求的态度体系、行为方式等个性特征。比如，军人的严谨性是通过长期的部队生活培养出来的，即使以后离开军营，这种良好的特征通常也会持续下去。

三、个性与旅游行为

（一）个性特征与旅游行为关系

对个性特征的研究，重点一般放在个人对自己环境中一再出现的刺激和事件稳定的反应方式上，确定和分析个性的大量研究工作，是以对个性特征的测量和评价为基础的，但是对个性特征与旅游行为关系的研究并不多。1969 年，加拿大旅游局对大批加拿大成年人抽样调查，揭示了各种个性特征与度假旅游行为之间确实存在某些实质性的联系。抽样结果表明，度假旅游的加拿大人的个性与那些假期待在家里或从不度假的人相比，他们更加活跃、自信、善于交际，旅游者对交通工具、出游季节、目的地及具体旅游活动的选择也和个性密切相关，不同类型的旅游者所具有的个性特征如表 9-1 所示。

表 9-1　不同类型的旅游者所具有的个性特征

旅游者类型	个性特征
驱车旅游者	经常沉思、活跃、善于交际、开朗、自信
乘飞机旅游者	非常活跃、非常自信
乘火车旅游者	经常沉思、被动、冷淡、不善交际、忧虑、喜欢依赖他人、情绪不稳定
乘公共汽车旅游者	喜欢依赖他人、忧虑、敏感、好斗
国内旅游者	开朗、活跃、无忧无虑
国外旅游者	自信、值得信赖、经常沉思、冲动、勇敢
男性旅游者	经常沉思、勇敢
女性旅游者	冲动、无忧无虑、勇敢
探亲访友者	被动
观光者	经常沉思、敏感、情绪不稳定、放纵、被动
户外活动者	勇敢、活跃、不善交际、忧虑、喜怒无常
冬季旅游者	活跃
春季旅游者	经常沉思
秋季旅游者	情绪稳定、被动

从以上可以看出，个性特征确实能够影响旅游行为。我们虽然不能单凭一项研究就得出结论，但是可以借助研究更好地理解为什么旅游者在旅游环境中会做出各种决策。

（二）个性类型与旅游行为关系

学者普洛格（Stanley Plog）将个性分为精神中心型和异中心型两类。精神中心型的旅游者显然对生活的预见性有强烈的要求，他们喜欢前往熟悉的旅游目的地，不喜欢猎奇探险，他们的旅游动机更多偏向休息和娱乐，并倾向于有条不紊的出行安排。而异中心型的旅游者则希望生活中出现不可预见的东西，喜欢探险，更喜欢全新的旅游体验，不喜欢循规蹈矩。两种旅游者的个性特征影响了他们对旅游目的地的选择，精神中心型旅游者和异中心型旅游者的个性特征如表 9-2 所示。

表 9-2　精神中心型旅游者和异中心型旅游者的个性特征

精神中心型旅游者	异中心型旅游者
选择熟悉的旅游目的地	选择未开发的旅游地区
喜欢旅游目的地的一般性活动	喜欢新鲜刺激的活动

续　表

精神中心型旅游者	异中心型旅游者
选择晒日光浴和游乐场所	喜欢新奇、不同寻常的旅游场所
活动量小	活动量大
喜欢能驱车前往的旅游目的地	喜欢乘飞机去旅游目的地
喜欢现代化的旅游设施	不一定是现代化的旅游设施
喜欢充满家庭氛围的、熟悉的娱乐活动，不喜欢外国氛围	愿意接触外国文化和风俗习惯
准备齐全的旅行装备，事先安排好全部行程	旅游活动安排具有较大灵活性

普洛格在研究中发现，典型的精神中心型旅游者对迈阿密海滨等知名的旅游目的地感兴趣，而典型的异中心型旅游者则对那些鲜为人知的旅游目的地更感兴趣，诸如部分南太平洋岛屿、部分非洲原始部落等。大多数人属于中间型旅游者。

图 9-1 说明了旅游者的个性类型与旅游目的地类型的关系，但是这种对应的关系并不是一成不变的，而是相对的、不稳固的。随着时间的推移，一些旅游者的出游行为会由精神中心型向异中心型转变，人们会随着旅游活动的开展和深入逐渐变得活跃起来，精神中心型旅游者会发生变化，而中间型旅游者会变成近似异中心型旅游者。同时，随着时间的推移，旅游目的地也会沿着从熟悉的旅游目的地向未开发的旅游地区的方向移动和变化，原本只有异中心型旅游者才会感兴趣的旅游目的地，会逐渐吸引更多类型的旅游者，从而使该旅游目的地变得更受欢迎。

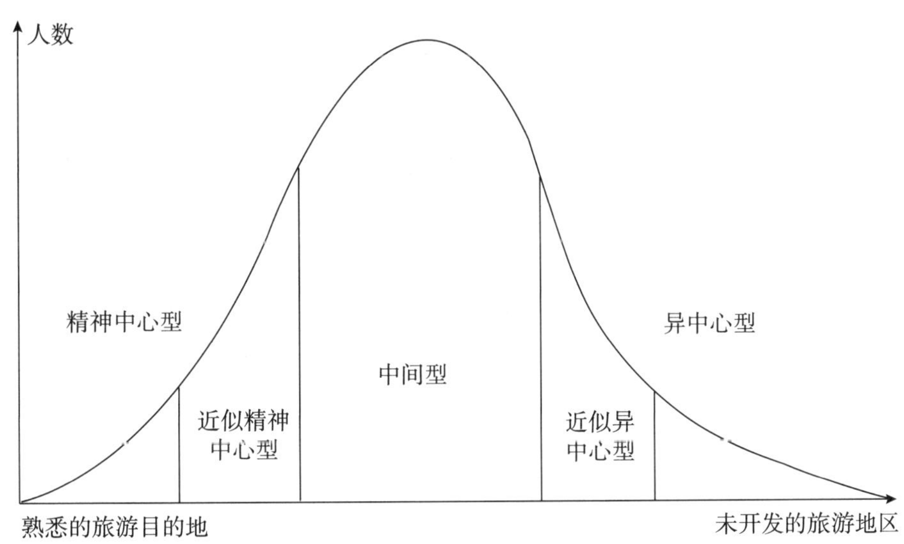

图 9-1　旅游者的个性类型与旅游目的地类型的关系

第二节　旅游消费者气质与旅游倾向

旅游消费者的气质差异决定了旅游消费者对自身获得价值的不同感受。研究旅游消费者不同气质类型的成因以及变化规律，对于了解其旅游倾向具有极其重要的意义，这也是进行旅游营销策略决策的重要前提。

一、气质的界定

所谓气质，就是表现在心理活动的强度、速度、灵活性和指向性等方面的一种稳定的心理特征，气质与性格、能力共同构成了一个人的个性心理特征。气质的差异性体现在人的认识、情感、言语、行动中，主要表现在心理活动发生时情绪体验的强弱、意志力的强弱、注意力集中时间的长短、知觉或思维的快慢等方面。

人的气质差异是先天形成的，不易改变，没有好坏之分，受神经系统活动过程的特性制约。不同的气质给人的言行加上了不同的色彩，但是气质不能决定一个人的社会价值，也不直接代表社会道德水平。任何气质的人，只要通过自身努力，都有可能在不同的领域取得成就。

二、气质的类型

关于气质类型的研究，主要有四体液病理学说、高级神经活动说、气质模型说、血型说、体质说等。

早在公元前 5 世纪，古希腊医师希波克拉底（Hippocrates）就提出了四体液病理学说。他认为，人的体内有四种体液：血液、黏液、黄胆汁和黑胆汁，如果这四种体液协调，人就健康，否则人就会生病。根据这四种体液在人体中的比例，可将人的气质划分为四种基本类型：多血质、黏液质、胆汁质和抑郁质。多血质的人，体液比例中血液占优势，黏液质的人黏液占优势，胆汁质的人黄胆汁占优势，抑郁质的人黑胆汁占优势。

人们习惯用四体液病理学说来描述一个人的气质类型和表现特征，但是在现实生活中，单纯属于其中某一气质类型的人并不多，大多数人的气质类型是兼而有之的。有些人是两种气质的混合型，如多血质—胆汁质型、抑郁质—黏液质型，有些人则是三种或四种气质的混合型。

气质类型与个体行为特征如表 9-3 所示。

表 9-3　　气质类型与个体行为特征

气质类型	神经活动特点	神经类型	行为特征
多血质	强、平衡、灵活	活泼型	活泼、好动、敏感、反应迅速、喜欢与人交往，但做事缺乏持久性，注意力容易转移

续 表

气质类型	神经活动特点	神经类型	行为特征
黏液质	强、平衡、不灵活	安静型	安静、稳重、坚毅、反应迟缓、善于克制、情绪不易外露，但容易冷漠、固执、缺乏灵活性
胆汁质	强、不平衡	兴奋型	直率、热情、精力旺盛、容易兴奋，但自我控制能力较差、容易冲动、感情用事、心境变化剧烈
抑郁质	弱	抑制型	孤僻、行动迟缓、敏感多疑、感情脆弱，但想象力丰富、踏实稳重、细心、守纪律、善于观察细节

巴甫洛夫是俄国著名的生理学家、心理学家和高级神经活动说的创始人。巴甫洛夫从高级神经活动的特点来分析人的气质，他在研究动物的条件反射时，发现大脑神经系统有三个基本特性：强度、灵活性和平衡性。强度是指神经细胞接受强烈刺激的能力或持久工作的能力和耐受力；灵活性是指兴奋过程或抑制过程相互转换的速度；平衡性是指兴奋过程和抑制过程的相对力量大体相同。巴甫洛夫根据三个基本特性的不同组合，将高级神经活动分为四种基本类型，即活泼型、安静型、兴奋型和抑制型，分别与希波克拉底的四种气质类型相对应，四种气质类型即四种基本的高级神经活动类型的行为表现。

三、气质类型与旅游行为

在旅游活动中，不同旅游者具有不同的气质类型，并通过言行举止表现出来。通过分析不同气质类型的旅游者与其行为之间的关系，可以更好地提供个性化的旅游产品和服务。

（一）多血质旅游者

多血质旅游者活泼好动，比较喜欢参与刺激性强、花样多的活动。他们乐观开朗，对人热情大方，喜欢与他人交往，并能够很快与他人熟悉起来。他们思维敏捷，理解能力强，反应快，比较感性，对各种新闻很感兴趣。但是这种旅游者的情感多变，和他人结成的友谊比较短暂，也不深厚，会给人留下浮躁、缺乏耐性的印象。

在旅游过程中，面对这类旅游者，旅游从业人员应该尽可能地多与其沟通，不能对他们置之不理，但交谈时尽量语句简洁、重点鲜明，否则他们会不耐烦。旅游从业人员在活动中向他们尽量多介绍特色饮食，为他们配备的食谱要有变化，并将旅游目的地的娱乐活动和项目主动介绍给他们。

（二）黏液质旅游者

黏液质旅游者喜欢清静，很少发脾气，自制力较强，做事有条不紊，生活非常有规律。他们感情很少外露，也不会主动与他人交谈，不容易受感动，对新的环境不容易适应，具有“怀旧”情结，反应比较迟缓。在旅游过程中，旅游从业人员要尽量将他们安排在安静的客房，与他们交谈时注意语速，尽量讲话慢一点，在他们点菜、购物过程中，应当允许他们做比较和进行稍长时间的考虑。

（三）胆汁质旅游者

胆汁质旅游者对人热情，精力充沛，喜欢与他人交往，讲话直率，语速比较快，喜欢与他人争论，爱打断别人的讲话。他们的喜怒哀乐经常会表露在外，表现得非常活跃，但这种类型的旅游者比较冲动、易感情用事，他们通常比较粗心，容易遗失东西。

在旅游活动中，旅游从业人员尽量不要与这类旅游者发生言语冲突，也不要过于计较他们有时不顾后果的行为或言语，为他们办事时速度尽可能快一点，并在吃饭、入住或出游活动中，适时地提醒他们不要遗留物品。

（四）抑郁质旅游者

抑郁质旅游者往往敏感、多疑、沉默寡言，自尊心很强，情感很少外露，不喜欢主动与人交往，通常不合群或很羞涩，但是他们心思非常细腻，想象力丰富，情感体验深刻，能注意到一般人不易发现的细节，这种类型的旅游者与他人讲话时语速较慢，反应较迟缓。

在旅游活动中，旅游从业人员要注意尊重他们，主动关心他们，与他们交谈时要清楚明了，不要流露出不耐烦的表情，不要乱开玩笑，以免引起他们的误会和猜忌。一般应把这类旅游者安排在比较清静的单间休息，在出游活动临时调整时，旅游从业人员要耐心解释原因，当他们生病或出现其他意外情况时，旅游从业人员要给予他们特别的关注。

案例分析

如何面对不同气质类型的游客

在出游过程中，习惯上将旅游者按照“二分法”分为“内向型”和“外向型”两类。以爬长城为例，如果不考虑身体方面的原因，第一次爬长城的旅游者会分成两部分：很快就走到前面去的是外向型的，慢慢地走在后面的是内向型的。要注意的是，这里不是以旅游者所达到的高度为标准，而是以旅游者爬长城的速度为标准。要注意旅游者可能有“逆向表现”，就是与平时的表现正好相反。比如，有的人平时不爱说话，不喜欢运动，在旅游中却很喜欢说话，很喜欢动作幅度比较大的活动。

不管用哪种分类方法，都要考虑旅游团队中有没有出现“帮派”，有“帮派”时，不太容易看出旅游者的气质。例如，爬长城时如果“帮派”中外向型的旅游者居多，这些旅游者就会一起跑在前面，但其中也可能有少数旅游者属于内向型；同样，如果“帮派”中内向型的旅游者居多，这些旅游者就会一起走在后面，但其中也可能有少数旅游者属于外向型。在这种情况下，要比较准确地判断旅游者的气质类型，就需要从多方面综合考察。

分析：气质是人的比较稳定和典型的，反映心理活动的强度、速度、灵活性和指向性的心理特征。我们主要通过观察行为和情绪来判断人的气质。在社会关系稳定、社会角色明确的条件下，人们为了适应社会，有可能改变自己的行为方式，掩盖自己真正的气质。但是，在旅游团特有的群体条件下，旅游者的行为容易表现出他们真正的占主导的气质类型。气质主要与人的生理特点直接相关，不同国家、地区，不同民族，不同语言，不同文化程度的人群中都存在相同的气质类型。旅游从业人员应该让自己的工作与旅游者的主导气质基本吻合，做到因人制宜，事半功倍。

第三节　基于旅游个性的营销与服务策略

学会分析旅游消费者的个性类型和特征，了解不同气质类型旅游者的旅游倾向，最终目的是要基于旅游消费者个性制定营销与服务策略，让旅游项目或服务更有针对性，开展个性营销。本节重点阐述个性营销及其实施步骤。

一、个性营销

（一）个性营销的内涵

目前尚无对个性营销较为统一和确定的说法，本书认为个性营销是指旅游企业通过深入了解旅游消费者的个性类型和个性心理特征，如气质、兴趣爱好、动机、性格等，分析其购买特征及需求，在旅游核心产品、形式产品或延伸产品层面赋予个性化色彩，并通过调整营销组合，提供个性化、差异化的旅游产品或服务，满足旅游消费者具体的、独特的需要和愿望的营销方式。

个性营销策略的主要依据是旅游消费者的个性特征和心理倾向，强调满足旅游消费者的个性需求，以单个旅游消费者或旅游消费群为导向，强调个性化的营销方式，它的出发点和归宿点都源于旅游消费者个性方面的特定需求。由于不同旅游消费者具有不同的个性特征和心理倾向，旅游企业的目标市场应根据旅游消费者个性的不同进行划分和归类，通过产品和服务的创新，精耕细分市场，致力于创造多样化的产品和服务。

（二）个性营销的作用

1. 满足多元个性需求，提升旅游体验

如今，人们生活水平与受教育程度提升，交通越发便利，旅游消费者的需求日益多元化和个性化。例如，同样是为缓解工作压力选择旅游放松，不同人偏好各异。有人钟情于安静地感受异域风土人情；有人热衷于在旅途中结识新朋友，追寻难忘经历以获得心灵满足；有人向往漫步沙滩享受日光浴，驱散周身疲惫；还有人喜爱探险、骑行、登山甚至参与极限运动，借刺激体验舒缓紧张。了解这些个性特征，旅游企业就能精准提供差异化服务，极大提升游客的旅游体验。

2. 深化个性化服务内涵

传统个性化旅游服务多局限于特定旅游项目。而在新时代，借助智能软件技术，企业能更精准地细分和定位用户，提供更丰富多元的服务。以私人定制旅游模式为例，旅游机构依据消费者个人爱好与出行需求设计行程，消费者也能参与其中，充分表达自身的理性诉求和情感偏好，从而实现对旅游设计的深度认同。

3. 推动消费者角色转变，创新限量营销策略

在传统市场营销关系中，买方市场下产品供大于求，企业竞争激烈，消费者处于被动地位。个性营销则另辟蹊径，企业从消费者个性需求出发，创新营销策略。比如，通过降低供应量、提高价格、精准筛选目标消费者等方式，降低产品或服务的可获得性，反而激发消费者的购买欲望。这种策略促使消费者从被动接受营销转变为主动寻求交换，成为积极的营销参与者。

二、个性营销策略实施步骤

1. 依据个性识别旅游消费者，进行差异化分析

对旅游服务企业来说，识别企业的消费者是一切营销管理的基础。个性营销策略要求在识别旅游消费者时，以旅游消费者个性类型为参考依据，明确顾客的气质、性格及其在出行方面的兴趣、爱好等，并对他们的个性特质进行差异化分析，按其消费方式上的一两个共同特征进行分析归类，建立个性与旅游倾向之间的关系，从而将旅游消费者划分成为具有鲜明特征的消费群体，甚至是个别对象。

2. 建立旅游消费者个性数据库

对旅游消费者进行归类后，就可以把他们作为企业的一种战略资产保存起来，作为现在和将来进行营销活动的数据基础，并在营销人员需要时能随时调出供其使用，这就是建立旅游消费者个性数据库。旅游服务企业管理和运用旅游消费者个性数据库，分析旅游消费者的消费轨迹，集中分析个性需求，向顾客提供按要求定制的旅游项目和服务，从而实现互动的、一对一的个性化营销。

3. 与旅游消费者保持良性接触

只有经常与旅游消费者保持好的接触，才能真正了解他们的个性化需求，为企业的营销提供方向。不管目标顾客有没有最终购买我们的服务，我们都应该与他们保持良性的接触，建立紧密的关系。对于已经消费过的旅游消费者，要了解他们对此次消费的满意度和建议，从而帮助我们修订个性数据库；对于最终没有参与消费的旅游消费者，也要尽量依据其个性采取合适的方式保持联系，从他们的角度思考问题，真正关心他们的利益，了解其个性需求。由此可见，关系管理是进行个性化服务营销的基础。

4. 提供个性化的解决方案、定制化的产品或服务

这可以说是个性化服务营销的实施阶段。旅游服务企业按照旅游消费者的特定需求，为他们提供个性化的解决方案，从旅游产品设计到售后服务都依据旅游消费者的需要定制。

复习与实践

一、判断题

1. 在旅游活动中表现为性情急躁、粗心大意的人属于多血质旅游者。（　　）

2. 黏液质旅游者喜欢登山活动。（　　）

3. 精神中心型旅游者一般愿意去那些比较偏僻、少有人知的地方旅游，对新奇的事物有着强烈的渴望。（　　）

4. 人的气质是天生的。（　　）

5. 个性心理特征包括性格、气质、动机等。（　　）

二、不定项选择题

1. 从气质的类型看，多愁善感的林黛玉属于（　　）。

A. 胆汁质　　B. 抑郁质

C. 多血质　　D. 黏液质

2. 俗话说，“江山易改，禀性难移”，这说明气质具有（　　）。

A. 可塑性　　B. 稳定性

C. 两重性　　D. 先天性

3. 在旅游者的气质类型中，活泼型相当于（　　）。

A. 多血质　　B. 黏液质

C. 胆汁质　　D. 抑郁质

4. 在人的个性形成的过程中，对个性起决定作用的是（　　）。

A. 主观能动性　　B. 遗传

C. 社会实践　　D. 教育

5. 下列不属于黏液质主要心理特征的是（　　）。

A. 热情、果敢、精力充沛　　B. 孤僻、多疑、动作迟缓

C. 安静、情绪不易外露　　D. 活泼、机敏、感情丰富

三、思考题

1. 什么是个性？影响个性形成和发展的因素有哪些？

2. 个性类型与旅游行为有什么关系？

3. 为什么说旅游者个性类型与旅游目的地类型之间的关系是一种相对的、不稳固的关系？

4. 四种基本的气质类型各表现出怎样的行为特征？

5. 根据旅游者不同的气质类型，应该在旅游活动中注意哪些问题？

6. 应该如何制定基于旅游者个性的营销服务策略？

四、案例分析

某天晚上八点多，有一位外国客人来到某酒店餐厅吃饭。这位客人坐下后，不断地和服务员交谈，让服务员给他介绍有什么好吃的。他对周围一切都非常好奇，不是看花瓶、餐具，就是研究筷子架，还让服务员教他如何使用筷子。最后，他点了一份中式牛柳和一碟青菜。很快，菜就上齐了。他首先把牛柳摆在面前，迫不及待地吃了起来。只见他将一块牛柳放在嘴里咬了几下，就把牛柳吐在骨碟上，接着又连试了几块，都是如此。他无可奈何地擦了擦嘴，招手让服务员过去。当服务员走到他面前时，他非常幽默地说："小伙子，你们这里的牛一定比我爷爷还老，我的嘴对此非常不高兴，它对我说能否来一点它感兴趣的牛柳呢？"说完，他就笑眯眯地望着服务员，等候他的回答。服务员说了声对不起，请他稍等一会儿，便立即去找主管。主管来了以后对这位客人说："此菜是本酒店奉送的，免费。"他说完就走开了。这位客人结账时对服务员说："看来今晚要麻烦送餐部了。"

问题：

1. 案例中的外国客人属于哪种气质类型？请从案例中找出依据。

2. 假设客人是其他三种气质类型的人，他可能会怎样对待牛肉不好吃这件事？

五、实训题

陈会昌 60 题气质测验

下面这份问卷是我国比较流行的气质测验问卷，共计 60 题，可以帮助你大致确定自己的气质类型。在回答这些问题时，你认为很符合自己情况记 2 分，比较符合记 1 分，介于符合与不符合之间记 0 分，比较不符合记-1 分，完全不符合记-2 分。

1. 做事力求稳妥，不做无把握的事。
2. 遇到可气的事就怒不可遏，想把心里话说出来才痛快。
3. 宁肯一个人做事，不愿很多人在一起。
4. 到一个新环境很快就能适应。
5. 厌恶那些强烈的刺激，如噪声、危险的影视镜头等。
6. 在和人争吵时，总是先发制人，喜欢挑衅。
7. 喜欢安静的环境。
8. 善于和人交往。
9. 羡慕那种克制自己情感的人。
10. 生活有规律，很少违反作息制度。
11. 在多数情况下情绪是乐观的。
12. 碰到陌生人觉得很拘束。
13. 遇到令人气愤的事，能很好地自我克制。
14. 做事总是有很旺盛的精力。
15. 遇到问题常常举棋不定，优柔寡断。
16. 在人群中从不觉得过分拘束。
17. 情绪高昂时，觉得什么都有趣，情绪低落时，又觉得干什么都没意思。
18. 当注意力集中于一件事时，别的事很难使我分心。
19. 理解问题总比别人快。
20. 碰到危险情境，常有一种极度恐惧感。
21. 对学习、工作怀有很高的热情。
22. 能够长时间做枯燥、单调的工作。
23. 符合兴趣的事情干起来劲头十足，否则就不想干。
24. 一点小事就能引起情绪波动。
25. 讨厌做那些需要耐心的细致工作。
26. 与人交往不卑不亢。
27. 喜欢参加热烈的活动。
28. 喜欢看感情细腻，描写人物内心活动的文艺作品。
29. 工作学习时间长，常常感到厌倦。
30. 不喜欢长时间讨论一个问题，愿意实际动手干。
31. 宁愿侃侃而谈，不愿窃窃私语。
32. 别人说我总是闷闷不乐。
33. 理解问题常比别人慢。
34. 疲倦时只要做短暂的休息就能精神抖擞，重新投入工作。
35. 心里有话宁愿自己想，不愿说出来。

36. 认准一个目标就希望尽快实现，不达目的誓不罢休。
37. 学习工作同样一段时间后，常常比别人更疲倦。
38. 做事情有些莽撞，常常不考虑后果。
39. 老师讲授新知识时，总希望他讲慢些，多重复几遍。
40. 能够很快忘记那些不愉快的事情。
41. 做作业或完成一项工作总比别人花的时间多。
42. 喜欢运动量大的体育活动，或者参加各种文娱活动。
43. 不能很快把注意力从一件事转移到另外一件事上去。
44. 接受一个任务后，希望把它迅速完成。
45. 认为墨守成规比冒险更好。
46. 能够同时注意几件事物。
47. 当我烦闷的时候，别人很难使我高兴起来。
48. 爱看情节跌宕起伏、激动人心的小说。
49. 对工作抱认真严谨、始终如一的态度。
50. 和周围人的关系总是相处不好。
51. 喜欢复习学过的知识，重复做已经掌握的工作。
52. 希望做变化大、花样多的工作。
53. 小时候会背诗歌，我似乎比别人记得清楚。
54. 别人说我“出语伤人”，可我并不觉得这样。
55. 在体育活动中，常因反应慢而落后。
56. 反应敏捷，头脑机智。
57. 喜欢有条理而不甚麻烦的工作。
58. 兴奋的事常使我失眠。
59. 老师讲的新概念常常听不懂，但是弄懂以后就很难忘记。
60. 假如工作枯燥无味，马上就会情绪低落。

计分方法：

胆汁质得分：2、6、9、14、17、21、27、31、36、38、42、48、50、54、58 题得分之和。

多血质得分：4、8、11、16、19、23、25、29、34、40、44、46、52、56、60 题得分之和。

黏液质得分：1、7、10、13、18、22、26、30、33、39、43、45、49、55、57 题得分之和。

抑郁质得分：3、5、12、15、20、24、28、32、35、37、41、47、51、53、59 题得分之和。

（1）分别算出以上四类的得分，如果某气质的得分明显高于其他三种，均高出 4

分以上，则可定义为该气质类型，如果该气质类型得分超过 20 分，则为典型型，如果分数在 10 至 20 之间，则为一般型。

（2）如果两种气质类型得分接近，其差异低于 3 分，而且又明显高于另外两种，高出 4 分以上，则可以定为前两种气质类型的混合型。

（3）如果三种气质得分均高于第四种，而且接近，则为这三种气质类型的混合型。

第十章 旅游消费决策

案例导入

李娜计划利用暑假的时间，进行一次为期一周的深度文化之旅，目的地是上海和苏州。作为中国传统文化爱好者，她被两城历史文化、水乡风光吸引，特别是上海外滩建筑和苏州园林。她预算8000元，包括交通、住宿、餐饮和门票。

思考：李娜的这次旅游决策受到了哪些因素的影响？她将面临哪些消费决策呢？如何在有限的资源下做出最优的旅游消费决策，设计探索传统文化的旅行计划呢？

学习目标

一、知识目标

1. 了解消费决策的概念、内容。

2. 知晓消费者（旅游者）在决策中的角色及其在购买过程中面临的消费决策冲突。

3. 熟知旅游消费决策的五个阶段。

4. 理解并掌握旅游需要与动机产生的过程，知晓旅游信息的来源类型。

5. 了解“傻瓜”假设、信息传播和社交货币的概念。

6. 了解选择流程，知晓选择原则和评价标准的特点，理解旅游目的地选择的经典模型。

7. 理解并掌握购买决策类型及原则。

二、能力目标

1. 能够运用所学判断旅游者的消费决策类型。

2. 能够根据旅游需要与动机的产生过程制定有效的营销策略。

3. 能够根据信息收集模式类型，制定营销战略，在旅游信息搜索中正确运用“傻瓜”假设，利用旅游信息传播和社交货币共同推动旅游产业发展。

4. 能够选用经典模型进行旅游目的地选择，判断旅游者的购买决策类型，获得旅游体验与购后行为反馈。

三、思政目标

1. 通过深入理解消费决策理论和旅游消费决策过程，培养学生理性消费、公正判断的价值观和负责任的社会行为。

2. 培养学生观察和分析问题的能力，提升学生的同理心、社会责任感和集体主义精神，增强系统思维和协调能力。

本章重难点

1. 消费决策的内容和类型。

2. 旅游消费决策的过程。

重点概念

1. 消费决策：又称消费购买决策，即指消费者在购买商品或服务时所进行的思考和选择过程。这是消费者根据自己的需求和偏好，在可供选择的购买方案中，经过分析、评价、选择，并最终决定购买、消费或使用某种产品或服务的过程。

2. 旅游消费决策：是指个人根据自己的旅游目的，收集和加工有关的旅游信息，提出并选择旅游方案或旅游计划，并最终把选定的旅游方案或旅游计划付诸实践的过程。

在当今快节奏的工作和生活环境中，人们越来越注重通过旅游来放松身心、丰富生活体验。旅游消费决策是旅游消费行为中的重要环节，旅游消费决策不仅影响着旅游活动的顺利进行，还直接关系到旅游者的满意度和体验质量。在竞争激烈的旅游市场中，了解和掌握旅游者的消费决策过程和影响因素，是提升竞争力和吸引力的关键。

第一节　消费决策

消费决策是一个复杂而多元化的过程，涉及人们在购买、消费或使用某种产品或服务时所做出的最终选择和决定。

一、消费决策概念

消费决策，又称消费购买决策，即指消费者在购买商品或服务时所进行的思考和选择过程。这是消费者根据自己的需求和偏好，在可供选择的购买方案中，经过分析、评价、选择，并最终决定购买、消费或使用某种产品或服务的过程。这个过程不仅受到个人因素（如年龄、性别、收入、教育水平、生活方式、个人价值观等）的影响，还受到外部因素（如社会文化、经济环境、技术发展、政策法规等）的影响。

二、消费决策内容

消费决策可以简单归纳为为什么买、购买什么、在哪儿买、何时购买、谁来购买、怎么购买，即“5W+H”。

1. **为什么买**——W（Why）

这是指购买的动机，是基于消费者的需求、偏好和预算等因素，产生购买特定商品或服务的动机。

2. **购买什么**——W（What）

这是指购买的对象，是消费者决定购买的具体产品或服务。要根据购买的对象来分析消费者是为了满足基础需要，还是为了满足其他层面的需要。

3. **在哪儿买**——W（Where）

这是指购买地点。消费者决定的购买地点通常有实体店、在线商店或特定的市场。消费者一般会选择信誉良好、价格合理、服务优质的商家或平台进行购买。

4. **何时购买**——W（When）

这是指购买时间。消费者考虑商品或服务的季节性、促销活动等因素决定购买时间。购买时间的紧迫性与满足需求的紧迫性相关，需求未满足的紧张感越强，做出购买选择的时间越短。

5. **谁来购买**——W（Who）

这是指产品购买者或决策参与者。既可能是商品或服务的使用者，也可能是家人、朋友或其他特定人群。这与所购买产品的类型紧密相关。在日常消费中，习惯型产品，像日用品这类消费者熟悉且购买频率高的产品，购买过程往往较为简单，参与决策的人较少。而复杂型产品，如房产、汽车等贵重且购买决策难度大的产品，涉及的信息和考量因素众多，购买时就需要综合多方意见，通常家庭成员都会参与决策。

6. **怎么购买**——H（How）

这是指购买方式，是指消费者决定如何购买，是在实体店购买还是选择网购或代购；支付方式是选择用现金或刷卡，或用手机支付；信用支付选择用花呗一次性支付，还是京东白条分期支付等。

三、消费决策类型

了解消费决策的类型能帮助企业更好地理解消费者行为，从而制定有效的营销策略。消费决策涉及面广、方法多样，可从不同的角度进行分类。

（一）按介入程度和产品差异程度分类

消费者购买决策过程的复杂程度受诸多因素影响，最主要的是介入程度和产品差异程度，也称参与程度或卷入程度，指消费者由某一特定购买需要而产生的对购买过程关心或感兴趣的程度，反映了消费者在做出购买决策时所投入的精力、时间和情感的多少。介入程度受产品的价格、消费者购买频率、产品复杂性、个人兴趣和产品的重要性等多种因素的影响。根据消费者的介入程度和产品差异程度，消费决策可以划分为以下四种。

1. 习惯型决策

这种类型的决策通常发生在低介入程度、低差异程度产品的购买过程中，是一种根据以前的经验或习惯发生的惯性反应。当品牌间差异小或消费者已形成固定购买习惯时，消费者很少进行深入的信息搜索就会做出购买决策。他们往往基于习惯或品牌忠诚度，选择自己熟悉的品牌或产品，很少或不需要进行新的信息收集，如购买低价、低风险的文具、厨具等。

2. 有限型决策

消费者对产品领域或品牌有了一定程度的了解，但尚未形成对某些特定品牌的偏好，在购买一些基本但有一定选择空间的商品时会面临有限的决策。当消费者介入程度较高，认为产品差异程度不大时，可能会根据品牌信誉、价格等因素进行选择。常见于购买日常消费品，如食品、个人护理用品等。

3. 变换型决策

在消费者低度介入但产品差异度高的情境下，消费者往往不愿长时间选择和估价，倾向于尝试不同的品牌或产品以追求新鲜感和多样性，从而获得新颖体验。这样做不是因为对产品不满意，而是为了寻求多样化。常见于购买零食、化妆品等，企业也会通过不断推出新产品来吸引这类消费者。

4. 扩展型决策

当所购产品品牌差异较大、消费者的介入程度较高时，消费者就会面临这一类的决策。在这种情况下，消费者会进行大量的信息收集，对各种备选产品进行广泛而深入的评价和比较，以做出最优决策。该决策过程最为复杂，消费者会投入大量时间和精力做出选择。常见于购买高价值、高风险或具有重大意义的产品。

按介入程度和产品差异程度划分消费决策类型如图 10-1 所示。

（二）按情感程度分类

消费者在购买决策中情感因素的介入程度不同，决策过程也不相同。从情感程度的角度出发，可以将消费决策划分为以下三种。

1. 理性型决策

这类决策主要基于理性思考和逻辑推理，较少受到情感因素的干扰。消费者主要基于产品的价格、质量、性能等客观因素进行选择，在购买前会进行充分的信息收集、比较和分析，力求找到最符合自己需求和预算的产品或服务。

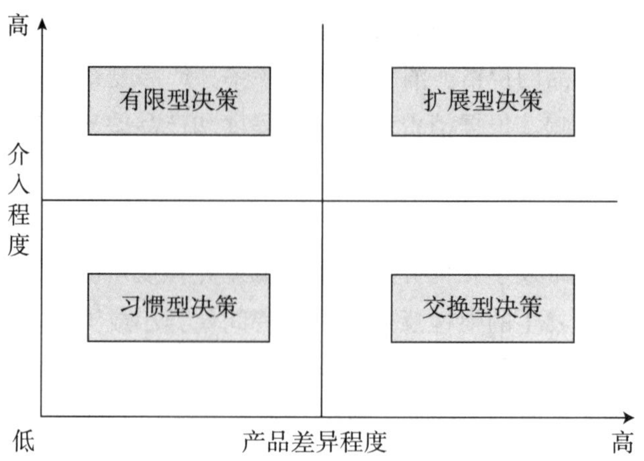

图 10-1　按介入程度和产品差异程度划分消费决策类型

2. **情感型决策**

在这种决策类型中，消费者更注重产品带来的情感价值、社交意义、身份认同，对产品的实际性能和价格等理性因素的考虑较少。在决策过程中，消费者的情感因素起到了关键作用。消费者往往受到个人喜好、品牌形象等因素的影响，或因产品与自己情感上的共鸣而做出购买决定。

3. **混合型决策**

大多数消费决策并非完全属于理性型或情感型，而是两者兼有。消费者在进行购买决策时，既会考虑产品的实际性能和价格等客观因素，也会受到情感因素的影响。在这类决策中，理性和情感因素共同作用，影响消费者的最终选择。混合型决策的情感程度取决于消费者个体在决策过程中对理性和情感因素的权衡。

（三）按购买方式和态度要求分类

按购买方式和消费者的态度要求，消费决策可以划分为以下四种。

1. **冲动型决策**

这种决策通常迅速做出，受即时情感、欲望或促销活动强烈影响。消费者在缺乏充分比较和考虑的情况下做出消费决策，如在购物直播或秒杀活动中，受商品包装等促销因素刺激，迅速购买，很少考虑潜在不利后果。

2. **偏好型决策**

这类决策指消费者基于习惯或喜好做出的选择，通常与长期偏好有关。当消费者长期使用某品牌的产品，可能形成固定购买习惯。当面对熟悉的产品且购买目的性强时，较容易忽略其他品牌，特别是在该产品处于促销状态时，其消费决策十分果断，成交迅速。

3. **从众型决策**

这类决策是指消费者在购买过程中，容易受他人影响，尤其是大众或群体的行为的影响，对所购产品不进行深入的分析和比较。通常表现为消费者模仿他人的购买行为，以避免风险或获取社会认同。

4. 犹豫型决策

这类决策是指消费者在购买过程中面临不确定性，需要进行深入的信息搜索和评估。当消费者认为产品或服务的信息不充分，或者存在多个替代品时，优柔寡断，谨慎细致，犹豫不决，因此决策过程缓慢费时，或因犹豫不决而中断决策，或在购买后容易后悔。

（四）按购买态度分类

按购买态度，消费决策可以分为以下五种。

1. 主动型决策

消费者对产品或服务有积极的态度，会主动寻找信息，积极比较不同产品，愿意投入时间和精力来做出最佳决策。他们认为购买是值得的，甚至可能会感到兴奋，对购买结果有较高的期望，并相信自己的选择会带来满意的体验。常见于购买新产品或高度满意的产品。

2. 被动型决策

消费者在购买过程中表现出较为被动的态度，可能缺乏主动性和决策能力，故更倾向于接受他人的推荐；也可能是不太愿意投入时间和精力，而选择信任他人的判断或随大流。

3. 矛盾型决策

消费者在购买过程中面临矛盾，如产品价格与质量之间的矛盾，个人需求与预算限制之间的矛盾等。这种类型的决策往往需要消费者进行深入的权衡，也可能因此而放弃购买。

4. 经济型决策

消费者在购买时非常注重价格因素，他们倾向于选择价格合理、性价比高的产品。他们可能会仔细比较不同产品的价格、性能等方面，以确保自己获得最大的经济效益。经济型消费者一般不太愿意为品牌、设计、包装等非功能性因素支付额外费用。

5. 品质型决策

消费者在购买时更注重产品的品质，愿意为高品质的产品支付更高的价格，并认为这些产品能够带来更好的使用体验和更长的使用寿命。品质型消费者可能更关注产品的品牌、口碑、技术创新等方面。

四、消费决策角色与冲突

在消费决策过程中，消费者可能会遇到各种角色和冲突，这些角色和冲突会影响他们的决策过程。

（一）消费决策角色

消费决策角色是指在购买过程中，消费者所扮演的不同角色，这些角色影响着他们的消费行为和决策过程。

一般来说，消费决策过程中常见的角色如下。

（1）倡议者，首先提议购买某种产品或服务的人。既可能是决策者本人，也可能是受到某种刺激如广告、促销活动、朋友推荐等而意识到需求的人。

（2）影响者，在购买决策过程中能对消费者施加影响的人，可能是家人、朋友或同事。他们通过提供信息来影响消费者的选择。

（3）决策者，最直接参与并做出最终购买决定的人，负责评估不同的选择，有权决定消费决策的某个方面（如是否购买、购买什么、如何购买、何处购买等）。

（4）购买者，实际执行购买行为的人，负责选择购买的地点、时间和其他相关细节。购买者可能与决策者相同，也可能不同。

（5）使用者，实际消费或使用所购产品或服务的人。使用者和决策者可能是同一个人，使用者也可能是倡议者或其他人。使用者的使用体验和满意度对产品的整体评价和未来购买决策有重要影响。

消费者可能在同一个消费决策中同时扮演多个角色，不同的消费者也可能会在同一个消费决策中扮演不同的角色。倡议者所提供的信息与建议能否被采纳取决于倡议者在消费活动中的影响力。影响者对所接触到的信息做出的分析处理是决策的重要依据。相对而言，购买者往往会比较熟悉这类产品，也会承担信息收集的任务。

（二）消费决策冲突

消费决策冲突是指消费者在购买过程中面临的内心矛盾。这种冲突可能源于产品属性的比较、价格与价值的权衡、个人需求与社会期望的冲突等多个方面。根据冲突的性质和表现形式，可以将消费决策冲突分为以下四种。

1. 内部冲突

内部冲突是指消费者在购买决策过程中，由于个人需求、价值观、偏好等因素之间的矛盾而产生的冲突。消费者既希望购买高质量的产品，又担心价格过高而超出预算。

2. 外部冲突

外部冲突是指消费者在购买决策过程中，因社会规范、文化习俗、群体压力等外部环境因素与个人需求或偏好之间的矛盾而产生的冲突。消费者有时受社会期望的影响而购买不符合个人喜好的商品。

3. 理性与感性冲突

理性与感性冲突是指消费者在购买决策过程中，理性思考和感性冲动之间产生的矛盾。消费者在购买电子产品时，理性会告诉他们需要选择性价比高的产品，但感性上又可能希望选择品牌知名度高、外观时尚的产品，这往往导致消费者难以做出选择。

4. 长期利益与短期利益冲突

长期利益与短期利益冲突是指消费者在购买决策时面临的长期利益（如品质、耐用性、保值性）与短期利益（如价格、促销优惠、即时满足感）之间的矛盾。这种冲突会影响消费者的购买决策并考验其决策能力。

第二节　旅游消费决策过程

一旦决定旅游，旅游消费者就需要对诸如选择旅游目的地、出行交通方式、入住酒店及就餐餐馆等做出决策，这是一个复杂的过程。旅游消费决策是指个人根据自己的旅游目的，收集和加工有关的旅游信息，提出并选择旅游方案或旅游计划，并最终把选定的旅游方案或旅游计划付诸实践的过程。这一过程通常由旅游需要与动机产生、信息收集、评价与选择、购买决策、旅游体验与购后行为五个阶段构成。

一、旅游需要与动机产生

（一）旅游需要与动机产生过程

旅游需要与动机产生过程是一个复杂且相互关联的心理和行为过程，涉及消费者对旅游活动的兴趣和需求，以及激发他们采取行动去实现这一需求的内在驱动力。在旅游需要与动机的产生过程中，旅游者的心理需求、经济条件、时间保障及旅游信息的获取等因素起着重要作用。

1. 旅游需要的产生

旅游需要的产生通常源于个体主观条件的失衡，如生理疲劳或心理空虚，以及寻求新鲜感等。当个体意识到这种失衡并希望通过旅游来调节时，旅游就成为一种可能的解决方案。旅游需要的实现还依赖客观条件，如经济能力以支付旅游费用、时间安排以安排旅游活动，以及旅游目的地和产品对个体的吸引力。逃避现实、寻求新奇、放松身心等心理动机也在驱动旅游需要的产生中起着关键作用。

2. 旅游动机的激发

旅游动机是推动人们决定旅游的内在驱动力，满足个人需求，促使旅游想法转化为行动。这种内在驱动力促使人们确立旅游目标，选择旅游目的地，制定具体路线，并实施这些计划。同时，外部因素如旅游广告、社交媒体分享和亲朋好友的推荐也能增强旅游动机。

3. 旅游决策的形成

旅游需要与旅游动机的相互作用：一方面，旅游需要的产生为旅游动机的形成提供了基础；另一方面，旅游动机又进一步推动了旅游需要的实现。在具体决策时，旅游者会根据自己的需要和动机选择合适的旅游目的地、确定旅游方式和旅游时间、安排交通和住宿、设计旅游路线等，从而制订详细的旅游计划。

4. **旅游决策的实施**

一旦旅游决策形成，旅游者就开始购买机票、预订酒店、购买门票等，为即将到来的旅行做充分准备。在旅游过程中，旅游者会体验到旅游活动带来的乐趣和满足感；旅游结束后，旅游者会对整个旅游体验进行评估，这种评估会影响他们未来的旅游选择。

（二）旅游需要与动机产生营销启示

旅游需要与动机的产生过程为旅游营销提供了重要的启示。这些启示有助于旅游企业更准确地把握市场需求，制定有效的营销策略，从而吸引并满足旅游者的期望。

1. **深入了解旅游者的心理需求**

旅游企业需要深入研究旅游者的心理需求，包括逃避现实、寻求放松、探索未知、增长见识等。通过了解这些需求，旅游企业可以设计更具吸引力的旅游产品和服务，满足旅游者的多样化需求。旅游企业要开展市场调研，了解旅游者的偏好和期望，设计个性化的旅游产品，满足不同旅游者的需求。旅游企业还应提供舒适的旅游环境和优质的服务，确保旅游者在旅途中得到良好的体验等。

2. **充分利用外部因素触发旅游动机**

外部因素如经济条件、时间保障和旅游信息获取会对旅游动机产生重要影响。旅游企业可通过优惠套餐吸引预算有限的旅游者；在节假日加大营销力度，利用人们的空闲时间推广产品；通过社交媒体传播信息，提高产品的曝光度，从而触发旅游者的动机，引导他们做出旅游决策。

3. **塑造积极的品牌形象和口碑**

旅游者的旅游动机也受到品牌形象和口碑的影响。品牌形象和口碑不仅关乎旅游企业在市场中的知名度和认可度，还直接影响旅游者的选择决策和复购。旅游企业可以加强品牌建设和宣传，提高品牌知名度和美誉度；通过提供优质的服务和产品，确保旅游者在旅途中获得满意的体验，并鼓励旅游者分享旅游体验，通过口碑效应吸引更多潜在旅游者。

4. **强化旅游产品的特色和创新**

旅游产品的特色和创新是吸引旅游者的重要因素。具有独特魅力和创新元素的旅游产品，更容易激发旅游者的动机。旅游企业通过深挖旅游资源，开发具有地方特色和文化内涵的旅游产品，引入新技术和新理念，创新旅游产品的形式和内容，提高旅游产品的吸引力和竞争力，调整和优化旅游产品结构，以满足旅游者的新需求和新期待。

5. **构建完善的旅游服务体系**

完善的旅游服务体系是保障旅游者旅游体验的重要环节。旅游企业需要构建全面的旅游服务体系，为旅游者提供全方位、便捷的服务支持。旅游企业可以通过加强旅游基础设施的建设和维护，确保旅游者在旅途中享受到安全、舒适的环境；通过提供便捷的服务，如在线预订、移动支付、电子导览等，提高旅游者的便利体验和满意度；通过及时解决旅游者在旅途中遇到的问题和困难，保障旅游者的合法权益。

（三）旅游需要识别方法

旅游需要是推动旅游者消费决策的动力，它是动态的，而非一成不变。旅游者的需要永远无法被彻底满足，其旅游消费决策行为也永远不会停止。因此，旅游企业必须努力探索旅游者尚未满足的需要，不断推出新产品以唤起人们潜在的需要。识别旅游需要的方法多种多样，主要包括但不限于以下几种：市场调研法、大数据分析法、旅游者画像法、竞争对手分析法、模拟观察法、社交媒体关注法等。旅游企业可以根据实际情况选择合适的方法进行应用，以更准确地识别旅游者的需求，从而为旅游市场的精准营销和个性化服务提供有力的支持。

二、信息收集

（一）信息与旅游信息定义

1. 信息的定义

信息是关于客观世界的数据、观点、图像或知识的传达。它能够减少不确定性，帮助接收者更好地理解某个主题、事件、对象。

2. 旅游信息的定义

旅游信息是帮助旅游者规划、预订和执行旅游行程的各种数据、描述的集合。它包括目的地信息、交通信息、住宿餐饮信息、旅游活动信息、咨询服务信息、安全卫生信息、法律法规信息等。准确性、及时性和相关性对于旅游者的决策至关重要。随着互联网和移动技术的发展，获取旅游信息变得更加便捷，旅游者可通过多种在线平台和工具来收集和整理信息。

（二）旅游信息来源类型

旅游信息来源类型一览如表 10-1 所示。

表 10-1　旅游信息来源类型一览

类型	渠道	要点
个人来源	家人、朋友、同事	具有较高的可信度和实用性
商业来源	广告、销售员、旅行服务商、旅游展览会	直观，能吸引旅游者的注意并激发他们的兴趣

续 表

类型	渠道	要点
公共来源	报刊、影视广播等大众媒体或消费评分机构	信息丰富，可参考评比结果了解旅游产品的性价比
新媒体来源	搜索引擎、旅游网站等网络平台，专门为旅游者提供服务的小程序	轻松获取大量旅游信息，真实的旅游体验评价
经验来源	亲身体验和实际操作	真实可靠，但无法预见

（三）信息收集模式类型及其营销战略

旅游信息收集模式类型及其营销战略是旅游行业中的重要组成部分，它们共同影响着旅游市场的运行效率和游客的满意度。

1. 主动收集型

旅游者根据自身需求，主动通过互联网、社交媒体、旅游指南等各种渠道收集旅游信息，以做出更加明智的旅行决策。

针对这类旅游消费者，旅游企业可提供高质量攻略、景点介绍等满足消费者信息需求；优化网站内容和结构，提高搜索引擎排名，使消费者更容易找到企业信息；充分利用社交媒体平台发布旅游信息，与消费者互动，增强品牌曝光度和用户黏性。

2. 被动接收型

旅游者主要通过广告、宣传册、朋友推荐等被动方式接收旅游信息，这些信息可能并不完全满足其个性化需求，但能在一定程度上激发其旅游兴趣。

针对这类旅游者，旅游企业可通过传统媒体和新媒体投放广告，吸引旅游者注意；提供优质服务产品，鼓励口碑传播，吸引潜在客户；与旅行社、酒店、航空公司等建立合作，共同推广产品，扩大市场份额。

3. 混合型

旅游者会主动搜索并比较不同旅游产品的价格、服务质量等信息，同时也会关注社交媒体上的旅游推荐和身边朋友的旅行经验分享，并根据两者综合做出决策。

针对这类旅游者，旅游企业应综合运用多种营销手段，形成统一的品牌形象和信息传播，满足不同旅游者的需求；利用大数据和人工智能分析旅游者行为偏好，推荐个性化旅游产品和服务；构建线上线下一体化营销体系，提供一致便捷的购物体验。

（四）信息搜索与“傻瓜”假设

1. “傻瓜”假设在消费者行为中的含义

“傻瓜”假设由营销学专家卢泰宏教授提出，该假设认为消费者在信息行为中表现出一定“傻瓜”特性。这些消费者倾向于简洁明了的信息，缺乏深入的专业知识，往往基于直观感受做出决策，喜欢在轻松愉快的氛围中接受信息，兴趣和注意力容易分散，对新鲜事物充满好奇，在面对选择时，倾向跟随大众或意见领袖的建议。

简而言之，“傻瓜”假设指人们在面对复杂决策时，倾向于简化问题，避免深入思考和分析，选择简单、直观和易于理解的信息或选项。“傻瓜”假设并非贬低或歧视消费者，而是基于消费者行为特性的客观描述和分析。

2. 旅游信息搜索与“傻瓜”假设的结合

在旅游信息搜索的情境中，“傻瓜”假设同样适用。基于旅游者特性，旅游企业可以采取以下策略来优化旅游信息搜索和营销，提升旅游者的旅游体验和满意度。

（1）简化旅游信息搜索。旅游企业应提供清晰、简洁、直观的搜索界面和查询结果，避免复杂操作和信息冗余。例如，携程、去哪儿等在线旅游平台，用户输入目的地或关键词，系统迅速呈现相关旅游信息，以列表或地图形式直观展示。这种设计简化了搜索流程，提升用户体验。

（2）持续而丰富的信息传播。旅游企业可通过官网、社交媒体、旅游软件等渠道持续发布丰富的旅游信息，增强旅游者知识储备和决策能力。旅游网站应定期更新路线攻略、美食推荐等内容，帮助用户了解目的地的风土人情和特色活动。同时，利用社交媒体平台进行内容传播，通过短视频、图文等形式吸引用户关注。

（3）直观的感官体验激发。在旅游信息搜索过程中，直观的感官体验激发对于吸引旅游者至关重要。通过高清图片、VR 全景等技术手段展示旅游目的地的美景和特色活动，为旅游者营造身临其境的视觉效果和情感体验，激发旅游者的直观感受和购买欲望。

（4）轻松愉悦的传播方式。旅游企业在传播信息时，应避免枯燥的说教和硬性的推销，而是通过有趣、互动的方式与旅游者建立联系，使他们在轻松愉悦的氛围中了解旅游产品和服务。例如，推出趣味性的互动游戏、抽奖活动等，让用户在参与游戏的过程中了解旅游产品和服务。

（5）创新求变的传播内容。为了吸引旅游者的关注和兴趣，旅游企业应不断推出新颖的旅游路线、主题活动、定制旅游服务和优惠套餐等，满足消费者个性化的需求；并利用大数据分析等技术了解旅游者的偏好和行为习惯，以便更加精准地推送旅游信息和服务。

（6）重视意见领袖的引导。在旅游信息搜索中，意见领袖的引导作用不可忽视。知名旅游博主拥有大量粉丝和高影响力，他们的推荐和分享能影响消费者购买决策。旅游企业可与意见领袖合作，通过他们传播旅游信息、分享旅游经验、推荐旅游产品或服务，进而影响消费者购买决策和行为。

（五）信息传播与社交货币

1. 信息传播与旅游信息传播

信息传播指通过符号和媒介交流信息，向其他个人或团体传递信息、观念或情意，以期发生相应变化的活动。在消费行为学中，信息传播指将与消费相关的信息、观念或情意从一个目标传递给另一个目标的过程。

旅游信息传播指将旅游目的地介绍、旅游产品特色、旅游服务评价等相关旅游信息进行传递的过程，以吸引潜在游客的注意力，促进旅游活动的发生。旅游信息传播具有渠道多样化、双向互动性、即时性等特点。

2. 社交货币

社交货币，由法国社会学家皮埃尔·布尔迪厄（Pierre Bourdieu）提出，指在社交互动中用来建立联系、获得认可和增进关系的社交资源或能力。社交货币具有流通性、交换性和价值证明性，在社交媒体上体现为那些能引发用户分享、讨论和传播的信息内容。

在旅游信息传播中，社交货币的作用尤为明显。它激发游客分享自己的独特体验、精美照片和有趣攻略，从而提升他们的分享欲望。社交媒体强大的扩散能力使内容得到广泛传播，扩大了旅游信息的传播范围，提升了目的地的知名度和吸引力。旅游企业通过创造具有社交货币价值的旅游内容和活动，不仅能够塑造积极的品牌形象，还能引发游客之间的共鸣和讨论，从而增强游客对企业的信任感和忠诚度。

3. 旅游信息传播与社交货币的结合

旅游信息传播与社交货币之间存在着紧密的联系。社交货币是旅游信息传播的重要内容，促进了旅游信息的传播效果；旅游信息传播是积累社交货币的重要途径。两者相互促进，共同推动旅游产业的发展。

（1）共同塑造旅游品牌形象。旅游信息传播通过传递正面、积极的旅游信息来树立旅游目的地的良好形象，而社交货币则通过游客的分享和互动来强化这种形象，形成口碑效应。这种协同作用有助于提升旅游目的地的品牌价值和市场竞争力，促进旅游产业的可持续发展。同时，随着知名度的提高，旅游目的地能够吸引更多游客的关注和参与，从而为当地的环境保护、文化传承等方面提供更多资源和支持。

（2）创造旅游热词与话题营销。旅游目的地或景区通过创造或利用旅游热词、话题进行营销，能够有效吸引人们的关注和讨论。这些热词和话题迅速成为社交货币，并在社交媒体上广泛传播。例如，“无痛爬山”“特种兵旅游”“City Walk”等词汇的成功运用，就成功吸引了大量年轻游客的关注和参与。这快速提升了旅游目的地的知名度和吸引力，进一步扩大了其影响力。

三、评价与选择

在旅游消费决策过程中，评价与选择是两个紧密相关的环节。评价是旅游者对旅游产品或服务进行全面、客观的分析和判断的过程。通过这一过程，旅游者会形成对旅游产品或服务在价值、质量、满意度等方面的看法。这些看法不仅直接影响旅游者自身的满意度和忠诚度，还为其他潜在旅游者提供了重要参考依据。选择是旅游者在多个旅游产品或服务间进行比较和筛选，以确定最终购买或消费对象的过程。在选择过程中，旅游者会综合考虑多个因素，以确保做出的决策最符合自身需求和期望。这些因素包括价格、质量、口碑、便利性、安全性，以及旅游者个人因素等。

（一）选择流程

在旅游消费行为决策中，选择流程通常包括需求识别、信息搜索、评估比较、决策制定、购后评价五个环节，如图 10-2 所示。这五个环节构成了旅游者在做出旅游决策时的完整流程，每个环节都可能受到多种因素的影响，包括个人偏好、经济条件、时间可用性、旅游目的地的吸引力、社会影响等。企业和市场营销人员通过深入了解这个选择流程，可以更好地定位市场，提供符合旅游者期望的旅游产品和服务，从而提升市场竞争力。

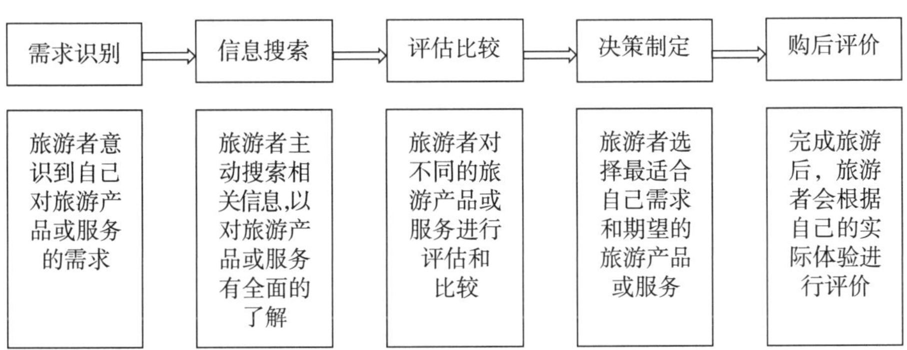

图 10-2　旅游消费行为决策的选择流程

（二）选择原则与评价标准的特点

1. 选择原则的特点

进行旅游消费决策时，旅游者首先会确保选择与旅游目标一致，避免盲目决策。其次，旅游者会考虑经济合理性，在预算范围内寻求性价比高的产品和服务，以获得最大旅游效益。再次，定制化成为趋势，旅游者根据个人兴趣、需求和偏好定制旅游行程和服务，以获得独特体验。又次，安全性与可靠性是重要考量因素，旅游者关注产品和服务的安全性及目的地的治安状况，并倾向于选择有良好口碑的供应商。最后，环保与可持续性也逐渐成为重要考虑因素。

2. 评价标准的特点

旅游消费决策的评价标准呈现多样性、主观性、动态性和综合性。具体来说，旅游者会根据价格、品质、服务、口碑、安全性和环保性等多方面因素来评价旅游产品和服务。这些标准相互关联，构成了综合评价体系。评价标准具有主观性，不同旅游者因个人兴趣和偏好的差异，对同一产品的评价可能不同。随着市场和需求的变化，评价标准也在不断演变。

（三）选择规则

1. 最大效益

旅游者在决策时追求最大旅游效益，通过合理规划行程，减少路途往返所占用的时间，以增加在旅游目的地的有效游玩时间，从而提升旅游效率。通过旅游获取更多信息，消除感知差异，提升体验深度和广度。在决策过程中，旅游者会综合考虑多种因素，以确保旅游活动的整体效益最大化。

2. 个性化与定制化

随着旅游市场的不断细分和旅游者需求的多样化，旅游者在选择旅游产品时更加注重个性化和定制化。旅游者会根据自身的兴趣爱好、经济实力、闲暇时间及旅游目的等因素，向旅游供应商提出特定要求，定制个性化的旅游行程和服务，以获得符合自己兴趣和偏好的旅游体验。

3. 安全与可靠性

安全是旅游消费决策中的首要考虑因素。旅游者会关注旅游产品和服务的安全性及旅游目的地的治安状况等方面，同时关注旅游供应商的信誉、服务的可靠性。

4. 综合考量与平衡

旅游者在决策过程中，会从价格、质量、口碑、地理位置、气候条件、交通状况等多个方面对旅游产品进行评估。权衡各因素的利弊关系，根据自身的需求和偏好，在不同因素之间做出合理的取舍。例如，预算有限时，在住宿和餐饮间平衡；追求体验感的同时，考虑活动安全性和便利性。

（四）旅游目的地选择模型

旅游目的地是指能够对一定规模的旅游者形成吸引力，并能够满足其特定旅游目的的各种旅游设施和服务体系的空间集合。旅游者对旅游目的地的选择往往会影响其他相关决策的产生。因此，在旅游决策中，旅游目的地选择可以被认为是旅游最重要的决策，也是旅游消费者行为研究中的重要组成部分。

1. Um and Crompton 模型

Um and Crompton 模型是旅游研究中关于旅游目的地选择的一个重要模型，命名于韩国学者 Seoho Um 和美国学者 John L. Crompton 的名字。该模型基于外部因素、内部因素和认知构成三个系列的变量。该模型认为，这三个变量的相互作用最终影响旅游者的目的地选择决策。Um and Crompton 模型的三个变量如表 10-2 所示。

表 10-2　　Um and Crompton 模型的三个变量

变量	定义	内容	作用
外部因素	影响旅游者选择目的地的外部环境条件，通常不受旅游者个人控制	包括社会经济特征（如收入水平、职业、教育程度等）、人口统计特征（如年龄、性别、家庭结构等）、社会规范与价值观、旅游动机、旅游信息来源等	为旅游者提供了选择目的地的背景和框架，限定了旅游者的选择范围和可能性
内部因素	旅游者个人的心理状态和偏好，直接影响旅游者的决策过程	包括旅游者的个性特征、心理需求、旅游经验、旅游偏好等	决定了旅游者对目的地的期望和评价
认知构成	旅游者在选择目的地过程中所形成的对目的地的认知和评价	包括旅游者对目的地的了解程度、对目的地属性的认知（如景色、气候、文化等）、对目的地形象的感知等	作为旅游者在选择目的地时的直接依据，它决定了旅游者对目的地的偏好和选择意愿

2. Woodside and Lysonski **模型**

Woodside and Lysonski 模型，也被称为伍德赛德（A. G. Woodside）和莱松斯基（S. Lysonski）旅游目的地选择模型，是一个深入解析旅游者在选择旅游目的地时心理过程和行为模式的综合模型。该模型关注旅游者的个体特征，也考虑了外部环境和心理因素在决策过程中的作用。

该模型将旅游者的目的地选择过程视为一个由内部变量和外部变量共同影响的复杂系统。内部变量包括旅游者的人口统计特征（如年龄、性别、收入水平等）、生活环境及价值体系等；外部变量则指的是目的地营销宣传、交通状况、天气条件等外部刺激因素。同时，伍德赛德和莱松斯基提出从“意识到目的地”向“选择目的地”的演进。在该模型中，旅游者意识中的目的地被划分为考虑域（又称激活域，自动激起欲望的目的地）、排除域（被拒绝或放弃的目的地）、惰性域（未被积极考虑的目的地）、无意识域（不可能被人们知觉意识到的暂时无意义的目的地）、意识域（可被人们知觉的存在于意识范围内的目的地）。另外，他们还指出情感联系、旅游者目的地偏好、游览意愿和情境变量也是影响旅游目的地决策的重要因素。

Woodside and Lysonski 模型不仅有助于揭示旅游者选择目的地的心理机制，还为旅游目的地的营销推广提供了理论支持和实践指导。通过了解旅游者的心理分类过程和偏好特点，旅游目的地可以更加精准地定位目标客户群体，制定差异化的营销策略，提高市场竞争力。

3. **旅游度假者的机会组合模型**

旅游度假者的机会组合模型是一个用于描述旅游度假者如何在众多旅游目的地中进行选择的模型。这个模型主要基于旅游者的感知、经济能力、偏好及外部环境因素等多方面考虑，逐步缩小选择范围，最终确定旅游目的地。

该模型认为，所有客观存在的旅游目的地构成了全部备选机会组合。在全部旅游目的地中，只有旅游者意识到的旅游目的地（感知机会组合）与旅游者经济承受范围内的旅游目的地（可达机会组合）才能进入旅游决策，成为真正备选的旅游目的地（现实机会组合）。现实机会组合包含较多的备选旅游目的地。旅游消费者要从现实机会组合中筛选出考虑机会组合，然后再从考虑机会组合中选定旅游目的地。也就是说，旅游消费者通过比较对各个旅游目的地的感知形象，先从现实机会组合中选出考虑机会组合，再从考虑机会组合中选出若干偏好的旅游目的地，最后在偏好的旅游目的地中决定实际出游的旅游目的地，即为决策机会组合。

4. 手段—目的链模型

手段—目的链模型（Means-End Chain Model），也被称为方法—目的链模型，由心理学家米尔顿·罗克奇（Milton Rokeach）提出，并在20世纪70年代后期由汤姆·雷诺兹（Tom Reynolds）和丘克·吉恩格勒（Chuck Gengler）引入营销学领域。该模型解释了旅游者在选择旅游目的地时的心理和行为过程。该模型认为旅游者在选择旅游目的地时，出发点是实现一定的价值（如放松、探险、文化体验等），为了实现这一价值，旅游者需要取得一定的利益（如功能利益、体验利益、财务利益和心理利益等），而这些利益则通过购买具有特定属性的旅游产品和服务来实现，这些属性可能包括景点质量、服务质量、价格、便利性等。

手段—目的链模型的层次如表10-3所示。

表10-3　手段—目的链模型的层次

层次	名称	内容	途径
顶层	个人价值	指旅游目的地的各种具体特征，包括自然景观、文化遗产、旅游设施、服务质量、价格水平等	旅游者追求的最终目标
中间层	产品利益	包括功能利益（如交通便利、住宿舒适）、体验利益（如文化体验、自然探险）、财务利益（如性价比高、节省开支）、心理利益（如放松心情、增强归属感）等	旅游者通过旅游目的地的产品属性所获得的直接好处
基础层	产品属性	包括归属感、爱、自尊、成就感、社会认同、享受、安全、快乐等	旅游者能够直接感知和评价

四、购买决策

（一）购买决策类型

1. 按照决策的方式分类

（1）个人决策。个人决策是指旅游者在没有他人直接参与的情况下，独自做出旅游决策的过程。这一决策通常基于个人的兴趣、偏好、经济状况、时间安排等因素，适用于独立旅行者、背包客等倾向于自主安排行程的旅游者。

（2）家庭决策。家庭决策是指家庭成员共同参与并协商后做出旅游决策的过程。这一决策通常涉及家庭成员的共同兴趣、经济状况、时间安排等多个方面，适用于家庭出游、亲子游等需要家庭成员共同参与的旅游活动。

（3）社会协商决策。社会协商决策是指旅游者在旅游决策过程中，与朋友、同事、旅游专家或其他有经验的旅游者进行交流、咨询，参考他们的意见来做出决策的过程。这种决策方式适用于各种类型的旅游活动，尤其是当旅游者对旅游目的地或旅游产品了解有限，需要借助他人的经验和知识来辅助决策时。

2. 按照参与程度和决策程度分类

（1）复杂决策。复杂决策，也被称为拓展决策，是指旅游者在面对多个选择时，需要投入大量时间和精力去收集信息、评估各个选项的优缺点，并最终做出决策的过程。这种决策通常涉及高价值、高风险或高度个性化的旅游产品，如长途旅行、豪华游轮、定制旅行等。

（2）有限决策。有限决策是指旅游者在面对几个选择时，会基于一定的信息收集和评估，相对快速地做出决策的过程。这种决策的信息量和评估过程都较为有限，适用于短途旅行、周边游等价值适中、风险较小或复杂度较低的旅游产品。

（3）忠诚决策。忠诚决策是指旅游者基于过去对某个旅游品牌或产品的满意体验和信任，而直接选择该品牌或产品的决策过程。这种决策更依赖品牌忠诚度和消费者信任，适用于常客计划、会员制度等已经建立了良好品牌忠诚度的旅游企业。

（4）惯性决策。惯性决策（也被称为习惯型决策）是指旅游者在长期形成的习惯和经验基础上，对特定旅游产品或服务进行重复性选择的决策过程。这种决策几乎不需要额外的信息收集和评估，适用于日常性、高频次的旅游消费，如经常入住的熟悉酒店、常去的固定餐厅等。

3. 按照解决水平分类

（1）机械决策。机械决策是指旅游者依据固定的规则或程序，无须过多思考即可做出的决策。这种决策适用于那些简单、重复且规则明确的旅游问题。在这类决策中，旅游者的参与度较低，更多是基于习惯或经验进行决策。

（2）直观决策。直观决策是指旅游者在没有充分分析信息或考虑多种方案的情况下，仅凭直觉做出的决策。这种决策方式通常发生在信息不充分或时间紧迫的情况下。旅游者的情绪状态可能会影响其直观决策的结果。

（3）理解决策。理解决策是指旅游者在充分理解问题本质、分析相关信息并权衡各种利弊后做出的决策。这种决策需要旅游者具备一定的分析能力和决策技巧。在这类决策中，旅游者的参与度较高，需要投入较多的时间和精力。

（4）信息加工决策。信息加工决策是指旅游者在收集、整理、分析和评估大量信息的基础上做出的决策。这种决策适用于那些复杂且需要综合考虑多种因素的旅游问题。

4. 按照决策目标分类

（1）最优决策。最优决策是旅游者在理想条件下选择最优方案的决策过程。这种决策强调在给定条件下，通过全面分析和比较各种可能，以选择最能满足需求且成本效益最高的方案。它适用于购买高价值、高风险的旅游产品或服务，也适用于追求极致体验、对旅游品质有高要求的游客。

（2）满意决策。满意决策是指旅游者在现实条件下，追求一种令人满意的结果的决策过程。这种决策强调在资源和信息有限的情况下，选择一种能够满足旅游者基本需求和期望的旅游方案。它适用于日常性、高频次的旅游消费，以及时间紧迫或信息有限的游客。

（二）购买决策原则

旅游购买决策原则主要涉及旅游者在选择旅游产品或服务时所遵循的一系列指导原则。这些原则旨在帮助旅游者做出更加合理、满意的决策。

1. 预算合理原则

旅游者在购买旅游产品时，应设定明确预算上限，并比较不同产品的价格和服务内容，以选择性价比最高的产品。合理的预算规划有助于避免超支，确保旅游活动的顺利进行。

2. 信息充分原则

在做出购买决策之前，旅游者可以通过网络、旅游指南、旅行社咨询等多种渠道收集信息，以便全面了解旅游产品的特点和优劣。这为旅游者做出明智的决策提供了重要依据。

3. 需求匹配原则

旅游者应根据自己的旅游目的，选择相应的旅游产品，确保所选产品能够满足自己的旅游需求和期望。同时，还应关注产品的具体服务内容，如行程安排、景点选择、餐饮标准等，以确保它们与自己的需求相匹配。

4. 安全可靠原则

安全是旅游活动的首要前提。旅游者在购买旅游产品时，应关注旅行社的资质、信誉，选择有正规营业执照、良好经营记录的旅行社，这有助于确保所选旅游产品具有良好的安全保障。

5. 可持续性原则

随着旅游业的发展，可持续性已成为旅游购买决策中的重要因素。旅游者应关注产品的环保措施、对当地文化的尊重和保护，以及是否支持社区发展。选择注重环境保护、文化传承和社会责任的旅游产品，有助于推动旅游业的可持续发展。

五、旅游体验与购后行为

在旅游消费决策中，旅游体验与购后行为是两个至关重要的环节，它们不仅影响着旅游者的满意度和忠诚度，还对整个旅游产业的发展具有重要作用。

（一）旅游体验与服务质量评价

旅游体验是指旅游者在旅游过程中所获得的情感、认知和行为等方面的综合体验。旅游体验与服务质量评价是旅游业中一个至关重要的环节，它直接关联旅游者的满意度、忠诚度及旅游目的地的形象和声誉。旅游体验与服务质量评价的目的在于多方面提升旅游行业的整体表现，确保旅游者能够获得高质量、满意的旅游体验。

通过评价，旅游企业可以及时发现旅游服务中存在的问题，为旅游服务提供者提供改进方向；同时，也可以为旅游者提供更为准确、全面的旅游信息和服务选择依据。此外，评价结果还可以为政府监管和决策提供有力支持，推动旅游业的规范化、标准化发展。

（二）满意度、忠诚度与顾客关系营销

在旅游消费决策中，满意度、忠诚度与顾客关系营销之间存在着紧密的联系和相互作用。旅游企业应注重提升旅游者的满意度和忠诚度，通过顾客关系营销策略来建立和维护与旅游者之间的长期关系，实现企业的可持续发展。

1. 满意度在旅游消费决策中的作用

满意度是旅游者对旅游产品或服务满足其需求和期望程度的评价。它可以通过旅游者对住宿、餐饮、交通、景点、服务等多个方面的综合评价来衡量。满意度是旅游消费决策中的重要因素。旅游者在选择旅游产品时，会考虑之前的旅游经历或他人的推荐，这些都与满意度相关。较高的满意度能够增强旅游者的信任感和归属感，促使他们再次选择同一旅游目的地或品牌，甚至推荐给亲朋好友。

满意度促进忠诚度。较高的满意度能够增强旅游者的信任感和归属感，促使他们成为忠诚客户。

2. 忠诚度在旅游消费决策中的表现

忠诚度是旅游者对某个旅游目的地或品牌的偏好和持续选择的程度。它表现为旅游者对特定品牌或目的地的重复消费、口碑传播和推荐等行为。例如，旅游者持续选择同一品牌或目的地的旅游产品，对特定品牌或目的地产生情感上的依赖和认同，或者积极向他人推荐自己满意的旅游产品或服务。

忠诚度提升满意度。忠诚客户对旅游产品或服务的期望更高，他们会更加积极地参与旅游活动并提供反馈，从而帮助旅游企业不断改进产品和服务，提升满意度。

3. 顾客关系营销在提升满意度和忠诚度中的作用

顾客关系营销是指企业通过建立和维护与顾客之间的长期关系，以实现顾客价值最大化和企业利益最大化的营销活动。通过个性化的服务、优质的产品和服务、有效的沟通等策略，顾客关系营销能够增强旅游者的满意度和忠诚度，形成良性循环。

复习与实践

一、判断题

1. 旅游消费决策中，个人特征对目的地选择没有影响。 （ ）
2. 旅游者总是基于理性分析做出旅游决策。 （ ）
3. 旅游目的地选择模型不考虑旅游者的心理特征。 （ ）
4. 个人决策比家庭决策更快，因为它不需要多人协商。 （ ）
5. 旅游企业通过广告可以直接提升旅游者的忠诚度。 （ ）
6. 旅游者在做出消费决策时，通常不会考虑旅游产品的环保性和可持续性。 （ ）
7. 旅游满意度是旅游者在旅游过程中对所有接触到的服务和产品的综合评价。 （ ）
8. 社交媒体上的好评和差评对旅游者的消费决策影响很大。 （ ）
9. 旅游目的地选择模型不考虑旅游者的心理特征。 （ ）
10. 在家庭决策过程中，每个家庭成员的意见都会被充分考虑。 （ ）

二、不定项选择题

1. 下列（ ）不属于按情感程度划分的消费决策。

A. 理性型决策　　B. 情感型决策
C. 混合型决策　　D. 扩展型决策

2. 旅游者忠诚度提升的主要方式不包括（ ）。

A. 提供个性化服务　　B. 提高旅游产品价格
C. 加强与旅游者的沟通　　D. 推出会员制度和忠诚度计划

3. 信息搜索行为可能包括（ ）。

A. 查看旅游指南　　B. 咨询旅行社
C. 访问社交媒体　　D. 以上都是

4. 以下（ ）是旅游决策过程的阶段。

A. 需求与动机产生　　B. 信息收集
C. 购买决策　　D. 体验与购后评价

5. 个人决策的特点包括（　　）。

A. 快速　　B. 直接

C. 需要多人协商　　D. 基于个性化需求

6. 购后评价可能包括以下（　　）行为。

A. 给予反馈　　B. 分享经验

C. 进行投诉　　D. 查询信息

7. 社会协商决策可能受到以下（　　）因素的影响。

A. 朋友建议　　B. 同事意见

C. 社交媒体　　D. 父母意见

8. 家庭决策在旅游消费决策中的特点不包括（　　）。

A. 需要多人协商　　B. 考虑家庭成员需求

C. 快速直接　　D. 可能涉及妥协

9. 以下（　　）因素可能增加旅游决策的不确定性。

A. 旅游目的地的负面新闻　　B. 旅游预算的限制

C. 家庭成员间的分歧　　D. 旅游经验

10. 以下（　　）是旅游决策过程中可能出现的心理现象。

A. 确认偏误　　B. 过度自信

C. 选择性记忆　　D. 所有以上因素

三、简答题

1. 简述旅游消费决策中的个人决策特点。
2. 家庭决策在旅游消费决策中的意义是什么？
3. 社会协商决策在旅游消费决策中的作用是什么？
4. 列举三个旅游目的地属性。
5. 信息收集行为在旅游决策过程中的重要性是什么？
6. 简述旅游决策过程的几个阶段。
7. 个人特征如何影响旅游目的地选择？
8. 旅游特征对旅游决策有何影响？
9. 为什么说目的地属性是旅游决策的重要因素？
10. 购后评价对旅游业有什么意义？

四、案例分析

一个四口之家正在计划暑期旅游。家庭成员包括父亲张先生、母亲李女士、大女儿张小梅（16 岁）和小儿子张小明（10 岁）。张先生喜欢历史，对古建筑和历史文化感兴趣；李女士喜欢购物和休闲；张小梅对自然风光和户外活动感兴趣；张小明则喜欢动物园和游乐场。

问题：

1. 请根据家庭成员的不同偏好，为这个家庭推荐一个旅游目的地，并说明理由。
2. 描述这个家庭在做出旅游决策时可能经历的过程。
3. 讨论社会协商决策在这个过程中可能如何体现。

五、实训题

假设你是一名旅游顾问，你需要为一位想要独自旅行的单身女性客户提供旅游建议。这位客户是第一次独自旅行，她希望找到一个安全、风景优美且具有文化特色的目的地。她的预算为 8000 元，旅行时间为一周。

实训要求：

1. 根据客户的需求，推荐一个合适的旅游目的地。
2. 设计一个为期一周的旅游行程计划。
3. 提供一份预算表，包括交通、住宿、餐饮、景点门票等费用。

TRAVEL

第三篇

旅游消费行为与社会、文化

第十一章　社会环境与旅游消费

案例导入

小明今年暑假出去旅游了。我们来看看小明遇到了什么问题。

（1）出游前，选择去哪里。小明说他很多同学都去了北京，他也想去，可是爸爸、妈妈考虑到天气和旅游人流、费用等问题，提出了不同意见，最后还是妈妈决定再带上爷爷、奶奶一起去北京。

（2）在旅游过程中，一家老小有欢乐也有小矛盾，小明旅游后回忆却说道："这是他第一次这么长时间和家人待在一起，感到很幸福。"同时他不明白的是，为什么大人，尤其是爷爷、奶奶怎么那么爱拍照，大太阳晒着却还要拍各种全家福。

（3）回到家，他感觉家里的关系更融洽了，小明不明白的是，自己旅游开心的心情回来后不久就消失了，为什么大人，尤其是爷爷、奶奶可以高兴很久，而且明明有很多旅游活动真的不适合他们。

思考：一次家庭旅游，竟然让小明想到了这么多问题，你们有过这种经历吗？你能帮助小明解答这些疑惑吗？

学习目标

一、知识目标

1. 熟悉参照群体的概念、分类。

2. 了解家庭的概念、类型与生命周期。

3. 掌握老年旅游消费行为及特征。

4. 理解社会环境对旅游消费的重要影响并掌握基于参照群体、家庭及老龄化的旅游营销和服务策略的制定方法。

二、能力目标

1. 能够识别家庭成员在消费过程中的角色及家庭决策模式，从而制定有效的营销策略。

2. 能够基于情景分析参照群体影响力差异的影响因素。

3. 能够通过观察老龄旅游消费行为分析老龄旅游消费观念，预测行为倾向，开发合理的适老旅游产品和服务。

三、思政目标

1. 通过对家庭生命周期及现代家庭结构变化的学习，学生可以更加全面地认识社会，形成包容和尊重的态度，这有助于培养学生的社会责任感和公民意识，使他们成为有担当、有责任的公民。

2. 通过对参照群体的学习，学生能够提高社会适应能力，从而在未来的生活和职业发展中更好地应对各种挑战。

3. 通过学习老年旅游消费行为，学生可以学会如何与不同年龄段的人进行有效的沟通和交流，促进代际之间的理解和尊重。

本章重难点

1. 参照群体对旅游消费者行为的影响及其旅游营销启示。
2. 家庭旅游决策、互动及其旅游营销启示。
3. 老年旅游消费行为特征及其旅游营销启示。

重点概念

1. 参照群体：是指被个体认同并用作参照的其他群体成员或群体。参照群体通常与消费者紧密相关，且能对消费者的评估、期望和行为产生影响。

2. 家庭生命周期：是指一个家庭从形成开始，经历不同的发展阶段，直至解体的整个过程。

3. 旅游消费制约：旅游消费制约主要指影响和限制旅游消费发展的因素，包括经济、文化、政策、个人等多个层面。

在现代社会，旅游已不仅是简单的移动和观光，它还是一种生活态度的体现，一种文化传播与社交互动的方式。随着社会环境的变迁，我们选择旅游目的地、安排行程计划乃至旅游的消费心态，都受到周遭社会因素的影响。参照群体的行为标准，家庭中的角色期待，以及老龄化社会带来的需求变化，这些因素如同潜流，在不知不觉中引导着我们的旅游决策。

第一节　影响旅游消费的社会环境态势

社会环境与旅游之间存在着密切且复杂的关系。社会环境不仅影响着人们的旅游偏好和行为，还对旅游业的发展产生深远的影响。那么，认识当前的社会环境态势是不断适应新的环境和挑战的首要任务。

（一）老龄化

第六次和第七次人口普查的数据显示，从2010年至2020年，我国老龄人口的比重上升了5.44个百分点。第七次全国人口普查结果显示，2020年老龄人口占比约18.7%，预计到2025年这一比例将增长为21%，意味着每五个人中将有一个老年人，老龄化社会使银发消费主体增加。老龄化是我国社会发展的重要趋势，也是我国未来很长一段时间内的基本国情，积极应对老龄化已成为国家战略。

（二）少子化

生育率下降带来的少子化问题较为突出。根据相关统计数据，中国生育率处于较低水平。2022年，中国人口出现负增长。生育率下降、人口负增长及劳动人口数量减少等问题，既是我国经济和社会发展面临的长期问题，也是未来我国制定宏观、微观政策的重要考量因素，是不可回避的客观事实。

（三）社会个体化与单身社会

社会个体化是社会变迁的一项重要内容，较早地出现在西方社会发展之中。我国学者也对社会个体化的内涵及过程做了较为系统的分析。总体来看，社会个体化首先是“脱嵌”，即从传统的文化、制度、组织、单位、区域等范畴脱离出来；其次是“再嵌入”，即融入新的环境中，并在新的制度约束下参与生产和生活；再次是“为自己活”，强调追求自我价值实现并独立决策；最后是“自担风险”，即个体自己承担“自由决策”面临的种种风险。当代中国正在从“总体社会”向“个体社会”转变，居民正经历着去传统化、脱嵌、创造属于自己的生活，以及与独立和个人主义相关的压力。

单身社会指的是单身现象社会化，即在一个国家或地区涌现大量以单身为生活方式的群体。在某种程度上，这一群体具有一定的规模性，且超越地域性的限制，已经成为一种较为普遍的社会现象。随着现代化事业向纵深推进，作为现代化后果的单身现象也逐渐在我国出现，并演化为一个日益严肃的社会问题。

（四）过劳社会

尽管现在人们在物质上比以往更富有，有更多的生活便利设施，但人们也似乎更忙碌，并且对这种高强度的工作状态和忙碌的生活方式习以为常。这种过劳的工作生活状态并非中国独有，在其他国家也存在类似状况。哲学家韩炳哲的《透明社会》一书深刻分析和批判了数字信息时代对人类精神世界的巨大影响。他指出，在“透明社会”里，人们对信息的过分追求，导致人脑对信息的加工处理活动越来越退化，而人们还会不胜其烦地通过网络和社交媒体去展示自身的方方面面，从物质的到精神的。因此，人们一方面被信息的海洋所蒙蔽，另一方面又被展示所驱使，信息的流畅并没有给人们真正的自由，反而导致了人们的自我奴役和自我剥削。当今社会中，人们自我剥削存在多种表现形式，消费主义使人们不断追求物质享受，陷入盲目消费的循环，而“内卷化”则让人们在竞争中不断自我加压，过度消耗精力。这两者在一定程度上共同促使了过劳社会的形成，成为当今过劳社会这一现象出现的重要原因。

第二节　参照群体与旅游消费

一、参照群体

参照群体是心理学领域的重要概念，对于研究个体旅游行为意义重大，旅游者在旅游过程中的行为，包括举止行为、感知行为和消费行为等，都与参照群体紧密相关，这也是旅游研究中的重要理论。

（一）参照群体概念

参照群体是指被个体认同并用作参照的其他群体成员或群体。参照群体通常与消费者紧密相关，且能对消费者的评估、期望和行为产生影响。当人们将某一群体视为自己的参照群体时，他们会以该群体的目标、行为标准、伦理观念、价值判断、理想、愿望和生活方式来要求自己，并会自觉或不自觉地以参照群体的规范来对照自己的行为和态度，进而修正自己。

（二）常见参照群体类型

参照群体可以按不同的标准划分为不同的种类。

1. 按参照群体的正式程度划分

（1）正式群体。这类群体具有明确的组织目标、正式的组织结构。其成员有着具体的角色规定，并且为了完成组织规定的任务而聚集在一起，如学校、工厂、机关等。

（2）非正式群体。这类群体是人们在交往过程中，由于共同的兴趣、爱好和看法而自发形成的。其结构一般比较松散、自由，如学习小组、旅行团、俱乐部等。

2. 按参照群体的成员身份划分

（1）直接群体。其又被称为成员参照群体，指某人所属的群体或与其有直接关系的群体。直接群体又分为首要群体和次要群体两种。首要群体是指与某人直接且经常接触的一群人，如家人、亲友、同事、邻居等。次要群体是对成员的影响并不频繁，但通常较为正式的群体，如宗教组织、职业协会等。

（2）间接群体。其又被称为象征群体，指某人非成员的群体，即此人虽不属于其中，但群体仍对他产生影响。间接群体还可以分为仰慕群体和疏离群体。仰慕群体是指消费者希望加入的群体，如歌星与歌迷之间的关系；疏离群体则是消费者试图保持距离的群体，然而群体的行为仍会影响消费者。

（3）虚拟群体。其是因网络兴起而产生的参照群体，也被称为虚拟社区。

3. 按参照群体的参照意愿划分

（1）自愿型群体。其指基于个人的自由意志而参与的群体，如大学社团等。

（2）强制型群体。其指参与者因无法选择而被迫参与的群体，如监狱等。

4. 按参照群体的不同作用划分

（1）规范性群体。其指建立一定行为标准并使个体遵循这一标准的群体。如父母规定子女关于食品选择的营养标准、穿衣打扮、待人接物等准则。

（2）比较性群体。其指个体将参照群体作为评价自己或他人的比较标准和出发点的群体。如在布置住宅时，个体可能以仰慕的某位熟人的家具布置作为参考。

二、参照群体影响机制与影响因素

（一）参照群体影响机制

参照群体对个体行为有重要影响已经成为共识，需要探索的是这种影响给人的选择和行为带来了哪些具体影响？目前，学术界普遍认为参照群体的影响主要表现在以下四个方面，即规范性影响、信息性影响、功利性影响及价值表现性影响。

1. 规范性影响

规范性影响，指由于群体规范或期待的作用而对消费者的行为产生的影响。规范是指在一定社会背景下，群体对其所属成员行为合适性的期待，它是群体为其成员确定的行为标准。规范性影响之所以起作用，是由于奖励和惩罚的存在。为了获得赞赏和避免惩罚，个体就会按照群体的期待行事。如某旅游景区声称，如果遵守社会既定的景区规划，就会得到社会的接受和赞许，利用的就是群体对个体的规范性影响。同样，宣称不遵守规则会导致不良旅游行为的发生，得不到群体的认可，也是运用了规范性的影响。

2. 信息性影响

信息性影响，指参照群体成员的行为、观念被个体作为有用的信息予以参考，由此在其行为上产生的影响。在购买情境充满复杂性和不确定性时，消费者会通过收集相关信息来努力规避风险，寻找他们认为的对信息或具备相关知识的参照群体，将参照群体的决策作为自身选择的重要依据。这种影响或是降低了购买者的购买意愿，或是促使其做出购买行为，只要对购买者的决策提供参考且促使某种选择的达成，参照群体就对消费者产生了信息性影响。群体在这一方面对个体的影响，取决于被影响者与群体成员的相似性，以及施加影响的群体成员的专长性。例如，某同学发现身边好几个朋友都去了刚开业的主题公园游玩，这么多朋友都去，意味着该主题公园有其特色，于是他决定也去体验一下。

3. **功利性影响**

功利性影响，指的是个体基于参照群体的标准或行为做出对自己有利的决策。人是社会性动物，有群体归属的需要，消费的过程会不同程度地激发个体的遵从属性，这体现在对消费品的选择偏好上，个体倾向于选择那些被参照群体认可的消费产品，在群体压力下做出决定并以此换回群体认同，减轻被群体排挤的风险心理。甚至面对大众追捧的产品或服务，即使不是出于自身需求，也可能因为不想“落伍”而进行消费。

4. **价值表现性影响**

价值表现性影响，指个体自觉遵循或内化参照群体所具有的信念和价值观，从而在行为上与之保持一致。个体都有自我提升的意愿。反映在消费情境中，个体通过模仿参照群体的具体行为向该群体积极靠拢，借此自我表达或留给外界自己属于这一群体的印象，这种诉求的产生可能单纯来自个体对该群体的向往、认可和喜爱。例如，某位消费者向往、认可和喜爱那些留长发、蓄络腮胡、有艺术气质和素养的人，通常他也会留起长发，穿着打扮也不拘一格，借此自我表达或留给外界自己也属于这一群体的印象。也可能是出于提升自我感觉和自我认可度的需要，使个体趋近于理想中的自我形象。例如，某位消费者感到外出登山旅游时，大家都会穿着某一国外品牌的户外运动服饰，并佩戴团队标志，于是他也购买了同一品牌的户外运动服饰，并佩戴了登山团队标志，以反映他所理解的那种户外登山专业人员的形象。参照群体的价值表现性影响正是基于上述这两种动机产生的。

（二）参照群体影响力影响因素

参照群体对消费者消费行为的影响受到多种因素的影响，主要包括产品因素、个体因素、群体因素及个人与参照群体的关系。

1. **产品的明显程度（产品因素）**

不同类别的产品，消费者的购买评判标准有所不同。复杂产品的不确定性因素多，对外界信息更为敏感，因此受参照群体的信息性影响更大。同时，复杂产品价值通常较高，易涉及外界对个体的价值评判，产品越复杂，受参照群体的功利性影响也越大。此外，产品的受关注度与参照群体影响密切相关。越是能引起他人关注、具有代表性的产品，越易受参照群体的影响。最后是品牌因素，不同品牌具有不同的品牌价值和象征意义，受参照群体的影响也不同。消费者会借助品牌的象征含义来塑造自我形象，尤其是会通过购买参照群体使用的品牌产品来实现。

2. **个人与参照群体的关系**

个人与参照群体的关系对旅游消费行为影响显著，主要通过以下方式发挥作用：一是个体与参照群体的相似性。当个人自认为是参照群体的一员时，会强化对群体准则的遵循，包括在旅游消费方面进行模仿和学习，这种认同感会极大增强群体的影响力。二是个体对参照群体的认同与忠诚度。个人若在情感层面与参照群体产生共鸣，就更易接受群体的旅游偏好和消费建议，这种情感共鸣会促使个人对群体推荐的旅游目的地或活动持开放态度。例如，注重环保和文化教育的旅游者可能倾向于选择参照群体所青睐的生态旅游或教育意义强的旅游项目。

3. 个人特征（个体因素）

每个旅游消费者都是独立个体，个体间的差异构成了个体特征。个体特征体现在多个方面：①自我监控导向，指个体对外界信息的敏感程度及利用社交线索进行自我管理的能力，通常情况下，自我监控导向越强，受外界信息的影响越大，在功利性和价值表现性两方面表现尤为明显。②个体的自信心，自信心与参照群体影响呈负相关，即自信心越强，越不容易受参照群体影响。③人格特征，指消费者在消费意愿上对金钱、时间的消费态度和认知结构。④人际导向，消费者越是在意他人对自己的看法，就越容易受他人意见的左右，这体现了遵从动机在参照群体中的应用。

4. 参照群体的特征（群体因素）

群体因素指消费者所在或所参照群体的属性特征，消费者与该群体的关系决定着消费者受群体影响的强弱。主要有以下评判因素：①参照群体的可信度，这取决于个体对群体的态度，当个体认为参照群体具备意见领袖的能力且值得信赖时，受参照群体的影响就大。②群体组织的稳定性和凝聚力。参照群体稳定性高，成员之间交流密切，个体对群体依赖性就强，其消费决策受参照群体的影响也就越大。一般来说，所参照群体人数不宜过多，且应有核心人员或意见领袖，以保证群体互动良好。

三、基于参照群体的旅游营销

基于参照群体的旅游营销，可以从以下三个方面来展开。

1. 发挥参照群体的名人效应

影视明星、歌星、体育明星等名人对公众，尤其是崇拜他们的人，具有巨大的影响力和感召力。因此，旅游目的地和旅游企业可以巧妙地利用名人效应来开展营销活动。具体的营销策略多种多样，包括但不限于邀请名人拍摄广告、参与公共关系活动，以及邀请名人担任旅游目的地的形象大使等。这些策略的核心在于充分利用潜在旅游消费者对名人的模仿心理和追求名人效应的心理需求，从而激发他们的旅游兴趣和动机。

2. 发挥参照群体的专家效应

专家一般是指在某个专业领域受过严格训练，并具有专门知识和丰富经验的人。由于专家拥有的丰富的知识和经验，他们在介绍和推荐旅游产品及服务时，相较于普通人更具权威性。这种权威性使专家的推荐能够产生独特的公信力，进而有效地引导消费者的旅游决策。

3. 发挥参照群体的“普通人”效应

尽管名人和专家的代言在某些情况下非常有效，但近年来，越来越多的“普通人”也开始在广告中担任重要角色。这一趋势的形成，主要源于人们倾向与自己相似的人进行比较，并常常被这些人的生活方式所吸引和打动。例如，迪士尼等旅游企业经常在广告中展示普通消费者如何通过旅游活动享受家庭团聚的欢乐时光。这种贴近消费者真实生活、反映他们现实需求的旅游营销方式更容易引发共鸣，获得消费者的认可和喜爱。

第三节　家庭与旅游消费

一、家庭

（一）家庭概念

家庭是指婚姻关系、血缘关系或收养关系基础上产生的，以情感为纽带，亲属之间所构成的社会单元。家庭有广义和狭义之分，广义的家庭可以包含更多的亲属关系，比如叔伯、侄甥等；狭义的家庭则通常指由父母和未婚子女组成的社会单元。

家庭具有以下基本特征。

（1）亲属关系：家庭是基于婚姻、血缘或收养等关系形成的社会单元。

（2）共同生活：家庭成员通常居住在一起，形成共同的生活环境和空间。

（3）经济共享：家庭成员之间存在经济上的共享和支持，包括日常开销、教育和医疗支出等。

（4）情感支持：家庭提供情感上的支持和慰藉，是个体在面对外界压力时的情感避风港。

（5）社会功能：家庭不仅是生物学的生存单位，还是社会学意义上的基本功能单元，承担着社会化、教育和保护等功能。

（6）文化传承：家庭是文化传承的重要载体，家庭成员间会传递和继承特定的文化、传统和价值观。

（二）家庭类型

家庭类型是指根据家庭关系或家庭结构的不同进行的分类。家庭可以根据不同的需要，采用不同的标准，划分为不同类型。按家庭的结构和规模，一般划分为以下几种类型。

1. 核心家庭

核心家庭指由父母和未婚子女组成的家庭，是我国主要的家庭类型之一。核心家庭的特点是人数少、结构简单，家庭内部只有一个权力和活动中心，家庭成员间容易沟通、相处。

2. **主干家庭**

主干家庭又称直系家庭，是指由两代或两代以上夫妻组成，每代最多不超过一对夫妻，且中间无断代的家庭。在我国，主干家庭曾为主要家庭类型，但随着社会的发展，此家庭类型已不再占主导地位。主干家庭特点是家庭内不仅有一个主要的权力和活动中心，还有一个权力和活动的次中心存在。

3. **联合家庭**

联合家庭指包括父母、已婚子女、未婚子女、孙子女、曾孙子女等几代居住在一起的家庭。联合家庭的特点是人数多、结构复杂，家庭内存在一个主要的权力和活动中心、几个权力和活动的次中心。

4. **单亲家庭**

单亲家庭指由离异、丧偶或未婚的单身父亲或母亲及其子女或领养子女组成的家庭。单亲家庭的特点是人数少、结构简单，家庭内只有一个权力和活动中心，但可能会受其他关系的影响。

5. **重组家庭**

重组家庭指夫妇双方中至少有一人有过婚姻经历，并可能有一个或多个来自前次婚姻的子女，以及他们重组后的共同家庭。重组家庭的特点通常是人数相对较多、结构复杂。

6. **丁克家庭**

丁克家庭指由夫妇两人组成的无子女家庭。丁克家庭的特点是人数少、结构简单。

（三）家庭功能

家庭功能是指家庭在人类社会中扮演的多种角色和完成的各种任务，这些功能对于个体的成长和社会的稳定起着至关重要的作用。家庭作为社会的基本单元，具备经济、养育、教育、情感和精神等功能。

（1）经济功能。家庭是社会经济活动的基本单位，承担着生产、分配、交换和消费的任务。家庭的经济功能是其存在和发展的物质基础。通过家庭成员的工作和共同财务管理，家庭能够为成员提供生活所需及教育、医疗等资源支持。

（2）养育功能。家庭具有生育和养育下一代的功能，这是家庭生物学意义上的基本职能。家庭的养育功能不仅是人类社会延续的基础，还通过抚养下一代和赡养上一代，体现家庭内部的代际责任，保障社会继替和社会稳定。

（3）教育功能。家庭是个体生存、成长、社会化及后续发展的第一站，个体个性品格的养成、道德价值的养成，以及价值观和人生观的形成，很大程度上依托于家庭。

（4）情感和精神功能。家庭是情感交流的重要场所，满足成员间亲情、友情、爱情等情感需求。家庭中的情感支持和有效沟通能够促进成员的心理健康，增强家庭的凝聚力。同时，家庭具有在面临困境时自我修复和重建的能力，当家庭遭遇变故或危机时，家庭成员会共同努力，相互给予支持，尤其是精神方面的支持，努力恢复家庭正常化。

（四）当代家庭结构的变化趋势

近年来，家庭结构变迁已成为社会学和人口学领域的重要议题。基于多源数据分析与学界研究成果，当代家庭结构的变化趋势可归纳为以下三方面。

（1）家庭规模结构小型化。家庭规模结构是指以人数计量的家庭在所有家庭中的分布，一个概括性指标是平均家庭户规模。人口普查数据显示，中国一人户和二人户占比从 1982 年的 7.97%和 10.08%上升至 2020 年的 25.39%和 29.68%，2023 年国家统计局抽样调查显示这一比例已突破 60%；三人及以上户占比从 1982 年的 81.95%持续下降至 2020 年的 44.93%，2023 年进一步降至 40%以下；平均家庭户规模从 1982 年的 4.41 人降至 2020 年的 2.62 人，2023 年部分城市（如北京、上海）已低于 2.4 人。

（2）家庭代数结构扁平化。家庭代数结构是指以世代数计量的家庭在所有家庭中的分布，如“四世同堂”就是家庭内祖辈、父辈、子辈、孙辈四代共同居住的大家庭模式。1982—2023 年中国家庭代数结构变化趋势如表 11-1 所示。

表 11-1　1982—2023 年中国家庭代数结构变化趋势

年份	一代户占比	二代户占比	三代及以上户占比
1982	13.48%	68.42%	18.10%
2000	21.70%	59.32%	18.98%
2010	34.18%	47.83%	17.99%
2020	49.50%	36.72%	13.78%
2023	55.20%	33.50%	11.30%

从表中数据可以看出，一代户占比从 1982 年的 13.48%飙升至 2023 年的 55.20%，年均增长约 1.3 个百分点；二代户占比从 1982 年 68.42%降至 2023 年 33.50%，下降速度加快（2010 年后年均降幅超 1.50%）；三代及以上户占比从 1982 年 18.10%降至 2023 年 11.30%，农村地区仍高于城市（2023 年农村三代户占比 16.80%，城市 7.50%）。目前中国家庭代数结构扁平化表现为一代户占比显著上升，二代户占比下降，多代共居模式减少，代际层次简化。

（3）家庭类型结构多样化。家庭类型结构是指以类型划分家庭，观察不同类型家庭在所有家庭中的分布。社会学常用的类型有核心家庭、直系/主干家庭、复合/联合家庭等，融合了家庭中已婚夫妻对数、代数、子女数量及婚育状况等信息。2020 年人口普查数据显示，核心家庭比例继续下降，直系家庭比例变动不大，并且涌现出如单人户、丁克家庭、非婚同居与重组家庭等新兴家庭类型。

二、家庭与旅游消费

（一）家庭消费角色与决策模式

1. 家庭旅游消费角色

作为一种特定社会消费方式，家庭旅游对维持家庭关系、增加家庭和睦、提升家庭共同兴趣与增进家庭成员互动与沟通等有着积极作用。因此，旅游消费通常是以家庭为单位进行的。在一个家庭的消费中，每个家庭成员都可以扮演不同的角色，起不同的作用。一般可以分为五种角色。

（1）家庭旅游的倡导者。家庭旅游的倡导者是指在家庭成员中最早发起和提议去享用旅游产品和旅游服务的人。倡导者能促使家庭其他成员对旅游产品和服务产生兴趣。一般来说，倡导者性情活泼、信息灵通、易于接受新事物，在旅游信息传递上作用非常大。

（2）家庭旅游的影响者。家庭旅游的影响者是指对倡导者的提议持赞成或反对态度，但并不具有最终决定权的家庭成员。如果影响者对倡导者的建议持赞成态度，那么就容易促成决策者做出旅游决定；如果影响者持反对态度，则可能阻碍决策者做出旅游决定。

（3）家庭旅游的决策者。家庭旅游的决策者是指最终决定购买旅游产品或服务的家庭成员。具体来说，决策者掌握经济大权，在家庭旅游中具有举足轻重的作用。

（4）家庭旅游的执行者。家庭旅游的执行者是指实际购买旅游产品或服务的家庭成员。决策者一般只做出是否进行家庭旅游的决定，而具体的旅游目的地、出行时间及购买旅游产品和服务的相关细节则主要由执行者负责落实。

（5）家庭旅游的使用者。享用旅游产品和服务的家庭成员就是家庭旅游的使用者。作为旅游产品和服务的使用者，他们能反馈旅游产品和服务的信息，对旅游业有着重要的影响。使用者若对旅游产品和服务满意，就会宣传和扩大旅游产品和服务的知名度；反之，会破坏产品和服务的形象，带来不良后果。

2. 家庭旅游决策的类型

家庭消费决策研究中的一个重要问题是，对于不同产品的消费，家庭决策是以什么方式做出的，谁在决策中发挥最大的影响力。由于家庭成员的性格、兴趣及消费经验的不同，选择商品的看法和标准存在差异，家庭消费决策方式也不相同，主要有四种类型。

（1）丈夫起主导作用的决策。丈夫对问题或对旅游产品的识别、对收集信息及做出实际的购买决策起主导作用。并在诸如旅游地点和住宿条件等方面做最后决定，而妻子的作用不大。这种情况大多是因为丈夫收入高，家庭收入主要由丈夫提供。

（2）妻子起主导作用的决策。20 世纪 50 年代以前，研究认为，家庭购买决策是由作为一家之主的丈夫独自做出的。从 20 世纪 50 年代开始，这种观点逐渐被妻子作为家庭购买决策的重要参与者的观点代替。随着社会雇用模式的变化，双收入家庭的增加及妻子知识水平的提高，妻子的决策参与水平大大提高，在一些决策中的影响已经超过了丈夫，如准备行李、旅游购物、饮食安排等。

（3）双方商量，共同决策。其是指丈夫和妻子共同做出购买决策。虽然学术界一直存在丈夫和妻子谁主导决策的争论，多数学者还是赞同这样的观点，即家庭旅游决策通常源于共同决策，几乎所有阶段的决策都是夫妻双方共同制定的，仅存在影响作用大小的差异，如旅游中的花费问题。

（4）双方商量，一方决定。在许多消费情境中，都是夫妻双方一起商量的，但最后的购买决定是由夫妻双方的一方做出的。比如旅游往返时间，主要看哪方有假期。

除了上述四种家庭旅游决策类型，还有一种值得注意的是子女起主导作用的决策类型。孩子对旅游决策的影响力不可忽视。我国独生子女家庭在城市总家庭数中占相当大的比重，家长都重视对孩子的教育，旅游对孩子的教育价值又往往是家庭旅游最重要的动机之一。父母为了让孩子增长见识，往往考虑带孩子外出旅游。在旅游时间的选择上也会受到孩子假期的影响。交通工具、住宿地、住宿条件、餐饮习惯等的选择，有时也会因孩子的需要而改变。

（二）家庭生命周期与旅游消费类型

家庭生命周期就是家庭的发展过程，是指一个家庭从形成开始，经历不同的发展阶段，直至解体的整个过程。在解释消费者行为和进行市场细分时，家庭生命周期是一个重要的人口统计变量，不论是在商品或服务的消费领域，还是在家庭消费的分配领域及其他商业领域均是如此。家庭生命周期的划分方法很多，较常用的方法是把家庭生命周期分为以下几个阶段。

1. 单身阶段

单身阶段的人群指已独立工作但尚未成婚的年轻人，他们大多拥有独立的收入，尽管收入水平不太高，但由于没有什么经济负担，可支配的收入比较多，而且身体状况处于最佳状态。他们为了自身的学习、交友、健身、求新求奇等，需求心理较突出。旅游活动恰好有利于满足以上几种需要。他们喜欢健身、游乐、探险、科普类的旅游产品。

2. 新婚阶段

新婚阶段指已婚且无子女的时期，此阶段是人一生中精力旺盛、求知欲强、富有浪漫情调的阶段，是青年人外出旅游最理想的时间，并拥有最理想的条件。在许多发达国家，旅游与年轻人结婚几乎是相伴而行的，称为“蜜月旅游”。在中国，“蜜月旅游”已被经济较发达地区的许多年轻人视为时尚。对于经济不够宽裕的年轻人而言，新婚期比其他任何时期都更有可能去旅游。因为经济不够宽裕的人习惯于把旅游看作“奢侈消费”，而新婚期正是“奢侈一把”的好时机。另外，年轻夫妇意识到自己一旦有了孩子后，行动自由将会受到一定影响，并且家庭的可支配收入也将减少，便会在旅游市场上非常活跃。

3. 满巢阶段

（1）满巢Ⅰ期。满巢Ⅰ期指最小的孩子在 6 岁以下的家庭。这一阶段家庭外出旅游的可能性很小，原因有两点。一方面，孩子的降临会对家庭生活方式和经济状况产生很大的影响，家庭要花费相当多的收入在孩子的吃、穿、玩和教育上，导致暂时的经济紧张。孩子的出现也使夫妻外出旅游的时间大大减少，大部分精力都用于照顾孩子。另一方面，由于婴幼儿需要特殊的照顾，比较麻烦，外出旅行时，很不容易找到适合婴幼儿生活所需要的特殊接待设施，因此家庭出行显得极为不便，不大可能考虑远途旅游，只在家附近的公园、动物园进行休闲娱乐，且频率较高。

（2）满巢Ⅱ期。满巢Ⅱ期指最小的孩子在 6 岁以上的家庭。孩子进入学龄期，好奇心强，求知欲旺盛，此时教育成为家庭的主题。旅游也成了对孩子进行教育、让孩子扩大视野的一种手段。家长会有意识地在节假日带孩子外出旅游，因而此阶段家庭的旅游需求很强烈。但对旅游目的地的选择非常慎重，多以博物馆、纪念地、历史文化名城等人文景观为选择对象，旅游动机为教育子女，这就是旅游市场上兴起的“亲子游”。

（3）满巢Ⅲ期。满巢Ⅲ期指夫妇已经上了年纪，但是有未成年的子女需要抚养的家庭。这种家庭的生活方式或多或少以孩子为中心。在旅游条件上，由于子女在生理方面和大人的差异已较小，外出旅游时的身体能力和旅游服务要求、旅游价格方面基本和大人一致，因此旅游次数的多少主要取决于家庭经济条件。一些经济条件相对较好的家庭就有可能更多地外出旅游。这一阶段的旅游动机也很明确，主要是子女教育或对子女努力学习的奖励、考试后假期的放松等。对旅游企业来说仍需加强的是应面向这类家庭开发更多有助于青少年成长的旅游产品。

4. 空巢阶段

（1）空巢Ⅰ期。空巢Ⅰ期指子女已经成年并独立生活，但是家长还在工作的家庭。夫妇两人此时基本可以从沉重的家庭负担中解脱出来，有可能外出旅游。主要的限制因素是观念问题，父母帮孩子成家立业的观念在大部分人心目中还普遍存在，储蓄意识非常强烈，即使有钱也不舍得用于旅游。

（2）空巢Ⅱ期。空巢Ⅱ期指子女独立生活、家长退休的家庭。虽然我国老年人总体崇尚节俭，消费多集中于日常生活必需品和医疗保健品，但城市部分离退休人员有稳定退休金和一定积蓄，且退休后闲暇时间充足，具备“有闲+有钱”的条件。因此，夕阳红旅游产业在全国蓬勃发展。

5. 解体阶段

当夫妻中的一方过世，家庭进入解体阶段。如果在世的一方身体尚好，有工作或有足够的储蓄，并有朋友和亲戚的支持和关照，家庭生活的调整就比较容易。由于收入来源减少，他们过上了更加节俭的生活。因而，他们外出旅游的开销不会太大，通常只是去探亲访友，或到一些知名的旅游胜地游览，旅游兴趣有限，活动参与度不高，只希望更多地与儿孙交往，满足情感上的需要。

（三）子女支持父母出游的动因与障碍

1. 子女支持父母出游的动因

在成年子女支持父母出游的行为机制概念模型中，内在的“子女的多重期望”催生出支持行动的原始动机。主要包括以下方面。

（1）期望回报。感恩和报答父母是子女最普遍的一种期望，在中国传统文化中，子女支持父母出游被视为子女孝顺父母、回报父母的一种方式。

（2）期望补偿。随着子女离开家去外地上学或工作，有的父母成为空巢老人，子女们在假期则希望通过带父母一起旅行达到补偿父母的目的。

（3）期望陪伴。子女因对父母缺少陪伴，担心父母娱乐匮乏、产生孤独感等，希望通过带父母一起旅行来陪伴父母。

（4）期望父母接受新事物，顺应潮流。多数子女更关注父母的精神生活而非仅仅物质富足，期望支持父母旅行使父母避免思维僵化，打开眼界，接受新鲜事物。相较于物质支持，提供精神上的支持往往可以帮助青年子女表达对父母的爱，而旅游给老年人的精神教育和知识更新作用也被研究证实。

（5）期望父母多关注自身。子女期望通过旅行来转移父母的注意力和家庭话题，期望父母从过度关注子女转变为关注自身，以缓解“父母催婚”甚至“父母催生”带来的思想压力，因为这已成为许多“80后”“90后”共同面临的家庭困境。

（6）期望增进相互感情。期望通过共同出游来“减小代沟”也是触发子女支持行动的重要原因。代沟可以理解为父母与子女从思想、价值观到行为和生活方式上的巨大差异，而子女可以通过支持父母旅行，尤其是陪同其出游，增加彼此的交流机会，从而增进代际沟通和理解，进而改善亲子关系。

（7）期望得到父母认同。部分子女期望通过为父母安排旅行，甚至定制昂贵的旅行套餐，向父母和亲友证明自己的经济能力、责任担当，以及自己已经长大。有时，他们支持父母旅行是受到朋友、同事和社会趋势影响而产生的从众行为。当支持父母出游成为一种社会风尚，越来越多子女期望自己和父母顺应这一潮流。

2. 子女支持父母出游的障碍

在多重期望作用下产生内在行为动机后，子女支持父母出游的行动最终能否落实，还受到多种外在条件的约束，主要包括以下方面。

（1）经济限制。经济限制主要受子女现阶段自身或家庭收入和消费能力的影响，也与家庭类型和消费结构有一定关联。例如，部分有二胎的家庭因为供养小孩的经济压力，支持老人出游的预算就会相应地受到压缩。

（2）时空限制。时空限制主要与子女的职业性质、工作地点有关。例如，职业是学生和教师，他们能够调配出来支持父母旅游的时间往往比在其他职业的子女更加灵活自由，最终落实到行动中就有更大的可能性陪父母一起出游，而后者往往在假期有限、与父母出游时间冲突的情况下被迫调整出游方案或更多地选择其他支持方式。又如，空巢问题一方面促成了子女支持父母来访自己的城市或共同前往第三方目的地，另一方面也会让子女考虑到父母出游距离的远近产生的便利性问题而影响其落实支持行动。

（3）家庭限制。家庭限制更为复杂，包括诸多因素。既有研究已发现，父母的身体健康状况、出游偏好和意愿、婚姻与居住状况、家庭饲养宠物情况、家庭生命周期阶段（如子女有学龄前孩子或即将出生的婴儿），以及子女与父母的感情基础等，都可能影响家庭旅游决策，这在许多家庭旅游决策研究中得到了确证。

（4）产品限制。部分“夕阳红”团队产品的预订过程受到旅行社、航空公司对父母年龄的限制，例如不接收超过80周岁或75周岁的老年顾客独立出游，故只能选择陪同父母自助游，而其间如果携宠物出行，还会受到酒店、餐厅和公共文化场所等“禁止携带宠物”的政策限制，其出游的意愿则进一步受到阻碍。

（5）代际伦理限制。代际伦理限制主要是指“代沟”伴随的两代人消费观念差异与“长幼有序”“夫为妻纲”“父为子纲”等传统家庭伦理观念相碰撞带来的结果。例如，家长并没有太多出游意愿，或是父母认为旅游是“浪费钱”而不愿出行，但是子女为了表达孝心而“非要”父母出去看看，又忌惮打破“父母为上”的家庭伦理秩序，而最终听从父母的意见选择放弃出游，这便是对子女旅游决策的阻碍影响。

（四）旅游途中的家庭互动

家庭旅游通过非日常化场景重构代际互动模式，其核心在于“互动行为”的实践过程与“互动功效”的价值实现。

1. 旅游途中的家庭互动行为

家庭旅游作为情感密集型的共同活动，其互动过程具有显著的动态反馈特征。研究表明，旅游场景中的家庭成员互动行为可通过“认知—情感—行动—关系”四个维度形成闭环反馈机制。具体表现如下。

认知互动是指代际间知识共享与观念调适过程，主要表现为父母对子女加以肯定、认可，理解儿女的做法，也包括旅游过程中自己的认知更新和知识习得。2023年发布的《中国亲子关系调查报告》显示，72%的青少年认为旅游“显著改善父母对自己生活方式的理解”。

情感互动是指父母的情绪表达响应，包括语言表达的如“这次旅行安排得很贴心”等欣慰、骄傲、自豪、感动、快乐、满足及归属感的正向反馈和非语言表达的（如合影拥抱频率较日常提升）向子女传达或分享其心境、情绪的共情行为。

行动互动是指父母对子女进行沟通、交流、传递和表达情感或认知的过程和形式，也包括父母对子女的反向支持行动，例如主动承担家庭旅行中的角色分工、旅行中协助子女照顾孙辈等。

关系互动表示父母对子女表达关爱、亲密、照顾、缓解冲突矛盾等增强家庭成员间关系纽带的行为响应。这些互动行为反馈贯穿旅游全过程，是一种动态互动。

值得一提的是，“拍照”是家庭旅游中重要的互动行为。家庭成员希望通过拍照留住美好的时光和共同的回忆，体现了一种社会关联，反映了家人对自己角色的投入程度，以及与家人分享的意愿。事实上，在旅途中，拍照是一种具有重要意义的旅游记忆建构形式。

2. 旅游中的家庭互动功效

基于跨文化研究，旅游场景中的家庭互动主要实现以下社会功效。

（1）冲突缓解功能。旅游提供了一种特殊的环境，使家庭成员能够在不同的情境中相互交流和互动，有助于增进理解、减少摩擦，是维护和增强家庭关系的有效途径。

（2）凝聚强化功能。旅游对团结凝聚的功能在国内外多个家庭旅游研究中都得到了验证。

（3）幸福增值功能。家庭旅游者为了满足自身及家人的需求愿意付出更多的金钱、时间、体力、智力和情感，所以，家庭旅游不仅体现为时间、金钱上的投入，也蕴含着家庭成员为了获得较高的情感收益而为之进行的情感投入。这也一定程度上促使家庭成员共同追求“家庭幸福”时光。

（4）教育传承功能。一方面可以帮助父母拓宽视野、更新认知并学到新的知识和技能；另一方面也有助于教育子女尊老爱幼，并习得代际间相互沟通的技巧和艺术。

（5）证明展示功能。证明展示功能不但代表子女通过支持父母出游，实现证明自己照顾能力、责任担当的初始期望，而且意味着向他人展示了自己家庭特有的文化印记，这种文化印记在研究中国游客群体互动的特殊性中也得以运用和印证。

（6）交换互惠功能。这一功能的一个强有力的理论支撑是社会交换理论。例如子女带父母出游是对父母帮忙照看小孩的“奖励”——时间是上班族子女的稀缺资源，却正是退休父母的富余资源；对旅游信息资源的熟练和出游经费的掌控，则是子女的优势资源，支持或奖励父母旅行便可视为双方通过一种非营利性的社会交换，形成资源的互通，互惠互利。

三、基于家庭的旅游营销

综合以上对家庭类型、家庭生命周期、家庭成员角色及决策模式以及家庭互动等相关家庭与旅游消费的研究，提出以下三个基于家庭的旅游营销应关注的方向。

（1）基于家庭生命周期的旅游营销。现有研究已经证实，处于不同家庭生命周期的家庭，一方面，会有不同的家庭类型与结构；另一方面，有着相对应的不同的旅游态度。因此，识别出目标市场所处的家庭生命周期阶段是进行有效市场营销的第一步。

（2）基于家庭成员角色及决策模式的旅游营销。识别出家庭出游决策到底是丈夫主导，还是妻子主导，还是其他的决策模式，对旅游营销尤其重要。例如，旅游目的地营销的首要吸引人群大多情况下是家庭中的丈夫，旅游目的地的旅游纪念品设计与售卖大多以妻子的偏好为前提，旅游接待设施应考虑全部家庭成员的偏好，以酒店选择为代表的旅游接待设施决策一项中，以夫妻共同决策为主。在三代同堂家庭中，还会考虑老人的意见。

（3）基于旅途中的家庭互动的旅游营销。首先，从旅游企业角度，一方面，要积极促进旅游企业与旅游者关系由交易式关系向伙伴式关系转变。情感经济时代呼吁情感营销与情感服务，旅游企业可采用情感营销与关系营销的策略，针对不同情感诉求的家庭旅游者，从营销、产品设计、沟通平台构建等方面，与家庭旅游者建立良好的客户关系。另一方面，主动吸纳旅游者参与价值共创。可采取智能化、个性化与创新、全过程互动管理等策略，为家庭旅游者创造更好的体验价值。其次，从旅游地角度，一方面，旅游产品及线路的设计要重视象征意义，采用文化为魂策略、文化整合与创新策略，凸显旅游地的特色文化符号，注重旅游产品及项目的创意性开发，以引起家庭旅游者情感上的共鸣。另一方面，着重提高旅游项目的参与体验性，为游客提供互动与建立关联的机会，增强旅游者体验的介入程度和体验强度，采用群体内部有机互动策略、旅游者与原住民深度互动策略，增加家庭成员之间的互动、团队游客间的互动，以及家庭旅游者与原住民之间的情境体验性互动。

第四节　老龄化与旅游消费

一、老龄化对旅游消费的影响

人口老龄化是一个全球性的现象，它对旅游消费产生了显著影响，这种影响是多方面的，既包括买方市场的变化，也涉及卖方旅游业产品和服务供给的变化。

（1）影响买方市场。这主要包括买方市场量的变化与买方市场需求的变化。虽然已有研究证实我国家庭人口老龄化程度对家庭旅游出行意愿和旅游消费有抑制作用，但不可否认的是，老龄化社会意味着老年旅游市场的规模将持续扩大，这不仅表明老年旅游市场的潜力巨大，还提示了老年旅游需求的变化。

（2）影响卖方市场。近年来，适老旅游产品及服务的开发，正是顺应了当前老龄化社会的发展趋势。然而，尽管市场需求日益增长，老年旅游产业的发展仍面临诸多挑战。例如，部分旅游景区和交通工具的设施、服务未进行适老化改造等。

二、老龄化背景下的老年旅游消费市场

（一）老年旅游消费心理与行为特征

总的来看，老年旅游消费心理与行为特征主要体现在以下几个方面。

（1）老年人旅游消费观逐渐成熟。随着城乡养老体系的完善以及其他社会相关保障体系的健全，老年人更愿意用自己的休闲时间来充实自己的生活，享受美好的时光，出游时的消费观念越来越理性、实用和成熟。

（2）老年人出游受多种因素驱动。老年人旅游消费动机通常比年轻人更为多样和复杂。他们的旅游需求结构通常更能反映该群体的特征，比如出于寻根问祖、康养医疗、体验生活、结交朋友等动机产生的旅游需求。

（3）老年人偏爱淡季出游。由于老年人通常没有工作压力和时间限制，他们可以根据自己的意愿和需求随时出行。这样做的好处是，一方面可以享受到淡季旅行的价格优惠，另一方面错峰出行的气候舒适，景点人流量少，更符合老年人追求放松和舒适的心理特点。

（4）老年人趋向于选择旅行社或结伴出行。老年人获取信息的渠道呈多元化趋势，倾向于以团体形式获取旅游消费信息，老年人对于子女、朋友等向其提供的信息有很高的认可度，老年人更倾向于以家庭、社区和朋友为单位组团出行，而旅行社依然是老年人出行的第一选择。

（二）老年旅游消费制约要素

旅游制约的概念源于休闲学中的休闲制约。旅游消费制约主要指影响和限制旅游消费发展的因素，包括经济、文化、政策、个人等多个层面。城市老年人的旅游消费制约主要由以下五个维度构成。

（1）身心安全制约。包括安全感知制约和身心制约，它主要是指老年人的心理品质、个人能力和安全感知等，会直接影响其旅游偏好和旅游决策，是制约老年人外出旅游的最基本维度。

（2）支持性制约。包括旅游伴侣制约、支付能力制约和闲暇时间制约三个方面，支持性制约是指在老年人旅游决策形成后，影响其实际参与旅游活动的客观层面因素。

（3）旅游产品和服务供给制约。旅游产品和服务供给制约是影响老年人旅游参与的旅游供给制约。旅游信息匮乏和交通住宿不方便等会制约老年人出游。

（4）目的地属性制约。目的地属性制约主要包括目的地人文与自然环境制约、目的地公共设施与服务制约两大方面。它是指与目的地相关的制约因素，如目的地交通不友好、社会治安差等给老年人出游带来不便利和不愉快经历等。旅游目的地的安全、产品和服务等是老年人感知的旅游制约因素，其中当地的社会治安已成为游客前往目的地的最主要的制约因素之一。

（5）参与后体验制约。参与后体验制约包括服务人员服务体验制约和旅游环境体验制约两大方面，它是指旅游结束后，老年人对此次旅游活动的综合感知，也会直接影响其未来的出游意向等。

（三）老年旅游消费观念

旅游消费是一种文化消费行为，旅游消费既是经济现象，更是一种复杂的社会、心理和文化现象。可见，旅游消费行为必然体现消费者的消费价值取向。受中国传统文化及社会变迁的双重影响，老年人的旅游消费观念主要有以下几个方面。

（1）务实节俭。现阶段，对历经物资匮乏、崇尚节俭实用价值观的大多数老年人而言，旅游仍是有钱有闲的奢侈性消费活动。这种具有深刻时代烙印的消费观念，在进入老年阶段依然延续，对于价格及消费实用性因素更为看重。

（2）注重面子。中国人的面子观念根深蒂固，老年人看重社会赞赏和他人的关注，因此青睐能够显示自己身份和地位的声望产品，偏爱品牌知名度高的旅行社和旅游产品。

（3）中庸从众。在消费行为中，中庸从众是用多数人的消费行为来规范和约束自己消费行为的观念，其反映出的是对自身与群体消费行为的一致性的高度重视，具有“社会取向”和“他人取向”的特点。因此，老年群体对于是否外出旅游，去哪里旅游，并非完全出于自身的需要，极有可能受到子女的“文化反哺”，或其他亲朋好友等重要群体的影响。

（4）独立自主。随着现代城市家庭结构小型化，老年人自主安排生活的能力得到提高。城镇老年人对旅游目的地的选择和消费决策行为越来越具个性化和自主性，独立自主消费观凸显。

（5）物质享受。老年人拥有更好的经济保障，享受观念影响着老年人的消费行为，注重生活品质，物质享受正在成为城镇老年群体旅游消费的价值诉求。

（6）情感归属。家庭的情感归属作为中国传统文化的基本精神，深深影响着现代家庭。随着中国第一代独生子女的父母开始逐渐步入老年期，独生子女相较于非独生子女与家庭情感互动更加频繁。家庭情感是老年人消费价值取向的一个重要归属，旅游已成为关心家庭和增进情感的方式。

（7）谨慎保守。老年人是谨慎的消费者，具有抵制变化的倾向。当前的城镇老年人经历过计划经济时期的消费，他们身上仍带有传统的烙印。另外，其除了受现期收入、未来不确定性影响，还受身体条件、家庭约束等因素的影响，对于较高层次的旅游消费更为谨慎。

（四）老年旅游产品与市场开发原则

老年群体的旅游需求及消费有其特殊性，这就对相关旅游产品与市场开发提出了现实要求和挑战，开发老年友好型旅游产品和提供老年友好型旅游服务是其主要的两方面抓手。

一方面，老年友好型旅游产品指对老年人来说实用、易操作且能带来收获的旅游产品，如为老年人提供的爬山索道，为老年人提供的可供轮椅下行或上行到一定高度并配有使用说明的步道；提供更多标有老年专用标识的座椅；为老年人提供定制化的饮食，并尽量做到符合老年人身体特殊需要，如易于消化的食物、新鲜的果蔬等。另一方面，老年友好型旅游服务主要指针对老年人特征提供的满足老年人需求的旅游服务，如提供轮椅、代步车免费借用服务，设立老年人旅游助理服务，提供易于理解和获取的旅游信息，如大字体印刷、清晰语音播报等。同时，旅游从业人员要树立尊重老年人、善待老年人、正视老年人身体及认知问题、耐心沟通的服务理念。

值得一提的是，老年旅游产品的开发或营销应认识到家庭的重要意义，在营销银发旅游、代际旅游等家庭旅游产品时，可将成年子女作为重点营销对象，因为他们有着支持父母出游的强烈意愿和多重期望，购买旅游产品来表达孝心，回报父母，或对父母出游提供不同方式和强度的支持。

复习与实践

一、判断题

1. 社会环境对旅游消费行为有重要影响。（ ）
2. 某人在朋友家里使用了某类电子产品后决定购买一台，这种群体对个体的影响属于规范性影响。（ ）
3. 每个家庭妻子角色大小及其作用的发挥多因妻子经济地位和受教育程度的不同而不同。（ ）
4. 家庭群体、朋友群体、工作同事群体都是主要群体。（ ）
5. 参照群体的影响力也会受很多因素的影响而不同。（ ）
6. 家庭生命周期是一个动态变化的过程。（ ）
7. 旅途中的家庭互动对于提升家庭成员旅游体验质量具有重要意义。（ ）
8. 孝亲游是子女支持父母出游的典型表现。（ ）
9. 不同家庭结构、同一家庭生命周期的家庭，其旅游消费行为是一致的。（ ）
10. 适老旅游产品和服务是顺应老龄化趋势的必然要求。（ ）

二、不定项选择题

1. 参照群体是指一群与消费者紧密相关，同时能对消费者的（　　）、期望和行为产生影响的个体。

A. 动机　　B. 评估

C. 满意度　　D. 忠诚度

2. 家庭生命周期是反映一个家庭从形成到解体呈（　　）过程的范畴。

A. 螺旋上升　　B. 循环运动

C. 低速下降　　D. 快速上升

3. 家庭成员在旅游消费过程中扮演（　　）几种角色。

A. 倡导者　　B. 影响者

C. 决策者　　D. 执行者

E. 使用者　　F. 逃避者

4.（　　）就是能够影响一个人态度、价值观、行为的所有群体。

A. 交往群体　　B. 向往群体

C. 所属群体　　D. 参照群体

5. 无正式规定的，自发产生的，成员地位和角色、权利和义务都不明确也无固定编制的群体称为（　　）。

A. 正式群体　　B. 所属群体

C. 非正式群体　　D. 关联群体

6. 参照群体对旅游消费行为的影响是明显的，如在实际的或想象的群体压力下，个体不知不觉地改变个人的态度，放弃原先的意见，在行为上与群体中的多数人保持一致，这种影响称为（　　）。

A. 规范作用　　B. 助长作用

C. 示范作用　　D. 从众压力

7. 影响旅游者行为的社会因素包括（　　）。

A. 参照群体　　B. 家庭

C. 社会阶层　　D. 社会文化

8. 参照群体理论在旅游营销中的应用，可以概括为（　　）。

A. 家人效应　　B. 名人效应

C. 专家效应　　D. "普通人"效应

9. 家庭群体对于旅游者的影响表现在家庭形态与（　　）。

A. 家庭生命周期　　B. 家庭成员构成

C. 家庭文化　　D. 家庭收入

10. 某位消费者感到有艺术气质和素养的人，通常是留长发、不修边幅的，于是他也留长发，穿着打扮也不拘一格，坚决向艺术家学习。这个案例符合（　　）参照群体的影响方式。

A. 信息性影响　　B. 价值表现性影响

C. 功利性影响　　D. 规范性影响

三、简答题

1. 简述参照群体的概念、分类。
2. 简述参照群体对消费者的影响方式有哪几种类型。
3. 简述家庭成员在消费过程中的角色。
4. 简述家庭的概念、类型与生命周期。
5. 简述基于参照群体的旅游营销。
6. 简述基于家庭的旅游营销。
7. 简述子女支持父母出游的动因。
8. 简述老年旅游消费制约因素。

四、案例分析

为深入贯彻国务院办公厅《关于切实解决老年人运用智能技术困难的实施方案》（国办发〔2020〕45号），落实文化和旅游部、国家发展改革委等部门《关于深化"互联网+旅游"推动旅游业高质量发展的意见》，2022年12月，文化和旅游部发布了"'乐游上海'让老年人共享数字化便利"等10个2022智慧旅游适老化示范案例，旨在以发展智慧旅游方式解决老年人出游"数字鸿沟"问题，推动各地通过数字赋能提供更多适老化智能服务产品，让老年群体享受更便捷、更有温度的智慧旅游服务。文化和旅游部将深入贯彻落实党的二十大报告关于"实施积极应对人口老龄化国家战略"要求，持续推进智慧旅游适老化工作，积极推动地方和企业根据老年群体出游的实际需求，不断丰富适老化应用场景，提供更多适老化服务产品，让老年人在出游过程中共享数字化发展红利，打造智慧旅游的"适老化模式"。

问题：请你谈谈如何创新性开发适老化旅游产品与服务？

五、实训题

设计一份老年旅游消费制约因素的调查问卷。

六、思考题

如何开展本土化的中国家庭旅游决策研究？

第十二章 社会交往与旅游消费

案例导入

张某在某社交平台发帖寻找去某地旅游的“旅游搭子”，很快小A私信她，并自称在当地有朋友可以帮忙预订酒店，价格优惠，需要提前支付1500元定金，张某遂通过微信向其转账。出发前一天，张某无意间发现小A也在发帖寻找前往某地旅游的“旅游搭子”，并且时间安排与她们重合，张某感觉上当受骗，要求小A退还定金，才发现已被小A拉黑。

思考：以上是不是出乎意料？你会寻找“旅游搭子”吗？旅游社会交往重要吗？又需要注意哪些呢？

学习目标

一、知识目标

1. 了解旅游情境中的社会交往的类型、层次与特点。

2. 熟悉旅游朋友关系形成的理论基础。

3. 掌握旅游人际关系与日常人际关系的区别。

4. 理解旅游社会交往对旅游体验的重要性，并掌握基于社会交往的旅游营销策略和服务策略的制定方法。

二、能力目标

1. 能够识别旅游中的主客交往和客客交往的类型。

2. 能够理性分析“旅游搭子”这一新型旅游社交形式带来的人际交往挑战。

3. 能够观察并总结当前社会交往与旅游者幸福感及旅游体验的重要性，进而制定基于社会交往的旅游营销策略。

三、思政目标

1. 通过让学生学习旅游情境中的社会交往，培养学生对人际关系的敏感性和洞察力，从而更好地适应不同的社交场合。

2. 通过让学生学习旅游社交形式，培养学生的创新精神，使他们敢于尝试新的事物和方法，勇于面对新挑战。

本章重难点

1. 旅游体验中的主客交往情境。
2. 旅游体验中的客客交往情境。
3. 基于社会交往的旅游营销策略。

重点概念

1. 社会交往：是一种暂时性的个人之间的非正式平行交往，是人类社会重要的交往方式。

2. 旅游幸福感：旅游者在旅游活动过程中因体验生发的积极情感，主要表现为主体需求的满足，参与并沉浸于旅游活动之中，同时这些活动之于旅游者有一定积极的价值与意义。

3. 旅游客客交往：旅游中的社会交往不仅是旅游者与东道主之间的主客交往，还包括旅游者与旅游者之间的交往。旅游客客交往可以定义为赴同一旅游目的地的不同游客之间的交往。

当我们谈论旅游时，往往想到的是放松身心、体验新鲜事物、领略自然风光或人文景观的美好。然而，在旅游的多彩面纱下，还隐藏着一层社会交往的微妙网络。旅游不仅是个体对日常生活的短暂抽离，还是一种社交活动，满足了人们深层次的社会和心理需求。事实上，旅游消费行为本身，也是社会交往的一种表现。人们在选择旅游目的地、安排行程、参与活动时，往往受到亲朋好友、社交媒体等的影响。在旅游情境中，旅游者会主动或被动地与他人发生交往，社会关系便在旅游交往的过程中被错综复杂地建构起来了。在旅游世界的社会关系网络中，相对于旅游者“我”而言，客观存在的“他人”包括其他旅游者、旅游业服务者和旅游目的地居民。旅游者个体与这些他人进行交往，建构出各种社会关系，其他旅游者也与他人发生交往和联系。此外，随着科技的发展，数字社交平台正在重新定义旅游和社会交往的关系。网络平台让旅行者可以即时分享自己的旅行体验，同时也为其他潜在的旅游者提供了信息和灵感。这种网络互动不仅拉近了人与人之间的距离，也让旅游消费行为更加多元化和个性化。

第一节　旅游与社会交往

交往是旅游过程中重要的活动方式和存在方式，构成了旅游过程中重要的社会关系，是游客与目的地、与其他主体及与自我沟通的重要方式。游客在旅游活动过程中的交往行为被称为旅游交往行为，是游客行为研究中的重要内容。

一、社会交往

社会学认为人类社会是由各种社会关系耦合的网络系统，其中交往是连接社会网络关系中个人与个人、个人与群体、群体与群体之间关系的重要媒介，是促进人际关系和谐、保持社会稳定发展的强有力的纽带。

（一）社会交往的内涵

所谓社会交往，是一种暂时性的个人之间的非正式平行交往，是人类社会重要的交往方式。根据社会心理学词典对交往的阐释，交往行为具有以下功能。

（1）通过交往，人与人之间能够直接建立起社会接触，从而互相满足心理上的需求。

（2）通过交往，人与人之间能够相互传递知识、经验、意见及各自所体验的情感。

（3）通过交往能够互相了解情况，收集有关资料。

（4）通过交往能够影响个人或他人的态度、情绪及行动。

（二）社会交往与旅游幸福感

以旅游者为主体，从旅游的学科视角出发探讨幸福感，便出现了“旅游幸福感”这一概念，是指旅游者在旅游活动过程中因体验生发的积极情感，主要表现为主体需求的满足，参与并沉浸于旅游活动之中，同时这些活动对于旅游者有一定积极的价值与意义。近年来，旅游对幸福感的影响研究得到了广泛的关注。学者们希望得到更多关于旅游为人们创造福利的证据。旅游不仅会带给旅游者生理方面的放松、调整，还会给旅游者带来主观的幸福感，这是旅游的重要价值所在。旅游给人生理上的放松常常是短期的，但其触发的心理积极效应往往持续更长时间。社会心理的研究者发现，社会互动常常有助于提升人们的主观幸福感，他们提出人有归属的需要，当人们缺乏与人的交往时，会感到幸福感降低，有意义的交流越多，人们的幸福感越强。有学者在一项旅游消费对幸福感的影响研究中指出，社会交往在旅游消费体验对幸福感的影响过程中起中介作用。即旅游消费体验不仅直接影响幸福感，还通过增强旅游者与家人朋友之间的感情，结交新的朋友，减少旅游者的孤独感，提升幸福感。

二、旅游与社会交往及旅游社会交往的类型、层次和特点

旅游与社会交往，这两者之间的关联性不但深刻而且多维，它们相互影响，共同构成了人类活动的重要方面。一方面，旅游促进社会交往的多样化，如旅游成为文化交流的桥梁，促进了人们之间的交往等。另一方面，社会交往对旅游消费具有重要影响，这种影响体现在出行决策、旅游体验的共享及群体旅游的兴起等方面。总之，旅

游与社会交往相辅相成。旅游不仅是体验新事物、放松身心的途径，还是社会交往的重要场景；同时社会交往也不断塑造着旅游的形式和内容，两者相互作用，共同推动着社会的发展和人们生活方式的转变。

（一）旅游与社会交往的关系

旅游活动通常伴随各种类型的社会交往和新关系的形成。旅游是一种社会性活动，社会交往对旅游者往往发挥比其他因素更为重要的影响。

1. 旅游本质为社会交往

从本质上来看，旅游体验并不是企业生产或设计好并直接交付给游客的，而只是提供资源要素，让游客与之互动产生的。旅游的本质不仅在于观光或休闲，更重要的是其在社会交往方面的作用。从文化的交流互鉴到社交网络的拓展，从经济活动的促进到个人成长的促进，旅游在现代社会中扮演了多重的重要角色。因此，将旅游视为一种社会交往的形式，有助于我们更全面地理解其价值和意义。

2. 社会交往是旅游的重要动机

旅游者的社会交往需求与行为在旅游过程中扮演着重要的角色，是稳固熟人关系的重要方式，也是缓解现实生活压力、实现精神文化交互的重要通道。交往关系的维系和发展是旅游的成果之一，交往关系的建立使每一个交往的参与者都扩展了世界的范围，丰富了生活的内容，加强了对外部世界的理解。由此可见，社会交往作为旅游的一个重要动机或目的，其重要性不容忽视。

3. 社会交往体验是构成旅游体验的核心来源

目前，有代表性的顾客体验理论主要有体验情境说、流体验说、体验双因素说和战略体验模块说。这些理论都肯定了顾客参与的重要性。以体验双因素说为例，该理论从最主要的两个方面来探讨顾客体验：一方面是指顾客的参与程度（主动与被动），另一方面是指环境上的相关性（吸收与沉浸）。体验双因素理论说明了顾客参与是体验的重要维度之一，因此在旅游过程中，旅游者参与不仅会影响旅游者自身的体验，还会影响其他旅游者的体验。而旅游者的社会交往就是旅游者参与的一种重要形式，这也构成了旅游者旅游体验的重要来源。此外，旅游世界是典型的第三场所，旅游具有空间异地性、时间暂时性和追求愉悦体验的目的性，使旅游过程中的社会交往特征、内容及深度都有别于日常生活。这种非惯常环境下的遇见、交流和陪伴，能让游客暂时摆脱日常生活的压力和束缚，满足他们在日常结构化社会中很难实现的社交需求，对身处异地的游客当下的旅游体验产生重要影响。

4. 旅游影响（促进）社会交往、社会融合

旅游是通过社会互动将人们聚集在一起的过程。从宏观角度来看，旅游是国与国之间、地区与地区之间、社会与社会之间相互交流的重要方式。旅游促进不同地区之间人们的相互交流，通过旅游的互动实现了相互了解与信任，有助于打破偏见和隔阂。

从微观角度来看，一方面，旅游提供了与全世界不同背景人士交友的机遇，有助于人们建立新的社交联系；另一方面，共同的旅行体验能够加深家人、朋友之间的情感联系，共同经历的出行和挑战会成为彼此珍贵的记忆，这对于加强现有社交关系具有不可忽视的作用。

（二）旅游社会交往类型

旅游是一种体验性消费活动，在旅游过程中存在多种关系。其中，主客交往和客客交往是旅游人际交往中重要的两种旅游社会交往类型。

1. 旅游主客交往理论与愤怒指数理论

主客交往理论是旅游社会学的重要理论之一，主要探讨了旅游过程中游客与当地居民之间的互动关系、文化交流以及相互影响等方面的问题。该理论强调了旅游不仅是游客的行为和体验，还包括了游客与当地社区之间的互动和联系。通过研究主客交往过程，可以更好地理解旅游对当地社会、文化和经济的影响，以及游客行为和体验的形成机制。主客交往的过程大致如下：在开发初期，旅游地的旅游者以少量的探险者为主，外来者对当地基本没有影响，主客关系融洽，当地社会文化并未发生变化；随着旅游开发力度的加大，大量的散客（个体大众旅游者）自发来到旅游地，当地人有机会同旅游者大量接触，旅游者的行为和文化对当地人产生了较大影响，当地人对旅游者的到来习以为常；到了旅游的发展巩固阶段，大量有组织的旅游者的到来，使旅游发展的负面效应开始显现，当地居民从旅游业中获得收益小于付出，于是将旅游业的愤怒转移到旅游者身上，产生恼怒情绪；当矛盾激化到一定阶段，特别是旅游地进入衰退期，当地人收益不足以抵消其愤怒，对抗的主客关系应运而生，当地社会文化系统逐渐走向崩溃。

1975 年，英国学者提出了愤怒指数理论，即随着目的地游客人数的增加与旅游业的不断深入发展，当地居民对旅游发展的态度会历经陶醉、冷漠、厌恶、对抗四个阶段。愤怒指数理论揭示了旅游开发过程中当地居民态度的动态变化，为理解旅游地居民与游客间的互动关系提供了重要的理论框架。

2. 旅游客客交往

旅游社交互动是游客在异质空间中进行社会关系建构的重要途径。目前普遍将游客互动行为划分为言语型与非言语型两大维度，其细分类型及作用机制如下。

（1）信息分享型言语互动交往

信息分享型言语互动交往是指游客之间言语交流与目的地吸引物、游览信息、住宿餐饮等有关的知识、建议及旅游体验感受。对于在旅途中邂逅的游客，彼此都不了解，旅游讯息的交流和分享是打开话题、展开互动交往的重要方式。此外，游客到陌生的地方旅游，即使事先做攻略，也不可能面面俱到，而游客之间的信息分享是旅游相关信息、经验、知识等扩散和传播的重要途径，能够帮助游客了解目的地的历史、文化及旅游攻略，直接影响游客的旅游活动开展。

（2）自我表露型言语互动交往

自我表露型言语互动交往是指游客之间的言语交流与游客自身相关，包括工作背景、教育背景、家庭背景、情感状况、兴趣爱好、价值观、生活感悟等方面。当然，这方面交往存在深度的差异。比如，一般来说，相比兴趣爱好和工作，情感状况和价值观是更为深入的话题。总体来说，游客在旅游过程中自我表露的意愿较高，也较为深入。

（3）非言语型互动交往

非言语型互动交往指的是除语言以外，用于表达和接收想法与感受的所有互动交往方式，主要包括眼神交流、面部表情、肢体接触、人际距离、外貌着装、共同活动实现。俗话说，眼睛是心灵的窗户，眼神交流指目光的接触，能够传递友好和热情等人际交往信息；面部表情则通过面部肌肉的变化来表现各种情绪状态；游客之间的肢体接触主要涉及握手、拍肩、拥抱等；人际距离是指游客之间的物理距离，人们在交往时通常需要保持适当的距离，该距离由情感亲疏决定，关系越亲密，可接受的人际距离越近；外貌着装指游客的容貌、仪态、着装等外在吸引力，一定程度上能够传递游客性格、偏好等方面的信息，影响游客间关系的建立和发展；共同活动是指游客之间共同参与某项活动或行动，是让游客产生归属感、构成群体团结的促成因素。

值得指出的是，言语型互动交往强调信息的内容，而非言语型互动交往关注信息如何传递。此外，游客之间的非言语型互动交往有时伴随言语型互动交往发生，共同作用，促进游客之间人际关系的发展。

（三）旅游社会交往层次

社会交往是有水平差异的，旅游社会交往也一样。交往的水平反映了旅游者与他人相互作用的强弱程度。

旅游社会交往层次是游客在旅行场景中基于互动深度、目的与形式形成的差异化社交模式。我们可以将其划分为浅层互动、中度互动和深度互动。浅层互动以实用信息交换为主，服务于即时旅游需求。常见的表现形式如信息咨询、互助拍照、拼车等。这主要是降低旅游不确定性（如语言障碍、环境陌生）和资源互补需求（如共享导游服务）。这一层次的互动特点是互动短暂，情感投入低，关系存续期短。中度互动是通过情感共鸣与经验共享建立临时社交纽带。常见的表现形式如体验共情（如共赏美景时的情绪感染）和兴趣社群联结（如摄影爱好者组队拍摄）等。这主要是游客通过自我表露以提升信任度以及参与共同的徒步或聚餐等活动强化群体认同。这一层次的互动特点是互动强度适中，情感投入较高，关系存续期较长。深度互动是借旅游符号建构社会身份与文化意义，如游客在特定场景中扮演理想化角色（穿民族服饰打卡）等。这一层次的互动可能转化为线下持续社交关系。

（四）旅游社会交往特点

旅游者的社会交往具有异于日常交往的三个特点。

1. 超越功利性

日常生活交往或多或少地带有一些功利的目的，旅游者的社会交往则是出于情感的需要而发生的，鲜有功利的目的。

2. 交往关系的单一性

旅游者的社会交往本质上只有两种：其一，买卖关系的交往。买卖双方的地位并不平等，是一种服务与被服务的关系，而且经常导致两者的不和与冲突，是导致消极体验的主要人际互动形式。其二，旅游者角色之间的交往。这是一种主体处于平等地位的交往关系，交往的发生、发展几乎完全依照交往主体的意愿来决定，因此这种交往主要带来积极的情感体验。

3. 交往的暂时性

旅游交往在时间上起始于旅游过程的开始，终止于旅游过程的结束，一般不会向这两极之外延伸。即使延伸，延伸部分也不属于旅游交往，只能看作旅游的准备或旅游交往的效应。

旅游者的社会交往的上述特点，是理解旅游者的社会交往的关键，同时也是预测、指导旅游者行为的主要依据。

第二节　旅游客客交往及其人际关系建构

一、旅游客客交往

游客间的社会交往是旅游过程中常见的交往类型，较多研究关注于团队游客、背包客、邮轮旅游者等几种类型的游客间交往，彼此陌生的旅游者之间的客客交往日益引起学者们的关注。

（一）客客交往

旅游中的社会交往不仅是旅游者与东道主之间的主客交往，还包括旅游者与旅游者之间的交往。如果交往是在同行的团队或伙伴之间进行的，那么这种交往关系就属于“游伴”的性质；如果交往发生在两个素昧平生的散客旅游者或在目的地遇到的任何其他旅游者之间，那么这种交往也自然属于“邂逅”的性质。不论是哪种，旅游客客交往可以定义为赴同一旅游目的地的不同游客之间的交往。从某种意义上说，客客交往已经成为旅游者旅游体验的重要组成部分，直接影响到旅游客流方向和目的地的可持续发展。可见，客客交往研究对丰富目的地吸引力内涵、创新目的地供给结构起到积极作用。因此，客客交往越来越受到学术界的关注。已有研究指出，旅游客客交往不仅存在，而且比较显著。比如，旅游中游客可以很明显感知到他是非洲人/欧洲人/北方人/南方人等，游客还可能发生冲突或通过信件/网络保持交往。

（二）客客交往新形态："旅游搭子"与互联网结伴旅游

"搭子"指的是因某一共同兴趣爱好结合成的社交关系，是垂直领域中的精准陪伴。拥有共同兴趣爱好或追求的人临时结伴组成的"共同体"，是青年群体在互联网语境下为满足一定需求形成的快餐型友谊。搭子日渐成为人们，尤其是青年群体的重要社交对象，各式各样的搭子关系丰富了人们的社交生活。一起旅行的"旅游搭子"就是一种常见的搭子类型。其主要特点包括：一是垂直性，以单一功能或兴趣为联结纽带；二是瞬时性，关系存续期与需求周期高度同步；三是去责任化，无须履行传统亲密关系的义务承诺。这使其与传统亲密关系呈现差异。搭子关系与传统亲密关系的差异如表 12-1 所示。

表 12-1　　搭子关系与传统亲密关系的差异

比较维度	搭子关系	传统亲密关系
联结基础	场景/功能需求	情感依赖与长期承诺
投入成本	低情感、低时间	高情感、高时间
关系弹性	可替代性强	稳定性强

"互联网+旅游"时代的到来，使以旅游为主题的虚拟社区不断涌现，有着不同兴趣爱好、价值追求的自助旅游者自由地聚集在不同的社区中，社区的旅游信息资源积累与查询功能、旅游咨询功能和旅游组织功能可以满足他们共享信息、交流咨询与结伴同行等需求，最终使自助旅游者碎片化的旅游需求在旅游虚拟社区中得到整合。事实上，早在 1998 年我国就出现了自称"驴友"的旅行爱好者聚集于旅游虚拟社区，分享旅游资讯，结伴出行。可见，旅游虚拟社区的出现可以突破时间和空间的界限，使原本独立分散、互不相识的自助旅游者自由组成不同的兴趣爱好群体结伴出游，互联网结伴自助旅游发展成为一种新的旅游方式。

二、旅游朋友关系形成过程

（一）理论基础

关于人际关系的理论基础，以下将对差序格局、社会渗透和互动仪式链三大理论基础作详细阐述。

1. 差序格局

差序格局是由中国社会学家费孝通提出，用以描述中国传统人际关系的概念。他认为中国传统的人际关系格局“不是一捆一捆扎清楚的柴，而是好像把一块石头丢在水面上所发生的一圈圈推出去的波纹。每个人都是他社会影响所推出去的圈子的中心。被圈子的波纹所波及的部分就发生联系。每个人在某一时间某一地点所动用的圈子是不一定相同的”，他把这种人际关系格局称为差序格局。费孝通认为西方社会的人际关系就像是捆柴，几根成一把，几把成一扎，几扎成一捆，成团体状态，归属清楚，界限明确；而中国传统人际关系则是以亲属关系为主轴的网络关系，是一种差序格局，界限模糊，而且“伸缩自如”。具体来说，差序格局有以下四个要点：第一，差序格局以每个人自己为中心；第二，差序格局的大小取决于自己的社会影响力；第三，差序格局随着时间地点而变化；第四，差序格局中自己与他人之间的关系有亲疏。差序格局与中国传统儒家文化的“伦”的概念密切相关。儒家讲人伦，伦就是差序；孔子“善推而已”，从己到天下是一圈圈推出去的；子曰：“为政以德，譬如北辰，居其所而众星拱之”，这恰好是对差序格局的比喻，自己总是中心，所有其他人随着他转动。差序格局不仅存在于乡土社会生活实际中，也蕴含在中国传统文化中，体现了传统文化的一些基本理念。游客在旅游交往情境当中依然是以自我为中心，逐渐向熟人关系、陌生关系进行拓展构建的一个社交关系圈，其中熟人关系是指游客与同伴之间的交往关系，陌生关系是指游客与目的地居民、从业者以及其他游客之间的交往关系，这种陌生关系往往是指一次性的交往关系。不同层次交往关系下游客的行为与情感均具有差异化的表现。

2. 社会渗透

社会渗透理论是社会学、传播学与社会心理学中的一个重要理论，其由社会学与社会心理学家欧文·阿特曼（Irvin Altman）、达尔马斯·泰勒（Dalmas Taylor）等于1973年共同提出。该理论认为人与人之间的关系，是经由表面化的沟通，最终发展到亲密沟通的过程。而人与人之间关系的发展，也是由最表层的交往，逐步向密切交往的方向发展的，且最终会形成以“自我表露”这一行为，作为核心的基本人际交往形式。亲密关系渗透的四个阶段：①定位。此阶段与他人最初的互动通常以闲聊和交换关于自己的浅显信息为特征。②探索性情感交流。关系双方开始像对待朋友一样行事，更愿意分享信息。信息仍然是浅显的，没有产生依恋，但交流可能会感觉更轻松和频繁。③情感交流。关系双方的行为就像他们与亲密的朋友或恋人的行为一样。他们会透露更多隐私和敏感的信息，经常表达他们对彼此的感情。谈话更加自由，关系双方也更愿意透露私人信息。然而，他们可能仍然会在情感上保护自己。④稳定的交流。人们彼此之间的理解加深了，自我保护也随之减少了，他们自由地参与诚实和公开的个人信息交流。另外，这种人与人之间的关系发展，不仅会表现在身体上，还会表现在物质、感情、共同参与的群体活动等各个方面。而在社会渗透的过程中，彼此则会通过语言、非语言（如肢体语言等）、环境导向等各种层面，表明人们的亲密关系以及人际关系的亲疏远近。

3. **互动仪式链**

柯林斯（Randall Collins）的互动仪式链理论在很大程度上受到迪尔凯姆（Émile Durkheim）和戈夫曼（Erving Goffman）的影响。迪尔凯姆以宗教仪式的整合性来说明集体情感是社会凝聚和社会团结的基础。戈夫曼将仪式引入日常生活的互动领域。互动仪式链理论是关于情境、关于具有情感和意识的人类群体中瞬间际遇的理论。该理论认为，社会是人的际遇流动的过程，不同水平的际遇构成了不同的互动仪式。按照柯林斯互动仪式链理论，人们的一切互动行为都发生在一定的情境中，而情境中的互动仪式必然是一个具有因果关联与反馈循环的过程。一个完整的互动仪式包括四个构成要素：①两个或两个以上的人聚集在同一场所，不管他们是否会特别有意识地关注对方，都能通过其身体在场而相互影响；②对局外人设定界限，参加者知道谁在参加，谁被排除在外；③人们将注意力集中在共同的对象和活动中；④人们分享共同的情绪和情感体验。要素与要素之间彼此强化，相互反馈，通过符号互动与成员间的身份认同，最终使参与者体验到群体的团结感而获得新的情感能量。

（二）具体过程

旅游者一次完整的旅游经历包括六个阶段：旅游需要的产生并为之准备的阶段；离开常住地进入旅游世界的旅途阶段；在一个时间和空间都区别于日常生活的旅游地畅游阶段；不可避免的回归阶段；重新汇入主流生活并受到旅游活动影响的阶段；旅游者回归主流生活，在居住地继续运转生活的阶段。可以将其概括成准备阶段、交往阶段和影响阶段。

1. **准备阶段**

在该阶段，旅游者产生旅游需要与期望，影响客客交往的诸多因素在该阶段已经存在。随着互联网发展，旅游论坛和社交网络为旅游者提供结伴平台，旅游者的互动顺序从日常交往的“见面—认识—表达”转变为“表达—认识—见面”，互动场所从线上发展到线下，最终又回到线上。可见，在该阶段客客交往已然存在并且对旅游者出游动机、态度等存在重要影响。

2. **交往阶段**

该阶段是客客交往发生的阶段，对客客双方产生影响的行为在这一阶段发生。客客双方在各种旅游情境下进行交流，交往的广度和深度发生变化，涉及表层和深层、行为和心理等方面的复杂过程。旅游中客客交往中旅游者的自我呈现行为包含交流沟通、分歧处理、自我表露和印象整饰四个维度，旅游者直接通过这些形式的交往对行为、心理产生程度不一的影响。

3. **影响阶段**

旅游地的经历会对旅游者产生不同程度的影响。旅游后客客交往通常表现出三种趋势：一是关系上是认识的人。个体忙于日常生活而无暇维系或不会主动维系，对方可能是“躺在微信通讯录里的一个名字”。二是关系上是普通朋友，他们以网络互动为主，互动内容与日常生活中朋友间的互动没有明显差异，彼此间形成松散的友爱关系。三是关系上是亲密朋友。他们旅游后持续且频繁的互动，保持了友爱关系。当然，也有在旅游中发生分歧，关系终止的情形。

在一次完整的旅游客客交往过程中，旅游者的经历大多是单向的、非重复的。旅游者带着上一轮客客交往的经验会影响着他下一次旅游交往的态度和行为。

（三）旅游人际关系与日常人际关系比较

旅游作为审美体验主导的异地短暂活动，其人际关系建构具有以下核心特征：审美愉悦导向、时空暂时性和角色脱嵌性。由于旅游世界是脱离日常生活环境的另一个时空，人们在旅游时，角色发生转变，以追求审美和愉悦为目标，导致游客行为异化，游客间交往也不同于日常生活中的社会交往。相较于日常生活场景，旅游情境中的人际互动关系呈现以下几点特殊性。

1. 超功利性

日常生活世界是客观的、理性的，以生产为导向，以功用为标准，充斥着功利性的社会互动，满足人们对利益的追求，即使是情感导向的人际关系，有时也会有物质上的交换。从本质上讲，旅游是一种情感体验，旅游世界以体验为主导，强调超越理性，主要追寻“情感释放”与“精神救赎”。旅游活动从本质上讲就是审美活动，也就是用超越功利的心态，在精神上进到一种自由的境域，获得一种美的享受。因此，在旅游过程中，游客更多的是寻求对人本需要的满足，消解现实社会中不得不面对的压力和束缚，社会交往得以回归本真自由，摆脱功利性。面对旅游世界中的其他游客，游客丝毫不关心对方的职业、权力、资源等日常生活世界中所谓“实用”的社会关系因素，而是依着本心去交流和互动，获得情感的慰藉，享受自由的愉悦，这也是人们挣脱充满工具性、功利性与焦躁感的日常生活，而去追求旅游所具有的自由魅力的原因。与日常生活中人们总是为某种目的而行动不同，游客的活动就是为了享受活动本身的乐趣，游客之间的社会交往也一样，表现出明显的超功利性特征。

2. 去身份化

身份是一种社会符号，象征着个体的社会地位，具有特定身份的人，享有对应的社会地位，并且会产生对该身份的认同，自觉接受指导该身份群体行为的社会规范的约束。因此，在日常生活中，人们总是需要根据自己的身份，选择社会所期待的行为，社会互动也一样，受到身份及其代表的地位、阶层、权力、资源等不平等的社会关系因素的制约。而旅游的暂时性和异地性，决定了游客之间除了旅游期间的短暂交互，不太可能会进入对方的日常生活，因此人们在进行社会交往时，并不在意对方在日常生活中的固有身份、地位和角色，呈现“去身份化”的特征。当暂时卸下自己在日常生活中的社会身份，摆脱既定的各种社会关系，游客之间就建立了平等的社会交往格局。

3. **约束弱化**

日常生活中的社会互动受到人情世故、地位尊卑等社会规范和角色规范的引导和限制，人们在互动时往往有所顾虑，从而压抑自己的个性和真实想法，出现掩饰、迎合等表演行为，以符合自己的角色、身份和地位，即所谓的“印象管理”。但是在旅游过程中，游客之间是“脱离了原社会系统职能约束的平等的旅伴”，互动时不受组织规范的约束。游客间去身份化，地位平等，使他们在进行交往时能够在很大程度上摆脱来自社会结构的现实人际交往约束，不用理会世俗的眼光，更加真实地表现自己。同时，旅游的异地性、暂时性和追求愉悦性也弱化了社会规范对游客的约束。日常生活的长期互动中，人们需要顾虑自身形象的一致性，从而遵循特定规范，然而旅游世界中，游客之间没有关系维系的负担，互动时可以摆脱一些制约。同时，旅游的目标是在有限的时空中谋求最大程度的愉悦，游客在旅游时往往处于一种极度放松和自由的状态，因而游客在与他人互动时也存在愉悦导向，合则聚，不合则散，人情规范甚至道德观念对游客社会交往的约束都有所减弱。

4. **凸显自我**

学者们发现，游客在跟其他陌生游客交往时会比其在日常生活情境中更开放、更健谈、更放松，在与熟人交往时，会规避某些聊天话题，而跟陌生游客交往时反而更加随意，没有介意或避免的话题，更容易发生深层次沟通。事实上，旅游是一种可以实现自我认同的体验活动，游客在旅游过程中建构新的认同，并在公共空间中确认这种认同。因此游客之间进行交往时，不用刻意伪装，而是卸下面具，自在、随心地展现自己，遇到志趣相投的游客时，更是愿意交流内心最深处的东西，寻求理解和认可，释放压抑已久的烦恼，得以修复和回归自我。对自我的审视和沟通也促使游客之间建立亲近的关系。

（四）假设验证：旅游人际关系建构模式

游客间社会关系的建构进程有三种发展情况：第一种是原本并不认识的游客在进入旅游世界之后依然没有发生交互，就像平行线；第二种是原来互不相识的游客在进入旅游世界之后，因为各种原因发生了互动，甚至结为朋伴，旅游结束以后或以朋友关系继续保持往来，或不再联络，重新成为陌生人；第三种是原本就认识的游客一同进入旅游世界，互为朋伴，旅游过程中必然发生各种积极或消极互动，导致旅游结束后关系得到强化或弱化，也有可能不变。旅游者与旅游者之间社会关系演化的概念模型如图 12-1 所示。

1. **冷漠的陌生人**

原本互不认识的旅游者在跨入旅游世界之后继续保持着疏远的社会距离，依旧是互不相交的陌生人。导致这种疏离的情形有两种：第一，各自的旅游方式是自助旅游的方式，或者一方是自助旅游、一方是团队旅游，或者各自属于不同旅游团队的团队

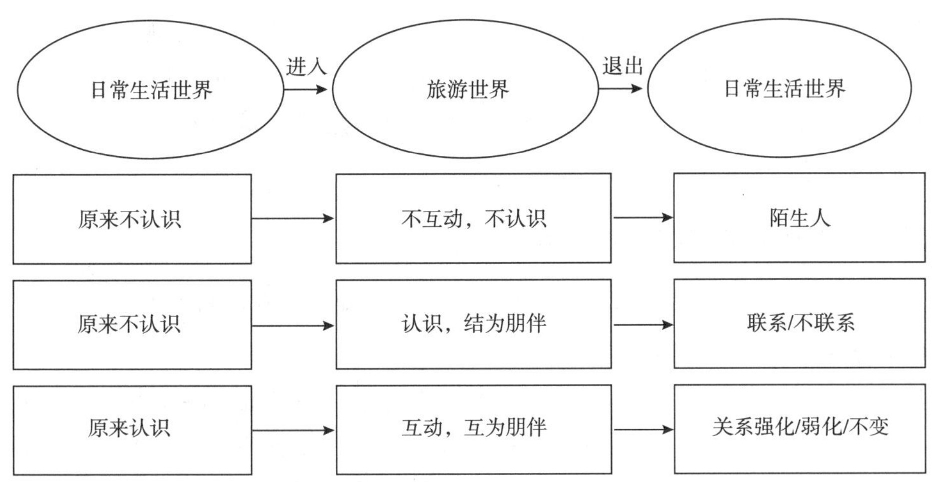

图 12−1　旅游者与旅游者之间社会关系演化的概念模型

旅游者，在旅游过程中，这些聚集在一个时空下的旅游者们尽管相逢在旅游世界里，但因为对方是陌生人，旅游者各自觉得彼此之间没有交往的需求，互不相干，从而保持着一种冷漠的距离和隔阂，遵循着“不要和陌生人说话”的原则。第二，参与旅行社组合产品的团队成员，大家原本并不认识，在旅游过程中被机械地拼团，当中一些团员与其他部分人或者是全团人保持着距离。究其原因，既有个人性格上，比如天性孤僻、不合群或者喜欢独来独往、清静自在，又有出自个人经验而形成的交往屏障和惰性。如果冷漠感只存在于少数几个人身上，那么对于大部分团队旅游者而言，他们个人的旅游体验质量所受的影响可能不大；但是如果冷漠感是大范围的，那么冷漠感的大面积传递，会给很多旅游者造成负面的旅游体验。

2. **在旅游世界中结识新朋友**

旅游者从日常生活世界进入旅游世界，从原来不认识的陌生人变成了朋友和玩伴，彼此之间的社会关系经历了一个从无到有的质变过程。这里可分为三种情形：第一种情形是自助旅游者，比如驴友，在旅途中偶然邂逅陌生人，从最初一句随意的搭讪，发展到饶有兴致地聊天，到最后可能发展为一同结伴旅行。第二种情形是自助旅游者与团队旅游者相遇，或者身处不同旅游团的团队旅游者相逢，双方不经意邂逅却感觉彼此投契，进而发展成旅游中的朋友。第三种情形是同一旅游团的旅游者，在旅途中建立起了朋友关系，团队成员间的友情也在旅游互动中得到深化和发展。

3. **日常生活世界中相互认识的人**

这种情况是一同去旅游的旅游者原本在日常生活世界里就认识，即通常所说的同事、同学、朋友、亲人等关系，有工作单位组织出游的旅游团，有结伴出游的在校学生，有志同道合刚认识不久的驴友，有几个家庭结伴出游的自助旅游者等。不论何种方式，由于旅游者们原本就认识彼此，大家在日常交往的基础上进一步产生旅游中的交往。这种情形的旅游交往中有些旅游者加深了对彼此的了解，进一步加强了彼此之间的友谊，感情得到升华；有些旅游者却在这种近距离的交往中发现了彼此的缺点，致使原有的关系受到影响，甚至可能是恶化，但这恰恰是与其初衷相违背的，本来想加强彼此的感情联络，却不料因近距离的交往反倒造成了关系的疏远，正所谓“身体近了，心却远了”。

三、基于社会交往的旅游营销

基于社会交往的旅游营销，主要可以从主客交往和客客交往两个方面下功夫。

1. 基于主客交往的旅游营销

基于主客交往的旅游营销是一种以游客与旅游目的地（或旅游业者）之间的直接交流和互动为核心的营销方式。这种营销方式不仅关注传统的广告和推广，更侧重建立持久的客户关系，提升游客满意度，以及通过口碑效应吸引潜在旅游者。其最核心的是必须大力凸显旅游目的地、旅游企业的社会交往因素。

其一，展现目的地居民热情、好客的态度。这一方面经典的案例是山东省推出的旅游形象宣传口号“好客山东”。近年来，组织游客参与当地的文化节庆活动，如民俗表演、节庆庆典等，让游客深入体验当地文化的做法得到市场广泛关注与积极参与。

其二，强调旅游企业的社会交往元素与机会。例如，中国国际青年旅舍总部的官方主页就强调：“国际青年旅舍不是经济型酒店，我们提倡文化交流、社会责任，实践环保、爱护大自然，简朴而高素质生活，自助及助人。”又如，民宿经营者可以学习青年旅社的经营方式，设立游客的公共区域并完善娱乐设施，让其作为游客之间自主沟通的桥梁，促进游客之间进行交流互动。还可以在公共区域设立信息分享牌、照片墙，用有奖参与等方式鼓励更多的游客参与互动。例如，深圳较场尾异乡人民宿经营者就在公共区域设置照片墙，游客可以自行写一些感悟或张贴旅程照片，拉近游客间的关系距离；福建省古山重水云间民宿管理者在其民宿微博上经常推送一些入住游客的旅行照，这可以引发游客回味。

其三，展示原真性的地方生活方式以及主客良性互动的平台。随着全球流动性的日益加快和复杂化，人们对“他者”生活的地方以及他们的生活方式愈加感兴趣，且愿意身体力行、长期驻留。因此，在丽江、大理、阳朔等地，可以发现许多来自国内外的“生活方式型旅行者”。也正如戴斌教授所一直强调的“景观之上是生活”，越来越多的普通民众愿意走进旅游目的地居民的日常生活场景中，体验他们的生活方式。因此，旅游营销部门必须充分展示原真性的地方生活方式，展现并搭建主客良性互动的平台。

2. 基于客客交往的旅游营销

旅游目的地和旅游企业的营销工作必须要创造、宣传旅游目的地、景区、企业良好的互动环境和氛围，为旅游者之间的良性互动提供平台和条件，有效规避负面互动的潜在可能性，并向潜在旅游者传达这些相关信息。

一方面，旅行社在产品营销和组团时注重游客的兼容性管理，尽量将同一机构、社团、社区等同质性较高的群体组织到一个旅游团队中，能够促进游客间更多、更深入的交流。当然，也可以尝试一些新办法来融洽游客之间的关系，比如在分配汽车座位、火车铺位、餐桌座位、客房床位时可以考虑采取轮换制，让每位旅游者之间都能加强认识，而不采用固定搭配这一传统方式。另一方面，在游客之间出现矛盾甚至冲突时，旅行社和导游应采取措施进行化解和调和，帮助大家解决问题，避免消极的游客间互动。

复习与实践

一、判断题

1. 我们经常听到人们出去旅游时说：“我不太看重我去哪里玩，我更在乎的是我跟谁在一起去玩。”这表明游客间的社会关系对旅游者的旅游体验有着重要影响。（　　）

2. 互动仪式链理论是一种重要的人际关系理论。（　　）

3. 导游对于游客之间的交往不应干涉。（　　）

4. 旅游目的地原真性体验设计主要是基于社会交往关系考虑的。（　　）

5. 旅游交往总是积极的。（　　）

二、不定项选择题

1. 旅游过程中主客关系主要包括（　　）。

A. 经济互动关系　　B. 文化互动融合

C. 劳动供给　　D. 文化表演

2. 以下属于人际交往理论的有（　　）。

A. 差序格局　　B. 社会渗透

C. 互动仪式链　　D. 马斯洛需要层次理论

3. 可以将旅游者一次完整的旅游经历概括为（　　）三个阶段。

A. 准备阶段　　B. 交往阶段

C. 影响阶段　　D. 期望阶段

4. 旅游社会交往的特征有（　　）。

A. 超越功利性　　B. 交往关系单　性

C. 交往的暂时性　　D. 跨时空性

5. 愤怒指数理论指出随着目的地游客人数的增加与旅游业的不断深入发展，居民对旅游发展的态度会历经（　　）四个阶段。

A. 陶醉　　B. 冷漠

C. 厌恶　　D. 对抗

三、简答题

1. 简述旅游消费者社会交往的特点与层次。
2. 阐述旅游与社会交往关系。
3. 什么是互动仪式链理论？
4. 比较旅游人际关系与日常人际关系。
5. 阐述基于社会交往的旅游营销。

四、案例分析

谢永涛、朱竑和陈淳发表在《旅游学刊》的篇名为《儿童视角下的广州儿童公园游憩体验研究》的文章，以下摘录是该文章对广州儿童公园儿童游憩体验类型之一的追求互动的社交式体验的论述。

在公共儿童公园中进行游憩活动时，儿童能够自发地结识新朋友，锻炼社交能力，发展社会生活技能。大部分儿童希望自己能够在游憩中交到朋友，认为交新朋友、和朋友一起进行游憩活动会增加乐趣。调研中，部分儿童因为一起接受访谈而成为朋友，并有了下次一起游憩的即兴约定，即使这仅仅是他们第一次见面。此时，他们对儿童公园内的游憩体验显得更加积极。另外，儿童的社交网络对象除了其他儿童外，还应包含家长。家长也以参与者或是监督者的身份参与到儿童的游憩活动中。访谈中确实有部分儿童表达了希望有独立地与朋友交往、与朋友外出玩耍而不需要家长监督的机会和地方。但出乎意料的是，部分儿童并没有对家长的监督表示不满与反感，相反还表现出对家长的依赖，并希望家长能够参与他们的游憩活动。事实上，并不是所有的儿童都排斥家长在游憩活动中的存在，反而有的儿童期待家长能够共同参与游憩体验，期待与家长和谐交流，享受家庭和睦氛围的体验。

问题：

1. 游憩/旅游与社会交往的关系如何？
2. 对于儿童旅游社会交往，你有何思考？

五、实训题

旅游营销方案设计

任务背景：

某旅游目的地希望吸引更多年轻游客，计划推出一项以“社交旅行”为主题的营销活动。请你基于本章“基于社会交往的旅游营销”的内容，设计一个具体的营销方案。

任务要求：

1. 从“主客交往”和“客客交往”两个角度，分别提出至少一项营销策略。
2. 结合“旅游搭子”现象，设计一个线上或线下活动，促进游客间的社交互动。
3. 说明你的方案如何体现“去身份化”和“超功利性”的旅游交往特征。

第十三章　文化与旅游消费

案例导入

来自北京的游客张女士计划了为期一周的丽江之旅。她首先参观了丽江古城的四方街、木府、黑龙潭等著名景点，通过导游的讲解和自助游览，深入了解了纳西族的历史、建筑风格等。她还特别参观了古城内的东巴文化博物馆，对纳西族的东巴文字和东巴文化有了更深入的认识。在古城内，她学习了纳西族的传统手工艺——制作东巴纸，还品尝了地道的纳西美食，并观看了纳西古乐表演。在丽江古城，张女士遇到了来自世界各地的游客。通过古城内的文化交流活动与不同文化背景的游客进行了深入的交流和互动。通过这些活动，她不仅增进了对其他文化的了解，还结交了许多新朋友。在旅游过程中，张女士购买了许多具有纳西族特色的纪念品，如东巴文字饰品、纳西刺绣等。她在古城内的特色商店和餐馆进行了多次消费。这次旅游给她留下了宝贵的回忆。

思考：张女士为何选择丽江古城作为她的旅游目的地？作为旅游目的，丽江的纳西文化是否影响了张女士的消费行为？

学习目标

一、知识目标

1. 了解文化的概念、特征、功能和层次。

2. 理解不同视角的文化观。

3. 理解文化与旅游消费的关系。

4. 了解跨文化比较的主要内容，掌握跨文化旅游营销的步骤与策略。

5. 根据自身消费体验和观察他人消费行为，理解文化差异对旅游者消费行为的影响。

6. 理解中国传统文化对旅游消费的影响。

7. 了解亚文化的类型及其旅游消费表征。

二、能力目标

1. 能够分析和解释文化差异对旅游消费行为的影响，并据此设计有效的跨文化旅游营销策略，提高旅游产品的市场适应性。

2. 能够运用跨文化比较的知识，识别和评估不同文化背景下的旅游消费需求，从而优化旅游服务和产品，提升游客满意度。

3. 能够结合中国传统文化特点，开发具有文化特色的旅游项目和产品，促进文化旅游的可持续发展。

4. 能够识别和分析不同亚文化群体的旅游消费表征，制定有针对性的市场营销方案，有效吸引和满足多元化市场需求。

三、思政目标

1. 通过学习文化的概念、特征和功能，培养学生对文化多样性的尊重和理解，增强学生的文化自信和民族自豪感，促进社会主义核心价值观的内化与实践。

2. 通过理解文化与旅游消费的关系，培养学生正确的消费观念和审美情趣，引导学生在旅游活动中传承和弘扬中华优秀传统文化，提升文化素养。

3. 通过掌握跨文化营销的步骤与策略，培养学生国际视野和跨文化交流能力，强化学生的社会责任感和全球公民意识，为推动构建人类命运共同体贡献力量。

4. 通过分析亚文化群体的旅游消费表征，培养学生对不同文化群体的包容性和同理心，倡导平等、和谐的社会主义核心价值观，促进社会和谐稳定。

本章重难点

1. 理解文化的几种视角。
2. 文化与旅游消费的关系。
3. 中国传统文化与特色旅游消费。
4. 跨文化营销。
5. 亚文化旅游消费表征。

重点概念

1. 文化：涵盖了人类在社会实践过程中所获得的物质、精神的生产能力和创造的物质、精神财富的总和，一般分为广义的文化和狭义的文化。

2. 跨文化营销：指企业（或组织）以文化为主体进行营销活动的行为方式，也是一种协调营销活动中文化冲突的方式。

3. 亚文化：亚文化也被称为次文化或非主流文化，是相对于主文化而言的，是指社会中存在的一种社会主流文化之外的文化现象，是在主文化或综合文化的背景下，属于某一区域或某个集体所特有的观念和生活方式。

在现代社会，文化旅游消费已经成为一种备受瞩目的新型消费模式，它全面包含了消费者在旅游过程中对文化产品与服务的深度体验和愉悦享受。这种消费模式不仅包含传统旅游要素的投入，还深入地挖掘了文化内涵的体验价值。

第一节　文化与旅游消费关系概论

一、文化

（一）文化概念

文化是一个广泛而复杂的概念，它涵盖了人类在社会实践过程中所获得的物质、精神的生产能力和创造的物质、精神财富的总和。

广义的文化，指人类社会的生存方式及建立在此基础上的价值体系，是人类在社会历史发展过程中所创造的物质财富和精神财富的总和。可分为三个层面：①物质文化，指人类在生产生活过程中所创造的服饰、饮食、建筑、交通等各种物质成果及其所体现的意义；②制度文化，指人类在交往过程中形成的价值观念、伦理道德、风俗习惯、法律法规等各种规范；③精神文化，指人类在自身发展演化过程中形成的思维方式、宗教信仰、审美情趣等各种思想和观念。

狭义的文化，指人类的精神生产能力和精神创造成果，包括一切社会意识形式：自然科学、技术科学、社会意识形态。

（二）文化特征

1. 学习性

文化不是先天遗传的，而是个体在社会化进程中逐步习得的。个体从童年开始就通过观察、模仿，学习所处文化中的行为模式和价值观念。语言、习俗、信仰这些文化元素，无疑是后天习得的结果。就连看似与生俱来的饮食偏好，实际上也深受社会环境影响。以旅游者为例，他们品尝的不仅仅是食物本身，更是其背后所承载的文化内涵。

2. 地域性

地域文化是自然环境与人类活动相互作用的产物，其独特风格和特点深刻反映了地理环境的烙印、社会历史的积淀及民族传统的延续。它不仅丰富了人类文化的多样性，还是区域认同与归属感的重要基石，促进了地方特色文化的保护与传承。

3. 民族性

文化是民族灵魂的体现，是区分不同民族群体的关键标识。各民族的文化承载着其独特的价值观念、宗教信仰、风俗习惯等，成为民族身份的核心要素。

4. **传承性**

文化的传承性是其生命力的体现。通过教育、口传心授、艺术表现等多种方式，跨越时空界限，将先人的智慧与成果传递给后代。这不仅保证了文化的稳定与延续，还为文化的创新与发展提供了坚实的基础。

5. **创新性**

文化在传承中并非一成不变，而是不断吸收外来元素、融合新兴观念，进行自我革新与创造。这是文化适应时代变迁、满足社会需求的必然要求，也是文化保持活力与魅力的关键所在。文化的创新不仅推动了人类文明的进步，还为社会发展注入了源源不断的动力。

（三）文化功能

1. **认知功能**

文化的认知功能，体现在它能够深化人类对世界的认知。它不仅为人类提供了理解历史演进的框架，还传授生存与发展所需的必要知识和技能。文化是推动人类社会不断进步的重要基石，它能够拓宽人类的视野，增强人类的认知能力，让人们更准确地把握现实，进而更好地预见未来。

2. **教化功能**

文化的教化功能，体现在通过教育、传播等多种途径，塑造个体的思想道德观念和行为规范。文化堪称维护社会稳定、促进和谐共处的关键力量，它引导人们树立正确的价值观，培养高尚的情操，促使大家共同构建一个更文明、有序的社会环境。

3. **凝聚功能**

文化的凝聚功能，在于其能够激发民族或社会群体的共同情感与认同。它如同一座桥梁，连接着过去与现在，将不同个体紧密地团结在一起。在共同文化的熏陶下，人们更容易形成共识，携手共进，应对挑战，实现共同目标。

4. **激励功能**

文化的激励功能，体现在其能够激发人类的创造潜能与创新精神。它鼓励人们勇于探索未知领域，挑战传统观念，不断追求新知与卓越。文化是推动社会持续进步与发展的重要动力。

（四）文化层次

文化层次指的是文化内部结构的划分，它揭示了文化在不同层面上的表现与特征。一般划分为四个层次，即物态文化层、制度文化层、行为文化层和心态文化层。

1. **物态文化层**

物态文化层指人的物质生产活动及其产品的总和，是人类文化创造的基础和载体，具有可感知性、物质性和实用性。包括人们的衣、食、住、行等日常生活用品，以及生产工具、建筑、交通设施等物质实体。

2. **制度文化层**

制度文化层指人们在社会实践中建立的规范自身行为和调节相互关系的准则，具有规范性、约束性和强制性，是维护社会秩序和稳定的重要保障。包括社会经济制度、婚姻制度、家族制度、政治法律制度等，以及家族、民族、国家等社会组织结构和基于经济关系建立的经济制度。

3. **行为文化层**

行为文化层指人在长期社会交往中约定俗成的习惯和风俗，它是一种社会的、集体的行为，具有鲜明的民族、地域特色，是文化传承和发展的重要表现形式。包括各种民俗活动、节日庆典、礼仪规范、生活方式等。

4. **心态文化层**

心态文化层指人们的社会心理和社会意识形态，是文化的核心部分和精华所在，具有抽象性、深邃性和影响力，是指导人们行为、塑造人格、凝聚社会力量的重要精神力量。包括人们的价值观念、审美情趣、思维方式及由此而产生的文学艺术作品等。

这四个层次相互依存、相互渗透，共同构成了人类文化的完整体系。其中，物态文化层是基础，制度文化层是保障，行为文化层是表现形式，心态文化层是核心和灵魂。它们共同反映了人类在社会实践中的创造力和智慧，是人类文明发展的重要标志。

（五）理解文化的几种视角

1. **资源观**

资源观认为，文化是一种具有价值、可供利用和开发的资源。它强调文化在增进社会经济发展和个人福祉方面的作用和价值，认为文化是需要被珍视、保护和合理利用的重要资源。

在资源观视角下，文化资源是人类在社会发展过程中所创造的，是可借以进一步从事文化生产和文化活动的各种物质和精神产品的总和。既包括物化形态的文化资源，如历史遗迹、博物馆、图书馆等，也包括精神文化资源，如价值观、思想体系、意识形态、科学技术等。这些资源是人类智慧和创造力的结晶，具有独特的价值和意义。要充分认识文化资源的价值和意义，采取措施加以保护和利用。在旅游消费中，旅游企业通过深入挖掘和整合文化资源，可以吸引旅游者、塑造旅游品牌形象、丰富旅游产品、提升旅游体验及促进旅游产业的可持续发展。

2. **价值观和规范观**

价值观和规范观都认为，文化中有关价值判断和行为规范的部分，是文化内涵的重要组成部分。从文化在社会发展中的重要作用这一视角来看，价值观和规范观将文化比作“扳道工”。这是因为文化通过内在的导向、约束和激励作用，引导社会和个人朝着正确的方向发展，在社会发展过程中发挥着关键的引导和调节作用，就如同“板道工”把控着轨道方向一样。

在旅游消费领域，文化的价值观和规范观不仅塑造着旅游者的偏好和选择，还规范着旅游者的行为方式及其产生的社会影响。因此，在旅游产业的发展过程中，一方面要充分考量不同文化背景下旅游者的需求和期望，提供多样化、个性化的旅游产品和服务；另一方面要加强文化交流和传播，促进不同文化之间的理解与尊重。

3. 工具箱观

工具箱观认为，文化是一个多样化的资源集合，也可看作一套工具，涵盖资源、符号、故事、仪式及世界观等。从动态和实用的视角理解，个体和集体会根据具体情境和需求，从中选择并运用这些资源，构建行动策略和意义框架，以应对各种问题和挑战。这体现出文化具有多样性、工具性，凸显了个人与社会的互动，以及文化与行动的紧密关联。

在旅游消费中，文化工具箱观不仅可以为旅游产品的设计与创新提供丰富的素材和灵感，还为旅游市场的细分与定位、旅游消费的引导与促进，以及旅游目的地形象的塑造与传播提供有力的支持，助力旅游产业多元发展。

4. “土壤”观

“土壤”观将文化视作孕育和滋养人类思想和行为的根基，着重强调了文化对个体和社会发展的基础性作用及其重要意义。

在旅游消费领域，文化的“土壤”观作用显著，有助于塑造旅游者的出行动机并影响其消费选择，丰富游客的旅游体验，推动旅游消费行为多样化发展，进而促进旅游产业的可持续发展。具体表现为：深度挖掘并传承当地的历史文化遗产，通过创新开发和文化传承的方式，打造具有吸引力的旅游景观和消费场景；在旅游目的地营造浓厚的文化氛围，以此提升旅游目的地的吸引力和竞争力，满足游客对文化消费的需求；大力推动文化和旅游的深度融合，将丰富的文化资源转化为特色旅游产品，构建起多点支撑、多业共生、多元融合的大旅游产业格局，为游客提供丰富的文化体验，促进旅游消费的增长。

5. “空气”观

“空气”观是一个形象的说法，用于描述文化在人类社会中的普遍性和不可或缺性。它意味着文化就像空气一样，虽然看不见、摸不着，却无处不在、无时不有，深刻影响着人们的意识、行为及社会生活的方方面面。文化的“空气”观主要体现在文化休闲空间的构建和文化休闲时间的创新等方面。如商业街区、历史文化街区等以其独特的文化氛围吸引了大量游客。

在旅游消费中，文化不仅引导着旅游消费的方向，影响消费者的选择，还能提升旅游消费的品质，增强游客的满意度，进而促进旅游消费的可持续发展。因此，应大力推动文化与旅游的融合发展。

6. “囚笼”观

“囚笼”观认为文化在一定程度上会对个体或社会产生限制作用，如同一个囚笼般束缚人们的思维、行为和选择。它指出文化中的传统观念、信仰体系、社会规范等有时会固化人的思维，滋生偏见，阻碍个体对现实的直接感知和对自身内心的深入探索。它认为文化在提供秩序和稳定性的同时，也可能成为个体追求自由和创新的障碍。

在旅游消费中，文化的“囚笼”观体现在游客在旅游过程中受到当地文化习俗、社会规范和价值观念的约束。这种约束可能限制游客在动机、选择、决策等方面的自由度，使他们不得不遵守当地的规定和禁忌，从而影响他们的旅游体验，降低他们的旅游满意度。“囚笼”观强调，在旅游消费中需要保持对文化的敏感性和尊重性，以更加开放和包容的心态去理解和欣赏不同的文化现象，实现旅游与文化的和谐共生。同时，也注重旅游市场的多样性和文化资源的保护，让旅游者能在旅游消费中获得更加丰富和深刻的体验。

7. “胶水”观

“胶水”观将文化视作一种社会黏合剂，能够将不同背景的人们聚集在一起，促进人与人之间的交流与社会和谐。旅游活动本身就是一种文化体验过程，文化作为“胶水”，在引导旅游需求、塑造旅游体验、促进文化交流等方面发挥重要作用。文化像“胶水”一样将旅游者与旅游目的地、旅游产品和服务紧密地联系在一起。游客通过体验当地文化，能够增进对不同文化的理解和尊重，促进跨文化交流与融合。例如，游客通过参观当地博物馆、参与传统节日庆典、品尝特色美食等活动，能更好地融入当地文化，进而增强自身对文化的认同感，这种文化认同有助于提升社会的凝聚力。

8. 生活方式观

生活方式观将文化视为一种生活方式，强调文化在人们日常生活中的重要性和影响力。在旅游消费中，文化生活方式观体现在游客通过旅游活动体验和融入当地的生活方式，感受不同文化的魅力和独特之处。这种体验不仅包括参观名胜古迹、品尝地方美食、参与传统活动等，更重要的是通过这些活动深入了解当地人的生活习惯、价值观念和审美趣味。

二、文化与旅游消费

（一）文化观、价值观与手段—目的链

文化观、价值观与手段—目的链是三个相互关联且相互影响的概念，共同影响着个体和集体的行为决策、社会文化的传承与发展，以及市场消费的趋势。

1. 文化观

文化观，指人们对文化的总的看法和根本观点，影响着旅游者对旅游目的地的文化认知、态度和期望，主要体现在旅游者的消费偏好和选择方面。不同的文化背景下，

人们对旅游的目的、旅游方式和旅游体验有着不同的期待和追求，从而决定了旅游者选择目的地的偏好，以及他们希望在旅游中获得的体验类型。

2. 价值观

价值观，指个人或群体对事物价值的基本看法和判断标准，决定了人们在旅游消费中的价值取向和选择，影响着旅游者的决策过程。例如，一些旅游者因重视环境保护和文化保护，而选择生态旅游或文化旅游。价值观还影响着旅游者在旅游中的行为表现，如对当地习俗的尊重。

随着社会经济的发展和人们生活水平的提高，旅游者的价值观也在不断变化和升级。现代旅游者更加注重个人价值的追求和内心情感的满足，他们不仅关注旅游目的地的自然景观和历史文化，还注重旅游过程中的体验和感受。

3. 手段—目的链

手段—目的链理论是由心理学家米尔顿·罗克奇（Milton Rokeach）提出的，阐述了个人价值影响个人行为的方法，被广泛应用于研究消费者的购买决策过程。旅游者通过购买旅游产品和服务来实现自己的价值追求和内心满足，这一过程通常由产品属性、产品利益和个人价值三个层次构成。

4. 三者之间的关系

文化观、价值观与手段—目的链共同构成了旅游者的旅游体验和行为模式。文化观是重要基础，在很大程度上影响着旅游者对目的地的选择和期望；价值观是指导原则，它影响着旅游者在旅游过程中的行为和决策；手段—目的链是行动过程，它是旅游者实现其文化观和价值观的具体方式。旅游者根据自己的文化观和价值观选择旅游目的地和活动，通过具体的旅游手段来实现他们的旅游目的。这三者相互作用，共同影响着旅游者的整体旅游体验。

（二）文化与旅游消费关系

文化是理解消费者行为的重要概念。消费者行为并不是与生俱来的，而是后天学习的结果。文化通过价值规范深刻影响着消费者行为。消费者的购买行为也体现着从社会习得的价值观，这在旅游消费中尤为明显。因此，在不同的国家、不同的地区、不同的时代，旅游者的消费行为有所不同。文化与旅游消费之间的关系主要体现在以下方面。

1. 文化是旅游消费的核心吸引力

文化是旅游的灵魂，是旅游发展的核心驱动力。旅游消费者在选择旅游目的地时，往往会被历史遗迹、民俗风情、艺术表演、节庆活动等当地独特的文化所吸引。这些文化元素不仅丰富了旅游活动，还满足了游客对新鲜感和知识获取的需求，给予他们更全面和深刻的旅游体验。

2. 旅游消费促进文化的传播与交流

随着旅游业的发展，游客在旅游过程中的文化消费活动，如参观当地博物馆、体验民俗活动、购买特色文化产品等，都成了文化传播与交流的有效途径。这种交流不局限于国内各地区之间，也跨越了国界，增进了全球文化间的相互理解和尊重。

3. 文化与旅游消费相互促进

一方面，文化为旅游提供了丰富的资源和内容，提升了旅游的品质和吸引力；另一方面，旅游消费的增加带动了文化产业的繁荣和发展，为文化的保护、传承和创新提供了更多的资金和资源支持。

4. 文化差异性是旅游消费的重要动力

不同地区、不同民族之间的文化差异是旅游消费的重要驱动力。游客往往希望通过旅游来体验与自己日常生活不同的文化氛围，这种差异性满足了游客的好奇心和探索欲，促进了旅游消费的增长。

5. 文化与旅游消费的融合发展

近年来，文旅融合发展已经成为一种趋势。通过整合文化和旅游资源，打造具有地方特色的文化旅游产品和线路，不仅可以提升旅游的品质和吸引力，还可以促进文化产业和旅游产业的协同发展。

由此可见，文化与旅游消费之间存在着相互促进、相互依存的关系，文化为旅游提供了丰富的资源和体验，而旅游消费则促进了文化的传承、创新和经济发展。通过加大文化遗产保护力度，开展多元文化交流活动，提升旅游服务品质，鼓励文化旅游产品创新等具体措施，进一步发挥文化与旅游消费的积极作用，实现文化和旅游消费的可持续发展。

第二节 跨文化、亚文化与旅游消费

一、跨文化比较

（一）跨文化比较的主要取向

跨文化比较是一种研究方法，指对不同文化之间的相似性和差异性进行系统的比较分析。它可以帮助人们更好地理解文化多样性，以及文化如何影响人类的行为、价值观和社会结构。在旅游消费中，它帮助旅游企业更好地理解不同文化背景游客的需求、偏好和行为模式，创新旅游产品和服务，制定精准的营销策略，为游客提供更加个性化的旅游体验和服务。

当前，跨文化比较的主要取向有以下方面。

1. 文化普遍性取向

该取向强调寻找人类行为、心理和社会现象中的普遍规律和共同特征。尽管不同文化之间存在显著差异，但在某些核心领域或基本层面上，人类的行为和心理机制存在跨文化的普遍性和一致性。

2. **文化特殊性取向**

该取向关注不同文化之间的独特性和差异性。每种文化都有其独特的价值观、信仰、习俗等，这些文化特征深刻地影响着个体的心理和行为。秉持文化特殊性取向，意味着要深入考察不同文化的具体内容和表现形式，以此揭示出它们各自的独特性和特殊性。

3. **综合取向**

该取向将文化普遍性取向和文化特殊性取向相结合，既关注普遍规律也重视文化特色。在实际研究中，跨文化比较往往将文化普遍性取向和文化特殊性取向有机地结合起来，试图在普遍性和特殊性之间找到平衡点，以更全面地理解人类文化的多样性和复杂性。

（二）霍夫斯泰德的文化维度理论

霍夫斯泰德（Geert Hofstede）的文化维度理论用于描述国家或地区文化之间的差异，现在已成为跨文化研究领域的重要理论之一。霍夫斯泰德的文化维度理论提出了衡量文化差异的六个主要维度，为理解不同文化之间的差异提供了重要工具。

1. **权力距离**

权力距离指的是在社会或组织中，地位较低者对权力不平等分配的接受程度，这一概念体现了社会成员对权力分配不均的容忍度和期望。在权力距离高的文化环境中，人们往往觉得权力分配不均是常态，能够接受等级制度，也认可权力集中于少数人手中。这种文化下，社会通常等级制度分明，上级和下级之间界限清晰，距离明显。与之相反，权力距离低的文化秉持权力应平等分配的观念，更加重视个人权利与自由，并且期望在决策过程中，成员能拥有更多发言权。

2. **个人主义与集体主义**

个人主义与集体主义是衡量一个社会总体或组织在价值取向上更关注个人利益还是集体利益的重要维度。在个人主义文化中，个体往往将个人利益和自我实现置于首位；而在集体主义文化中，个体则更注重集体利益，重视与他人的关系。

3. **男性化与女性化**

男性化与女性化是用来衡量一个社会文化倾向的维度，主要依据是该社会中代表男性的品质（如竞争性、独断性）与代表女性的品质（如谦虚、关爱他人）何者更为突出。

在具有男性化倾向的文化中，男性气质往往与工作成就紧密相连，这类文化强调竞争、追求成就以及物质财富。而女性化倾向的文化，则从更平衡的视角出发，注重人际关系的维护、人与人之间的合作，并且将生活质量视为重要追求。

4. **不确定性规避**

不确定性规避是用于衡量社会成员对不确定性和模糊性接受程度的概念。在高不确定性规避文化中，人们更倾向于规避风险，寻求稳定和秩序，往往建立严格的规则和制度来减少不确定性；在低不确定性规避文化中，人们对变化和创新的适应性更强，对不确定性和模糊性的包容度较高。

5. **长期导向与短期导向**

长期导向与短期导向是衡量一种文化中成员在物质、情感和社会需求满足方面，对延迟满足接受程度的指标。在长期导向的文化里，人们倾向于制定长远规划，愿意为了未来更大的收益而暂时克制当下的欲望，接受延迟满足。与之相反，短期导向文化中，人们更着眼于眼前利益，追求即时享乐。在做决策时，更看重当下能获得的好处，倾向于迅速满足自身需求，对未来的规划和投入相对较少。

6. **自身放纵与约束**

自身放纵与约束是用以衡量某个社会对人们基本需求以及享受生活、追求享乐欲望的允许程度的维度。在放纵文化的社会环境里，人们更愿意顺从内心对快乐的渴望，追求及时满足，尽情释放和满足自身的欲望。而在克制文化占主导的社会中，人们将自我节制视为重要品质，更为关注长远利益。他们会有意识地克制自己的欲望，在生活中遵循一定的道德规范和行为准则，优先考虑未来的发展与规划，不会过度沉溺于眼前的享乐。

霍夫斯泰德的文化维度理论能帮助人们认识到文化的多样性，避免因文化差异引发的误解和冲突，促进不同文化之间的理解和尊重。在旅游消费中，霍夫斯泰德的文化维度理论能帮助旅游管理者和从业者更好地理解不同文化背景下的消费者行为，更好地满足多样化游客的需求，提升旅游体验，促进文化交流，以及有效管理文化冲突。但它也存在一些局限性，例如未能充分考虑文化动态变化的影响。因此在应用该理论时，需要结合实际情况进行综合考虑和灵活运用。

二、各国典型消费观念与模式

（一）中国传统文化与特色旅游消费

1. **中国传统文化中的消费观念**

中国传统文化中的消费观念深受历史、社会、经济及文化等多方面因素的影响，形成了独具特色的消费理念，在不同程度上影响着人们的消费行为和习惯。

（1）节俭消费观。节俭是中国传统文化中极为重要的消费观念，强调在消费过程中要量入为出，避免浪费。中华民族强调“克勤于邦，克俭于家”，认为节俭是美德，而过度消费被视为不负责任和浪费。

（2）家庭观念。中国传统文化强调家庭的重要性。人们在消费时，可能会优先考虑家庭的需求。消费决策往往以家庭为单位，尽可能满足家庭中大部分成员的需求，体现了家庭成员之间的相互关爱和责任感。

（3）“面子”消费观。“面子”在中国文化中具有深远的影响，人们在消费时，可能会受到面子因素的影响。如亲朋好友聚餐时，消费者可能会点超出实际需求的食物量，以显示自己的慷慨和热情。但这种消费行为往往导致食物浪费。

（4）集体主义倾向。中国传统文化强调集体主义精神。在消费领域，这种集体主义倾向表现为消费者在购买决策时可能会考虑家庭成员、朋友或同事的意见，甚至为了维护集体利益而牺牲个人利益。

（5）权力距离与消费。中国传统文化中权力距离较大，即人们对权力和权威怀有较高的尊重程度。这种文化特征在消费中表现为消费者可能倾向于购买象征地位和权力的产品。同时，高权力距离文化也导致消费者在购买决策时更谨慎和保守。

随着社会发展和文化变迁，中国传统文化中的消费观念也在与现代消费理念相融合。一方面，人们仍然保持着节俭消费观、家庭观念和集体主义倾向等传统消费观念；另一方面，随着生活水平的提高和消费能力的提升，人们也开始追求个性化、品质化和多样化的消费体验。

2. 中国特色旅游消费

中国特色旅游消费涵盖广泛的内容，不仅体现了中国的文化底蕴、地域特色和现代化发展，还满足了游客对多样化、品质化旅游体验的需求。具有中国特色的旅游消费形式主要有以下方面。

（1）传统文化游。游客可以通过端午节的赛龙舟、吃粽子，春节的庙会、舞龙舞狮等民俗活动，体验中国深厚的文化底蕴。各地举办的非遗市集、非遗展览等非遗文化活动，让游客近距离接触和了解中国的非物质文化遗产。

（2）自然风景游。中国拥有丰富的自然山水资源，如黄山、张家界、九寨沟等以其独特的自然景观吸引了大量游客。随着生态旅游的兴起，越来越多的游客选择前往自然保护区、森林公园等地，体验自然生态之美，参与生态保护活动。

（3）文化遗产游。中国拥有丰富的文化遗产，包括世界文化遗产如故宫、长城、秦始皇兵马俑等。游客可以通过参观这些遗址来深度了解中国的历史和文化。

（4）红色文化游。中国拥有众多革命遗址和纪念馆，如井冈山、延安、西柏坡等已成为游客了解中国革命历史的重要场所。各地还推出了多条红色旅游线路，将多个革命遗址串联起来，形成完整的红色旅游体验。

（5）饮食文化游。中国的饮食文化博大精深，各地饮食独具特色。游客可以通过饮食之旅来品尝各地的特色饮食，体验中国的饮食文化。

（6）现代都市游。中国的一线城市如北京、上海、广州、深圳等提供了现代化的都市旅游体验，包括购物、美食、艺术展览等。

（7）乡村田园游。随着乡村振兴战略的推进，乡村旅游成为新的旅游热点。游客可以前往乡村体验田园风光、农家生活，参与农事活动。游客可以享受宁静的乡村环境和有机食品。

（二）其他国家的文化与消费

1. 德国

德国文化以严谨、自律和注重细节著称。这种态度深深影响了德国人的消费观念，使他们在购买产品时追求高品质和精确性。德国在科技和创新领域的领先地位也促使德国消费者倾向于选择高科技和创新性的产品。同时，德国悠久的历史和深厚的文化底蕴使德国人对传统和品质有着深厚的情感认同，这体现在他们对德国制造和本土品牌的忠诚上。

德国的特色旅游消费项目丰富多彩，包括探访著名文化遗址如新天鹅堡和柏林墙遗址。游客可品尝传统德国料理和闻名世界的啤酒。住宿选择多样，从豪华酒店到经济型旅舍，满足不同游客的预算需求。在购物方面，德国的手工艺品和打折购物村提供丰富的购物选择。娱乐活动包括各种音乐节、庆典以及足球比赛和歌剧表演，为游客带来丰富的旅行体验。这些项目不仅展现了德国的文化和历史，也为游客提供了多种体验和娱乐选择。

2. 俄罗斯

俄罗斯的文化与消费观深受其历史、地理和社会因素的影响。俄罗斯是一个拥有丰富历史和文化遗产的国家，这对其消费观念和文化表现有着显著的影响。俄罗斯有着悠久的艺术和文学传统。

俄罗斯消费者在保持传统生活方式的同时，也逐渐接受现代消费模式，如在线购物和数字支付。并且，他们越来越注重品牌和品质，对奢侈品和进口商品尤为关注。然而，在经济波动的影响下，许多俄罗斯人在日常消费中表现出节俭的一面，但在特定场合，如节日和家庭聚会时，也会表现出奢侈的一面。随着互联网的普及，俄罗斯的电子商务和数字消费正在增长。越来越多的俄罗斯消费者开始关注环保和可持续消费，这影响了他们的购买决策。

三、旅游消费者行为跨文化比较

旅游与文化的关系密不可分，文化是旅游的灵魂，旅游则是文化的载体。不同文化背景下的旅游者行为差异显著。旅游消费者行为跨文化比较是指对不同国家或地区、不同文化背景下的旅游消费者在购买、使用和评价旅游产品过程中的行为模式、偏好、动机、决策过程等方面进行的系统比较和分析。这种比较旨在揭示不同文化因素对旅游消费者行为的影响，以及这些差异如何影响旅游市场的营销策略、产品开发和服务提供。

（一）旅游消费者动机与感知的跨文化比较

旅游消费者动机是推动旅游者进行旅游活动的内在驱动力，如逃避现实、寻求新奇体验、社交需求等，涉及个人的心理需求、社会因素及文化背景等多个方面。旅游消费者感知是指旅游者在旅游过程中对旅游产品或服务及旅游环境的整体印象和评价，如对旅游目的地的安全性、文化适应性、服务质量的感知。

旅游消费者动机与感知的跨文化比较是指研究不同文化背景下的旅游者在旅游动机和感知上的差异，揭示不同文化背景下旅游动机的共性与差异，理解旅游者对同一旅游产品或服务的感知差异，帮助旅游目的地更好地理解不同文化背景的游客需求，为旅游市场的细分和定位提供依据，为旅游产品的改进和服务质量的提升提供指导。

旅游消费者动机与感知的跨文化比较通常采用问卷调查、深度访谈、观察法等研究方法，对不同文化背景下旅游者的行为、偏好和期望，特别是旅游动机和感知进行对比和分析。

（二）旅游消费者决策行为的跨文化比较

旅游消费者决策行为涉及旅游者在选择旅游目的地、旅游产品和服务的过程中的决策过程，是对不同文化背景下的旅游消费者在做出旅游决策过程中的行为和偏好的差异进行研究，如选择的旅游目的地、旅游类型、旅游活动、旅游服务等。

通过比较能揭示不同文化背景下旅游消费者决策行为的内在规律和共性特征，帮助旅游企业和旅游目的地提供有针对性的营销策略、服务建议和规划决策。例如，针对注重服务细节的游客，可以加强员工培训，提高服务水平；针对追求便捷的游客，则可优化服务流程，提高服务效率。

（三）服务质量评价与行为倾向的跨文化比较

服务质量评价是消费者对服务过程和结果的感知与判断，行为倾向则指消费者在特定服务质量评价下的反应，如购买决策、品牌忠诚度、口碑传播等。

服务质量评价与行为倾向的跨文化比较是指对不同文化背景下的旅游消费者在服务质量的评价标准和感知及由此产生的行为倾向进行对比和分析，以揭示不同文化背景下消费者行为的共性和差异，了解不同文化背景下旅游消费者对服务质量的期望和需求。而且了解不同文化背景下消费者的行为模式和价值观，有助于增进不同文化间的理解尊重，促进文化的交流合作，建立更加紧密持久的客户关系。

四、跨文化营销

（一）跨文化营销定义

跨文化营销是指企业（或组织）以文化为主体进行营销活动的行为方式，也是一种协调营销活动中文化冲突的方式。它针对企业面临的目标市场的文化环境，采取一系列的文化适应策略，以减少或防止企业营销活动与异域文化的冲突，进而使之适应和融合于当地文化的一种营销方式。这种营销方式强调文化在营销活动中的核心作用，通过文化的视角来审视和解决营销问题。

（二）跨文化旅游营销步骤

跨文化旅游营销，作为一种针对不同文化背景的旅游消费者进行的市场营销活动方式，旨在通过深入了解并适应不同文化背景下的消费者需求，提升旅游产品的吸引力和市场竞争力。跨文化旅游营销的步骤如图 13-1 所示。

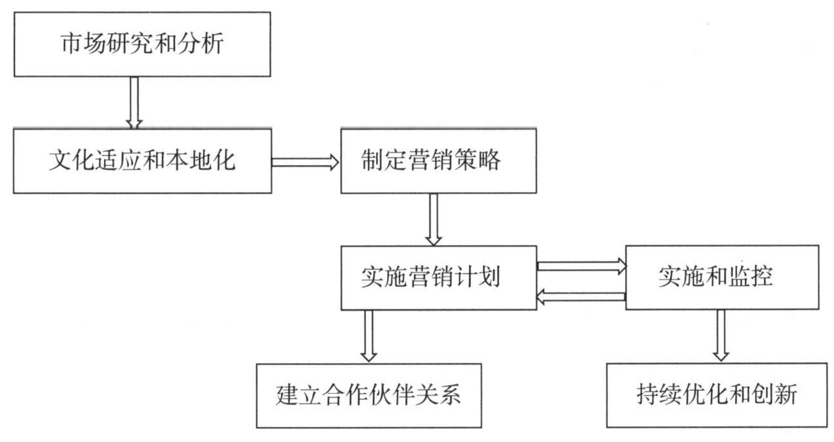

图 13-1　跨文化旅游营销的步骤

（三）跨文化旅游营销策略

1. **文化价值切入，寻求适应感**

旅游资源的民族文化内涵是旅游目的地的生命力。从文化尊重和文化融入入手，了解并尊重目标市场的文化价值观，在营销策略上体现对传统、习俗和信仰的尊重，挖掘并展示当地独特的文化元素，如历史遗迹、民俗活动、传统艺术等；通过旅游产品和营销活动展示目的地的文化特色，吸引对特定文化感兴趣的游客；丰富旅游感受性，增加游客的文化体验深度；加强游客与当地居民之间的互动交流，促进文化的相互理解和尊重。

2. **心理需求切入，寻求体验感**

不同文化背景的游客具有不同的心理需求和消费偏好。营销策略通过强调游客与目的地文化的联系，满足他们对归属感和认同感的心理需求，增强游客的文化融入感。了解目标游客的个性化需求，为其提供独特的文化体验，如参与当地社区活动、学习传统技艺等，帮助游客实现个人成长和自我实现的需求；提升旅游体验的质量，建立游客与目的地之间的情感联系。

3. **语境差异切入，寻求默契感**

语言是文化的重要载体和表现形式。在跨文化旅游中，语言沟通是游客与目的地之间交流的关键。旅游服务商可以提供多语种服务，包括翻译、导游讲解等，以确保游客能够顺畅地了解当地文化和信息。非语言沟通也是跨文化交流中不可忽视的一部分。营销策略可根据不同文化背景的游客需求进行调整，考虑非言语交流的文化差异，如肢体语言、个人空间等，以避免误解和冲突。

4. **本质需求切入，寻求平衡感**

跨文化旅游的目的本质上来说是追求新奇与体验。游客希望通过旅行来体验与自己日常生活不同的生活方式和文化氛围。具备独特性和创新性的旅游产品对旅游者的吸引力极大。在跨文化旅游中，游客也希望通过参与当地的文化活动和社会交往来寻求认同感和归属感。因此，旅游营销应围绕这两个核心需求，一方面突出旅游产品的独特性，打造专属旅游线路；另一方面，策划如文化交流派对等活动，让游客在体验新奇的同时，获得认同感和归属感。

五、亚文化与旅游消费

亚文化群体通常意味着独特的消费观念、偏好和行为模式，这些特征会直接影响旅游者旅游消费的选择和体验。

（一）亚文化

1. **亚文化概念**

亚文化，也被称为次文化或非主流文化，是相对于主文化而言的，是指社会中存在的一种社会主流文化之外的文化现象，是在主文化或综合文化的背景下，属于某一区域或某个集体所特有的观念和生活方式。这些次级文化群体因共同的兴趣、价值观、生活方式等聚集在一起，并在一定程度上与主流文化保持差异。

2. **亚文化类型**

（1）人种或民族亚文化。人种或民族亚文化是基于种族或民族的身份认同形成的文化。不同种族或民族的人群拥有独特的语言、习俗、信仰、艺术表现形式等，而形成了各自独特的亚文化。

（2）年龄亚文化。年龄亚文化是反映了不同年龄层人群的独特生活方式、兴趣爱好和价值观的文化，例如青年文化、中年文化和老年文化等。每个年龄阶段人群的兴趣爱好、生活方式、价值观念等各有不同。

（3）地域亚文化。地域亚文化是基于地理位置和地域特色而形成的文化。不同地区的自然环境、历史背景、经济发展状况等因素都会影响当地人的生活方式和文化传统，形成了具有地域特色的亚文化。如城市文化、乡村文化、山区文化等。

此外，还可根据性别、职业、受教育程度、兴趣爱好等因素进行划分。随着互联网和社交媒体的普及，网络或虚拟亚文化也逐渐兴起，如二次元文化、弹幕文化、表情包文化等。

3. **亚文化的特征**

（1）独特性与认同性。亚文化群体拥有自己独特的信仰、行为和象征系统，使他们与主流文化有所差异。这也使亚文化成员之间容易形成强烈的共同认同感和归属感，有助于群体的团结和凝聚。

（2）局部性与小众性。大多数亚文化发生在主流社会中的一小部分集体中，与主流文化（即社会绝大多数人参与的文化）形成对比。社会大多数人可能并不接受、不感兴趣，甚至根本没听说过。

（3）广泛性与多样性。亚文化存在十分广泛。任何社会主流文化背景下都存在着丰富的亚文化。亚文化的分类方法多样，而且亚文化内部可能存在进一步的细分，形成更小众的群体。

（4）动态性与影响力。亚文化可能在一夜之间产生，也可能很快消失。它们会随着时间和环境的变化而发展和变化，甚至消失。在流传过程中，亚文化会发生不同程度的改变。亚文化能直接作用或影响人们生存的社会心理环境，其影响力在某些方面往往比主流文化更大，有时也对主流文化产生影响，甚至引导新的文化趋势。

（5）边缘性与抵抗性。亚文化往往代表社会中处于边缘地位的群体的利益。他们对社会秩序采取一种抵抗或批评的态度，力图通过自己的文化实践来表达对现状的不满或寻求改变。

4. **亚文化的典型差异**

亚文化差异主要体现在不同亚文化群体在多个方面的独特性，这些差异反映了不同文化背景下的历史、地理、社会心理等因素。亚文化的典型差异主要体现在以下方面。

（1）价值观差异。不同的亚文化群体拥有不同的价值观念和信仰体系。

（2）语言差异。语言是文化的重要组成部分，不同亚文化群体之间的语言差异是最显著的差异之一。

（3）风俗习惯差异。不同亚文化群体在风俗和习惯方面也存在着显著差异。在饮食、服饰、婚丧嫁娶等方面，不同亚文化群体也有自己的习俗和规矩。

（4）生活方式差异。不同的亚文化群体可能有不同的生活方式和习惯。

（5）社会心理差异。亚文化群体的形成往往与社会心理环境密切相关，因此不同亚文化群体在社会心理方面也存在差异。

（二）亚文化旅游消费表征

亚文化旅游消费表征指的是亚文化群体在旅游活动中的消费行为和偏好，以及这些行为和偏好如何反映其独特的文化特征和身份认同，体现在旅游行为模式、旅游消费产品选择、旅游消费方式、对旅游目的地的选择、旅游活动、旅游社交互动等方面。

1. 背包客旅游

背包客旅游是一种突破传统旅游模式、追求极致自由的旅行方式，它强调个性化、低成本和深度体验。在亚文化旅游消费表征中，背包客旅游是一种极具代表性的现象。背包客旅游倾向于选择低成本、高性价比的旅游产品和服务，同时注重个性化体验。

背包客们通常只携带一个背包和简单的日常用品，全程依靠自助规划来完成旅行。他们通过强化社交互动，结识不同国家的朋友，分享旅行经历，促进文化交流。他们运用文化符号和标志来表达自己的身份和特色，同时通过旅游来感受不同文化的魅力，寻找与自己文化认同相符的群体和体验，从而满足情感需求，增强文化自信心和归属感。这种旅游方式不仅考验背包客的生存能力和适应能力，还让他们在旅途中深刻体验不同的文化和生活方式，充分体现了亚文化群体的独特消费偏好和生活方式。

2. 动漫影视旅游

动漫影视旅游是一种新兴的旅游形式，它将动漫、电影和电视剧等影视作品与旅游目的地相结合，为游客提供一种独特的文化体验。这种旅游形式将影视作品中的场景、故事或主题与实际的旅游目的地相结合，如横店一日游、环球影城乐园游等，不仅增加了旅游的趣味性，还为游客提供了沉浸式体验。

动漫影视旅游是一种非常典型的受粉丝经济推动的旅游消费，因此旅游企业需要将粉丝群体的兴趣转化为旅游需求，以推动动漫影视周边旅游产品和服务的开发，为游客带来全新的文化体验。

3. “穷游”

“穷游”作为一种独特的旅游方式，在青年群体中受到广泛关注。“穷游”并没有明确的定义，通常理解为以较少的预算进行长途旅行，通过节约开支、利用免费或低成本资源，以及选择非传统的住宿和交通方式来实现旅行目的。

“穷游”强调体验和探索，代表了青年群体对自由、独立和个性的追求，以及对传统旅游方式的反叛和超越。通过“穷游”，青年人可以摆脱现实的束缚和既有价值观的限制，以亲身体验的方式去认识自己、认识他人、认识世界。同时，“穷游”也促进了文化的交流和传播，让不同地域、不同背景的人们有机会相互了解和包容。

“穷游”不仅对旅游市场的多样化发展产生了积极影响，还对旅游目的地的文化保护和可持续发展提出了挑战。如能否开发针对“穷游”者的专属服务和产品，如定制化的旅行路线、优惠的住宿和交通方案等。

4. 出而不游

“出而不游”并非字面意义上的外出而不进行游览活动，是指亚文化群体在旅游过程中，并不专注于传统跟团游或商业旅游，而是选择更为自由、独立且深入的旅行方式，更注重体验当地的文化和生活。他们更注重旅行的过程而非目的地，或者在旅途中寻找与主流文化不同的体验和感受。

“出而不游”现象反映了亚文化群体在旅游消费中的独特态度和价值取向。他们通过摆脱主流旅游方式的束缚，追求更加自由、独立且深入的旅行体验；同时，他们在旅途中寻找与主流文化不同的体验和感受，以此来表达自己的身份认同和文化态度。这种现象不仅丰富了旅游市场的多样性，为旅游产业的发展提供了新的思路和方向，还对旅游目的地提出了更高层次的文化保护和展示要求。

复习与实践

一、判断题

1. 文化是旅游的灵魂，是旅游发展的核心驱动力。（　）
2. 中国的文化中不确定性规避程度比较高。（　）
3. 中国传统文化中的消费观念在现代社会已经消失。（　）
4. 跨文化营销策略的制定需要考虑文化价值、心理需求和本质需求。（　）
5. 德国文化对旅游消费的影响主要体现在传统坚守、季节性活动等方面。（　）
6. “出而不游”是指外出但不进行任何游览活动的行为。（　）
7. 亚文化群体在旅游中倾向于自由探索，不受传统旅游路线束缚。（　）
8. 所有旅游活动都自然而然地包含文化消费。（　）
9. 跨文化比较有助于理解不同文化的差异。（　）
10. 文化旅游消费与环境保护是相互矛盾的。（　）

二、不定项选择题

1. 亚文化群体在“出而不游”中更倾向于的旅游方式是（　）。

A. 跟团游　　B. 自助游
C. 商务考察　　D. 探险游

2. 下列（　）不是“出而不游”的特点。

A. 自主规划　　B. 追求结果
C. 深度交流　　D. 情感认同

3. 下列（　）属于文化的类型。

A. 物质文化　　B. 制度文化
C. 精神文化　　D. 行为文化

4. 下列（　）不属于文化旅游消费中的非物质文化遗产体验。

A. 观看传统戏曲表演　　B. 参观博物馆展览
C. 学习制作传统手工艺　　D. 参与民族节庆活动

5. 影响旅游消费行为最广泛、最深远的因素是（　）。

A. 社会因素　　　　　　　　B. 文化因素

C. 个人因素　　　　　　　　D. 心理因素

6. 下列关于亚文化的叙述正确的是（　　）。

A. 亚文化指某一个文化群体所属次级群体成员的相异的独特信念、价值观和生活习惯

B. 与文化相比，亚文化往往较难进行识别、界定和描述

C. 研究亚文化的差异可以为企业营销人员提供市场细分的有效依据

D. 每个亚文化群都可以细分为若干个子亚文化群

7. 为了实现满足需要的功能，文化必须不断改变，以使社会得到最好的满足，这体现了文化的（　　）特征。

A. 文化学习性　　　　　　　B. 文化的创新性

C. 文化的传承性　　　　　　D. 文化的共享性

8.（　　）属于跨文化比较的意义。

A. 增进文化理解　　　　　　B. 促进文化交流

C. 避免文化冲突　　　　　　D. 提高跨文化沟通能力

9. 以下（　　）不是文化对消费行为的影响。

A. 亚洲人爱喝茶，欧美人爱喝咖啡

B. 美国中产阶层更偏爱 Levis 等大众品牌，贵族阶层更偏爱 Prada 等奢侈品牌

C. 中国人储蓄率较高，西方人更多“月光族”

D. 中国人合家团聚庆祝春节，美国人合家团聚庆祝圣诞节

10. 以下（　　）属于亚文化对消费行为的影响。

A. 冬至时北方人吃饺子，南方人吃汤圆

B. 印度教禁食牛肉，犹太教和穆斯林禁食猪肉

C. 女性偏爱粉色等暖色调包装色彩，男性偏爱黑色等冷色调包装色彩

D. 年长的人喜欢喝茶，年轻人喜欢喝奶茶和咖啡

三、简答题

1. 简述文化的概念和特点。

2. 简述文化与旅游消费的关系。

3. 文化的功能有哪些？

4. 旅游消费者跨文化比较的内容包括哪些？

5. 简述亚文化的概念和对旅游者行为的影响。

6. 简述文化“土壤”观。

7. 简述文化观、价值观和手段—目的链的关系。

8. 简述中国传统文化中的消费观念。

9. 霍夫斯泰德的文化维度理论的六个维度是哪些？

10. 什么是背包客旅游？

四、案例分析

某旅游公司针对年轻游客群体推出了一款以“探索世界文化遗产”为主题的旅游产品。该产品在行程中融入了丰富的文化体验活动，如参观博物馆、参与传统手工艺制作、品尝地方美食等，并特别注重跨文化交流环节的设置。该产品一经推出便受到年轻游客的热烈欢迎，取得了显著的市场效果。

问题：

1. 分析该旅游公司成功推出该产品的关键因素。
2. 该产品如何体现了文化与旅游消费的密切关系？
3. 跨文化交流环节在该产品中的作用是什么？

五、实训题

设计一份动漫影视游的旅行计划，包括目的地选择、行程规划、住宿安排、预算控制等方面。

实训要求：

能体现个性化、深度化、沉浸式的特点，旨在让游客在旅行中深入体验动漫影视中的场景、文化和情感，并说明如何通过网络获取信息和建立社群关系来支持旅行计划。

参考文献

［1］白凯．旅游者行为学［M］．北京：科学出版社，2013.

［2］白凯，王馨．中国旅游者行为研究述评（1987—2018）［J］．旅游导刊，2018，2（6）：17-32.

［3］蔡蔚萍，陈旭东．社会信任对老年人心理健康水平的影响机制研究——兼议社会交往的中介效应［J］．商丘师范学院学报，2024，40（4）：82-87.

［4］曹诗图，曹国新，邓苏．对旅游本质的哲学辨析［J］．旅游科学，2011，25（1）：80-87.

［5］陈海波．旅游的本质及旅游学的学科逻辑新探［J］．旅游学刊，2019，34（11）：124-135.

［6］陈晔，张辉，董蒙露．同行者关乎己？游客间互动对主观幸福感的影响［J］．旅游学刊，2017，32（8）：14-24.

［7］戴斌．旅游行为的经济学分析［J］．旅游科学，1998（3）：33-36.

［8］符国群．消费者行为学［M］．3 版．北京：高等教育出版社，2015.

［9］郭国庆，市场营销学通论［M］．4 版．北京：中国人民大学出版社，2009.

［10］郭亚军，曹卓，杜跃平．国外旅游者行为研究述评［J］．旅游科学，2009，23（2）：38-43.

［11］郭亚军，张红芳．旅游者决策行为研究［J］．旅游科学，2002（4）：24-27.

［12］赫玉玮．旅游化对国民幸福感的影响研究［D］．北京：北京交通大学，2022.

［13］凯恩斯．就业、利息和货币通论［M］．高鸿业，译．北京：商务印书馆，2021.

［14］朗加尔．旅游经济［M］．董明慧，谭秀兰，译．北京：商务印书馆，1998.

［15］李捷．消费者行为学［M］．北京：北京理工大学出版社，2020.

［16］李婷，郑叶昕．中国单身青年的规模、特征及其演进态势［J］．中国青年研究，2023（9）：5-15.

［17］李志飞．旅游消费者行为［M］．3 版．武汉：华中科技大学出版社，2024.

［18］林红霞．游客间互动对旅游体验影响研究［D］．成都：西南财经大学，2020.

［19］林南枝，陶汉军．旅游经济学［M］．天津：南开大学出版社，1994.

［20］刘纯．旅游心理学［M］．4 版．北京：高等教育出版社，2019.

［21］刘航．现代性视域下当代青年的碎片化社交行动研究——以“找搭子”为例［J］．中国青年研究，2023（11）：5-14.

［22］刘慧乾．互联网结伴自助旅游者旅游动机及其行为特征研究［D］．西安：西安科技大学，2020.

［23］刘云龙．我国居民社会阶层主观认同的影响因素分析［D］．长春：吉林大学，2022.

［24］龙江智，卢昌崇．旅游体验的层级模式：基于意识谱理论的分析［J］．北京第二外国语学院学报，2009，31（11）：9-19.

［25］卢泰宏，等．中国消费者行为报告［M］．北京：中国社会科学出版社，2005.

［26］栾仪婷，任成好．人口老龄化对家庭旅游消费的影响研究——基于互联网使用的调节效应［J］．鞍山师范学院学报，2023，25（1）：20-26.

［27］罗明义．现代旅游经济学［M］.3 版．昆明：云南大学出版社，2005.

［28］马歇尔．经济学原理［M］．朱志泰，陈良璧，译．北京：商务印书馆，2019.

［29］彭聃龄，陈宝国．普通心理学［M］.6 版．北京：北京师范大学出版社，2023.

［30］邱扶东．旅游动机及其影响因素研究［J］．心理科学，1996（6）：367-369.

［31］邱扶东．旅游心理学［M］．上海：立信会计出版社，2003.

［32］屈小爽．家庭旅游互动行为与体验价值研究［D］．武汉：中南财经政法大学，2018.

［33］冉陆荣，李宝库．消费者行为学［M］.2 版．北京：北京理工大学出版社，2016.

［34］任斐．闺蜜游场景中同伴互动对其幸福感的影响研究［D］．武汉：中南财经政法大学，2021.

［35］单铭磊，何静．旅游心理学［M］.2 版．北京：中国财富出版社有限公司，2024.

［36］宋健，陈文琪．中国家庭结构变迁研究的共识与分歧［J］．青年探索，2024（4）：5-14.

［37］苏慧慧，覃举东，谭丽琪．女性视角下的旅游产品开发及营销策略研究——基于满巢阶段家庭已婚女性旅游决策的调查分析［J］．河池学院学报，2020，40（6）：46-51.

［38］孙九霞，陈钢华．旅游消费者行为学［M］.3 版．大连：东北财经大学出版社，2022.

［39］所罗门，卢泰宏，杨晓燕．消费者行为学［M］.8 版．北京：中国人民大学出版社，2009.

［40］谭红日，刘沛林，李伯华．基于网络文本分析的大连市旅游目的地形象感知［J］．经济地理，2021，41（3）：231-239.

［41］田琦．从皮埃尔·布迪厄理论出发探讨不同社会阶层的消费习惯与文化选择

[J]. 公关世界，2022，(4)：70-71.

[42] 屠如骥. 旅游心理学 [M]. 天津：南开大学出版社，1986.

[43] 向科衡，吴茂英，王龙杰. 印记的延续性影响：老年人旅游福祉发生的积极机制 [J]. 旅游学刊，2023，38 (6)：90-104.

[44] 谢彦君. 基础旅游学 [M]. 4 版. 北京：商务印书馆，2015.

[45] 徐千禧. 临时的友谊：可供性视角下青年群体“搭子式”交往的关系实践 [D]. 武汉：武汉体育学院，2024.

[46] 杨振之. 论旅游的本质 [J]. 旅游学刊，2014，29 (3)：13-21.

[47] 尹世杰. 消费经济学 [M]. 北京：高等教育出版社，2003.

[48] 张琳琳. 基于相遇事件的旅游者间潜在交往机会识别 [D]. 济南：山东大学，2020.

[49] 张梦，郭养红，付晓蓉. 旅游消费者行为研究的过去、现在和未来——基于引证研究法的研究 [J]. 旅游学刊，2018，33 (7)：119-132.

[50] 邹统钎，吴丽云. 旅游体验的本质、类型与塑造原则 [J]. 旅游科学，2003 (4)：7-10，41.